布林线

精准把握
短期股价涨跌

黄　锋◎著

中国铁道出版社有限公司
CHINA RAILWAY PUBLISHING HOUSE CO., LTD.

内 容 简 介

布林线指标是短线操盘中的一个重要技术指标，尤其是在捕捉股价短期暴涨暴跌时更为重要，但与其他技术指标有所不同的是，布林线指标不仅有着由三条轨道组成的曲线，同时还有着布林通道形态的不同变化，因此在利用布林线判断股价暴涨暴跌前，必须充分了解这一指标的具体意义。为此，我们从操盘的逻辑和短线实战的角度出发，详细介绍了布林线实战时的交易策略与原则、操盘纪律和仓位管理的方法与技巧，等等。本书每一个环节都是在基于实战的基础上环环相扣的，只有严格按照要求操作执行，才会获得丰厚的利润回报。

图书在版编目（CIP）数据

布林线:精准把握短期股价涨跌/黄锋著. —北京:
中国铁道出版社有限公司，2020.8（2022.11重印）
ISBN 978-7-113-26881-7

Ⅰ.①布… Ⅱ.①黄… Ⅲ.①股票交易-基本知识
Ⅳ.①F830.91

中国版本图书馆CIP数据核字（2020）第078379号

书　　名：布林线：精准把握短期股价涨跌
　　　　　BULINXIAN : JINGZHUN BAWO DUANQI GUJIA ZHANGDIE
作　　者：黄　锋

责任编辑：张亚慧　　编辑部电话：（010）51873035　　邮箱：lampard@vip.163.com
封面设计：宿　萌
责任印制：赵星辰

出版发行：中国铁道出版社有限公司（100054，北京市西城区右安门西街8号）
印　　刷：三河市兴博印务有限公司
版　　次：2020年8月第1版　2022年11月第5次印刷
开　　本：700 mm×1 000 mm　1/16　印张：13.75　字数：224千
书　　号：ISBN 978-7-113-26881-7
定　　价：59.00元

布林线：股价短期暴涨暴跌的导火索。

股价短期内出现暴涨暴跌，是每一个投资者都希望发生的事，因为这是股市的魅力所在。笔者经过多年研究，总结实战经验，发现在众多指标中，布林线是捕捉股价短期暴涨暴跌的十分准确而又有效的指标。

在多数情况下，许多市场人士习惯于利用趋向类指标布林线来判断股价的长期趋势，事实上，在股价短线上出现暴涨暴跌时，布林线同样会发出明显的征兆，只不过由于很多投资者未能对布林线进行深入了解，所以在使用时经常出现失误。为此，我们在介绍布林线的同时，详细分析和介绍了布林线的优缺点，这样更有利于投资者根据布林线准确地分析股价的短期变化趋势。

要想了解布林线判断股价的短期暴涨暴跌行为，首先必须了解如何根据布林线来判断股价的强弱，这种分析虽然属于布林线判断行情的基础，但更有利于理解这一指标的全面功效。

其次，还要充分了解使用布林线判断股价暴涨暴跌的量价辅助判断标准，因为这种量价表现，直接关系到根据布林线买入或卖出股票时的依据，是否达到了股价暴涨暴跌的要求。

在做了这些准备工作后，还有一项工作是至关重要的，那就是选股，这也是很多投资者容易忽略的。因为在短线操盘中，选股是为了在操作前通过技术手段规避掉投资中的一些风险，提升之后的交易成功率。这一阶段，往往耗费的精力最大，可以说是短线操盘中极为关键的一个环节。许多投资者之所以经常亏损，

90% 以上都是因为没有严格做好选股这项工作。相对而言，交易股票无非是买入与卖出的操作行为，只是短短的一瞬间的事情，而选股却是花费时间和精力最大的一项工作。

做好选股工作后，接下来并不是买入，而是判断和分析布林线买入形态，然后才会涉及买点，并且买点和买入形态一样，形成后也是有强弱之分的，这一点同样重要。因为越是明显的买入形态和买点，越能确保其后股价的短期成功率，包括涨幅的大小。

然后就是卖股，这一点同样重要。俗话讲，会买的是徒弟，会卖的才是师父。很多人之所以感觉布林线判断不准确，大多数时候都是因为不会卖。因为卖股和买股存在很大的不同，这一点，量价的辅助作用就会明确地显现出来。因为布林线自身存在着表现迟缓的缺陷，所以在股价快速转跌之初，有时候表现不明显，根据此时卖出形态卖股，很多人会感觉布林线判断行情不准。解决这一难题的关键，就是提前卖出量价形态要求。

另外，我们还专门介绍了布林线的一种特殊的攻防形态——喇叭口。简单来讲，喇叭口就是开口与收口极致的放大，所以喇叭口能更准确地判断短期股价的暴涨和暴跌。同样，喇叭口的卖出形态——收口型喇叭口，和布林线其他卖出形态同样存在着形态初期不明显，需要在实战中根据布林线的反应迟缓的缺点，通过量价形态来确认并掌握提前卖出的情况。

由于是短线操盘，所以在根据布林线实战前，一定要严格按照布林线攻防策略中的交易策略与原则、操盘纪律和仓位管理等来进行，因为越是严格要求自己的操盘，成功率才会越高。因此，做到自律状态下的严格按照布林线选股、判断买入形态和买点及强弱、判断卖出形态与卖点强弱、了解提前买卖的要求等系统化的操作行为，才能在操盘中做到买在短线最佳点、卖在最佳点，并且在短期和中长期投资的结合下，实现利益的最大化。

股市有风险，投资需谨慎。

作　者

2020 年 5 月

目　录

第 8 章　实战：布林线实战的攻防策略与技巧 / 185

第 1 章

解密：判定股价趋势的
布林线

布林线是趋向类指标，能够准确地揭示出股价的中长期和短期的趋势变化。要准确利用布林线指标判断出股价的趋势变化，必须对布林线指标有一个全面的认识，以及了解各种指标形态变化所代表的意义，同时还要明白布林线指标的缺点，以便通过布林线准确判断出趋势的变化。

1.1 布林线构成

1.1.1 布林线概述

布林线是根据统计学中的标准差原理设计出来的一种技术分析指标，英文简称 BOLL，又叫布林通道或布林带。由于在正常情况下，股价一直都会保持在布林线上轨与下轨之间运行，所以市场习惯将布林线称为价格通道或布林通道，俗称波带。

由于布林线是提示股价趋势的一个简单实用的指标，所以很多人习惯于利用布林线指标来判断股价的中长期趋势，事实上布林线指标判断短期趋势同样也十分准确。所以在使用布林线指标时，首先要了解布林线指标的一些基础知识，并学会如何调出布林线指标。

1. 布林线指标的显示区域和调用方法

（1）以同花顺为代表的炒股软件，布林线指标是显示在 K 线图上成交量显示区域下方的指标区域，只要在 K 线图上输入 BOLL 或中文布林线、布林通道、布林带等，或是在指标区域下方点击 BOLL 字样，技术指标区域即会显示出布林线的情况。如图 1-1 是同花顺炒股软件中黄山胶囊（002817）日线图，调出布林线指标时，只要点击最下方一排中 B 区域的"BOLL"字样，A 区域的指标显示区域即会出现布林线指标的情况。

（2）以大智慧为代表的炒股软件，布林线指标是直接显示在 K 线图的 K 线周围，如图 1-2 是大智慧炒股软件中 ST 云网（002306）日线图，只要输入英文字母 BOLL，K 线周围即可显示出布林线指标的情况。

图 1-1　黄山胶囊 - 日线图（同花顺）

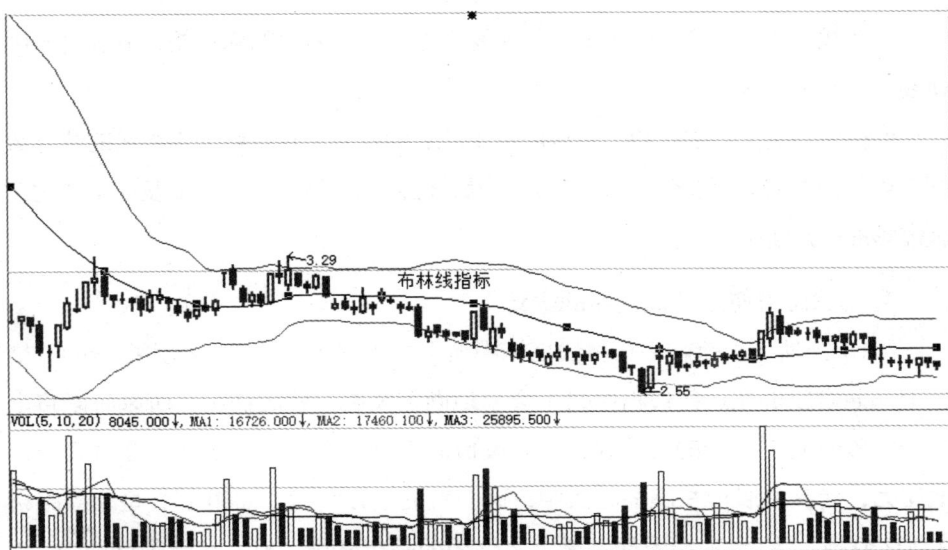

图 1-2　ST 云网 - 日线图（大智慧）

2．注意事项

（1）在同花顺与大智慧等炒股软件中，布林线指标的显示是不一样的，但这一点并不影响投资者使用布林线指标，只要根据自己的操作习惯，选择相应的炒股软件即可。

（2）相对而言，以大智慧为代表的炒股软件，能够更为清楚、准确地观察到股价（K 线）与布林线指标的位置，因为以同花顺为代表的炒股软件的指标显示区域较小，且代表股价的美国线是以简单的柱线形式显示，所以使用时容易出现判断失误。所以在通常情况下，使用布林线时最好选择以大智慧为代表的炒股软件。

1.1.2 上轨、中轨、下轨

布林线指标之所以又称为价格通道或布林通道，就是因为这一指标是由三条曲线组成，也就是上轨线 UP、中轨线 MB、下轨线 D。这三条轨道在运行过程中，有一个明显的特点，就是三条轨道永远不会出现相互交叉，这一点是与其他指标不同的，所以就不存在"金叉"与"死叉"之说，主要是通过轨道方向和波带宽窄变化来判断行情。因此，在学会使用前，必须先了解上轨、中轨、下轨的具体情况。上轨、中轨、下轨的计算方式较为复杂，计算公式为：

中轨线 =N 日的移动平均线，上轨线 = 中轨线 + 两倍的标准差，下轨线 = 中轨线 − 两倍的标准差。

但投资者是无须去计算，只要明白上轨、中轨、下轨是移动平均线的统计数据结果，操作时只要观察股价与三条轨道的位置和布林线波带宽窄及形态变化，就能够准确判断出行情。

1．上轨、中轨、下轨的实战意义

（1）上轨。上轨就是布林线指标中最上方的一条线，是布林线指标的价格上限，通常股价在运行过程中是不会出现向上突破上轨的情况，所以可以将上轨视为股价向上运行的压力线，一旦股价向上触及上轨时，上轨就会对股价形成压力，尤其是股价在震荡趋势中，这一特征十分明显。如图 1-3 是北新路桥（002307），位于 K 线图周围最上方的线即是布林线上轨，在震荡行情中，A 区域和 B 区域股价一经向上突破上轨，即受到压力影响，快速跌回上轨之下。

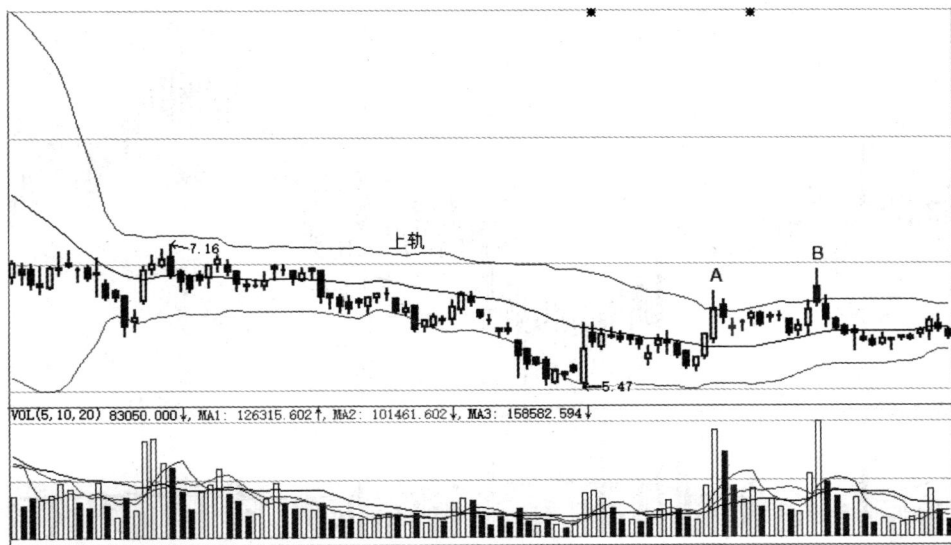

图 1-3　北新路桥 - 日线图

（2）中轨。中轨就是布林线指标中位于中间的那一条线，是布林线指标中的支撑与压力线。支撑就是股价在由中轨上向下触及中轨时，就会获得支撑；压力就是股价在由中轨下向上触及中轨时，就会受到压力。这是压力与支撑的判断方法，通常情况下，当中轨向上运行时，往往对股价向下时的支撑会强；中轨在向下运行时，股价向上的压力会大。如图 1-4 是海大集团（002311），位于 K 线周围中间的一根线即为中轨，A 区域股价跌破中轨后，中轨支撑较弱，股价呈弱势运行；B 区域股价突破中轨后受到中轨压力，但略回落后得到中轨支撑，持续转强；C 区域为上涨趋势中股价回落并跌破中轨时，受到中轨支撑，股价再次转强，为上涨趋势调整结束的买点。

（3）下轨。下轨就是位于布林线指标中最下方的那一条线，是布林线指标的价格下限，通常股价在运行过程中是不会出现向下跌破下轨的，所以可以将下轨视为股价向下运行的支撑线，一旦股价向下触及下轨时，就会形成支撑，尤其是股价在震荡趋势中，这一特征十分明显。如图 1-5 是日海智能（002313），位于 K 线周围最下方的线即为下轨，当股价在 A 段下跌走势中出现跌破下轨的情况后，虽然获得了一定支撑，但支撑小于压力，股价持续下跌；其后弱势震荡的 C 区域和 D 区域，股价一经跌破下轨，即获得支撑，快速回升到下轨上运行。这就是下轨的压力与支撑。

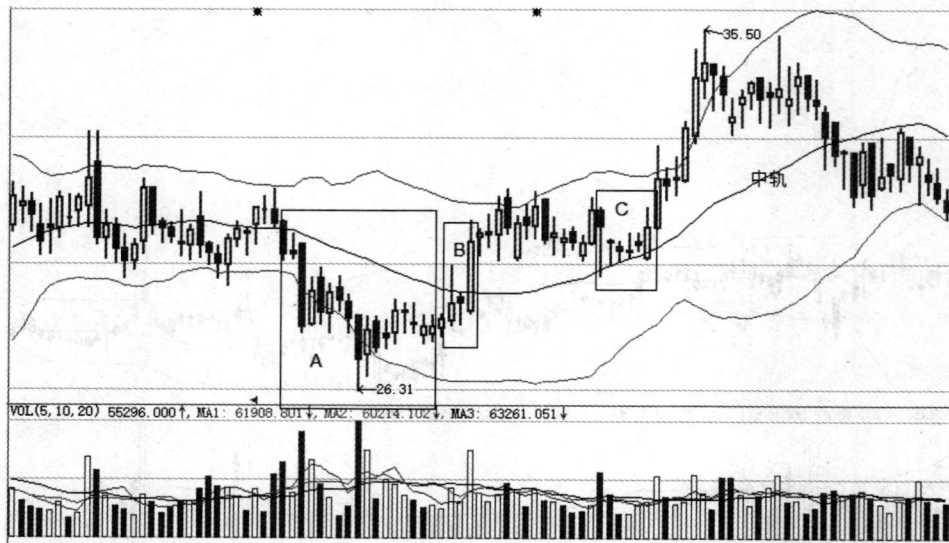

图1-4　海大集团－日线图

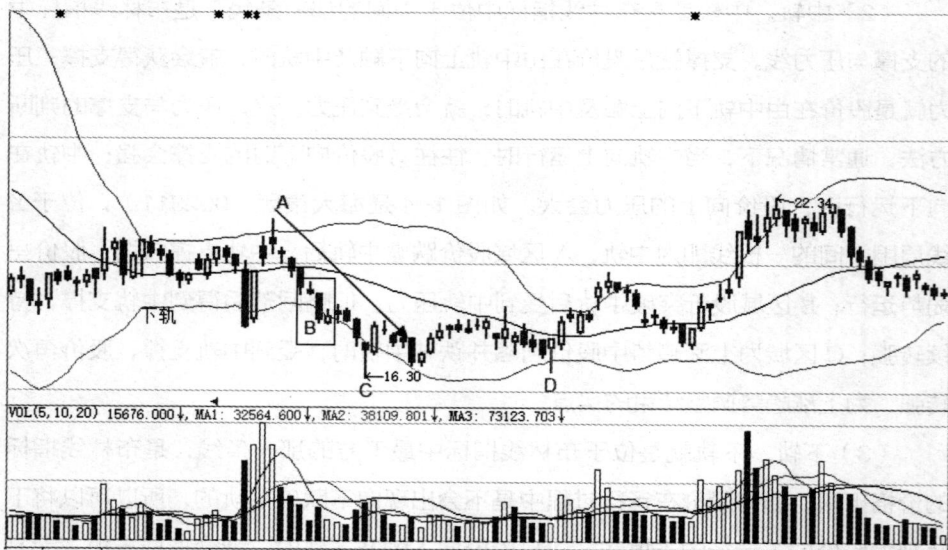

图1-5　日海智能－日线图

2. 注意事项

（1）在实际应用中，当股价向上突破上轨后，往往说明股价处于超强状态，而市场又有着强者恒强的惯性，所以是股价持续快速上涨的征兆，因为此时已突破了向上的压力位。

（2）当股价向下跌破下轨后，往往说明股价处于极弱的状态，市场又有着弱者恒弱的惯性，所以是股价极弱的表现，因为此时已跌破极限。

（3）中轨的支撑与压力，在测试股价强势与弱势时，是一个重要的分水岭。尤其是股价在上方首次跌破中轨和在下方首次向上突破中轨后，其压力与支撑往往表现得十分明显，但股价其后在中轨上持续运行，则说明股价已经转强；若是其后股价持续在中轨下运行，则意味着趋势偏弱。尤其是中轨持续上行或持续下行时，这种强势与弱势的特征就会十分明显。所以，中轨的方向变化，往往在趋势研判中起着重要的作用。

（4）上轨和下轨的实战意义同样重要，因股价转涨时，通常是上轨开始转向上，然后带动中轨转向上运行；股价转跌时，是下轨快速转向下，带动中轨和上轨转向下。

1.1.3 开口与收口

开口与收口是布林线指标中两种重要的波带形态，在判断股价上涨或下跌时，是重要的参考依据。

1. 开口与收口形态及实战意义

（1）开口。开口有三种表现形式：第一种是向上开口，是指布林线三条轨道均呈向上运行时，波带出现向上的扩张，也就是整个布林线通道开始向上变宽；第二种是开口型喇叭，是指上轨快速向上扩张、下轨快速向下扩张、中轨上行。这两种向上开口的形式，是股价转强的征兆。第三种是向下开口，是指布林线上轨向上运行，或是表现为向下运行时，下轨出现快速向下扩张，中轨向下运行，这种向下开口，意味着股价趋势的转弱。如图1-6焦点科技（002315）中A区域为布林线三轨向下的开口，说明趋势的弱势运行；B区域为开口型喇叭口，为股价快速转强的征兆。如图1-7皖通科技（002331）中A区域为布林线三轨向上的开口，是股价缓慢震荡上涨的征兆。

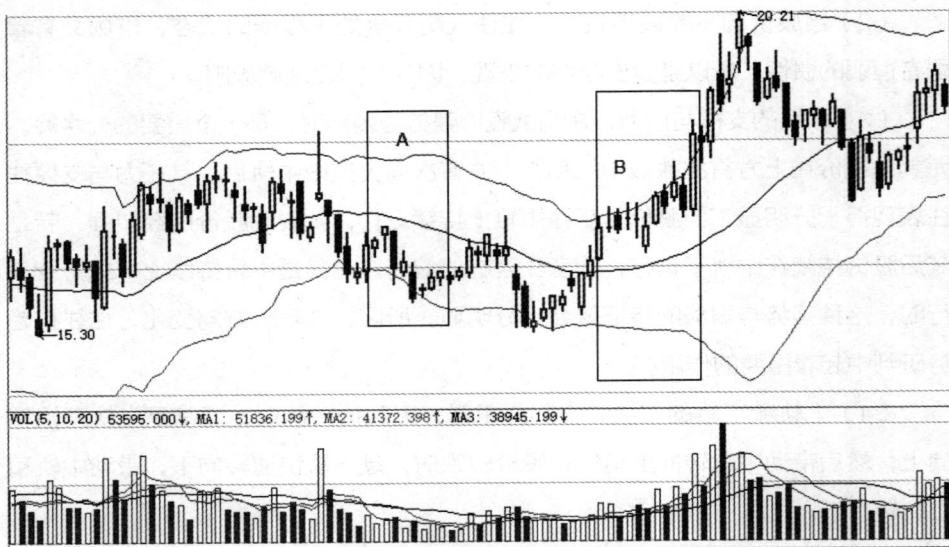

图 1-6　焦点科技 - 日线图

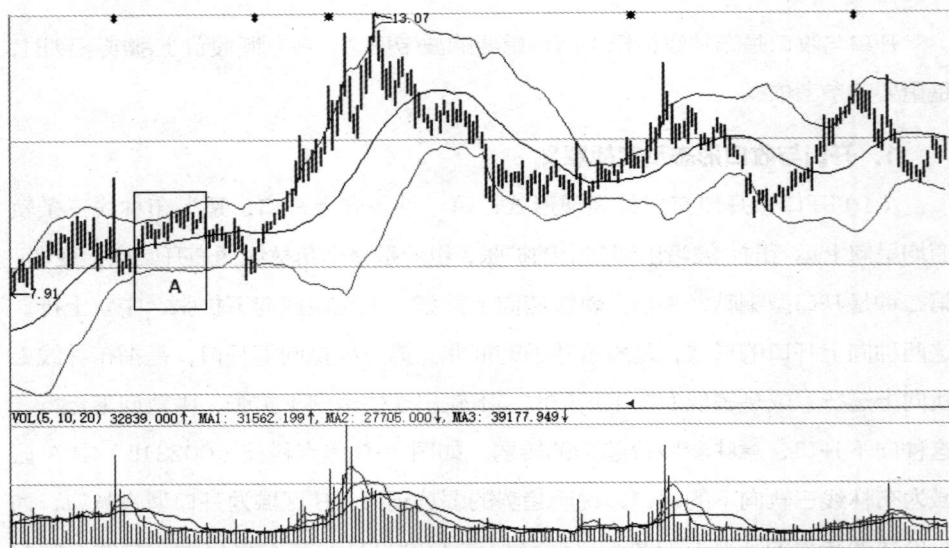

图 1-7　皖通科技 - 日线图

（2）收口。收口就是布林线上轨向下出现快速下行、下轨出现快速向上运行，整个布林通道形成明显的向内收缩的状态。收口的出现意味着当前趋势的渐缓，如股价向上运行代表着上涨渐缓，股价向下运行代表着跌势渐缓。如图 1-8 是得利斯（002330），A 区域为上涨趋势中出现的收口，代表着上涨趋势渐缓；

B区域为收口型喇叭口，是短期上涨结束的转跌信号；C区域为下跌趋势中的收口，说明跌势渐缓。

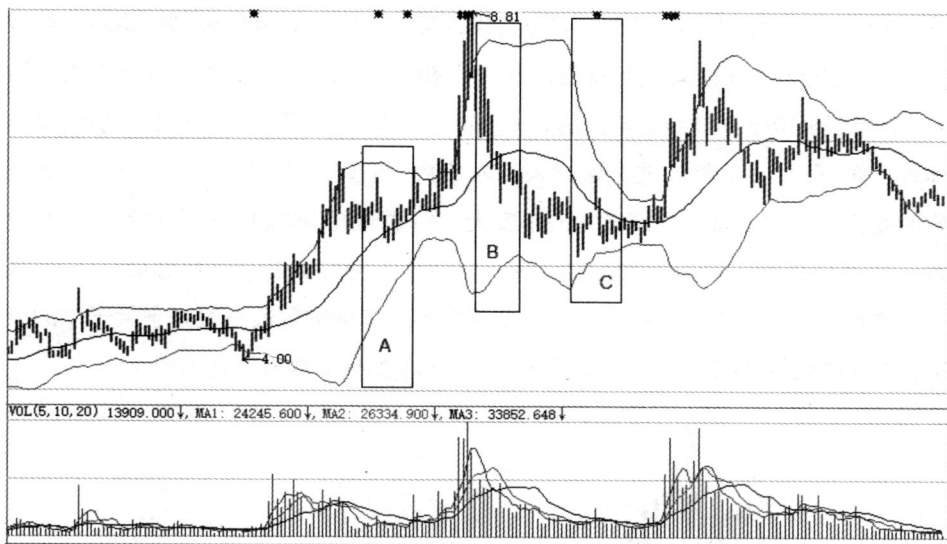

图 1-8　得利斯－日线图

2. 注意事项

（1）在根据开口与收口判断股价趋势变化时，只要向上开口出现时，无论是三轨向上的开口，还是开口型喇叭口，都意味着股价趋势的变强。

（2）在判断股价趋势时，无论是三轨向下的收口还是收口型喇叭口，都意味着股价趋势的变弱。但向下开口，同样代表着趋势的转弱。

（3）在判断开口、收口与喇叭口时，是有一定区别的，开口不大或是收口不大时为开口或收口，开口或收口的变化明显时为开口型喇叭口或收口型喇叭口，这一点会在其后的内容中详细介绍，这里只要明白一点，即喇叭口是开口与收口的一种过度放大的形态。

1.1.4　%b 指标

%b 指标是布林线指标中一个独特的数据指标，其计算公式为：

%b=（最新股票价格－下轨）÷（上轨－下轨）。%b 指标的数值变化，说明了股价在布林线三条轨道的位置，所以，%b 的数值直接关系到股票的价格变化情况。

1. %b 指标的实战意义

%b 指标的数值在通常情况下的实战意义并不大，只有在极端行情时，其数值大小才更具参考意义：当股票价格位于布林线通道内时，%b 指标的数值为 0~1；当股价位于布林线上轨上时，%b 指标的数值会出现大于 1；当股价位于布林线下轨下时，%b 指标的数值会表现为负数。所以不少市场人士喜欢用 %b 数值的变化来观察股价的乖离度，但事实上，只要通过观察股价与上轨和下轨的位置，就很容易判断出 %b 数值的情况。如图 1-9 是皇氏集团（002329），A 区域股价持续运行在上轨上方，说明在此期间 %b 指标的数值一直处于大于 1 的情况；B 区域股价持续收盘在下轨下方，说明 %b 指标的数值一直为负值。

图 1-9　皇氏集团－日线图

2. 注意事项

（1）在实战中，当 %b 指标的数值大于 1 时，意味着行情进入了超买的超强状态；当 %b 指标的数值表现为负值时，意味着行情进入了超卖的超弱状态。

（2）投资者在根据布林线判断行情时，基本上是可以忽略 %b 指标的数值的，因为只要根据股价在布林线三条轨道间的位置，即可判断出当时的 %b 指标的数值大小。因此，根据布林线或其他指标判断行情时，是为了尽最大可能判断出股价趋势的变化与行情是否可以延续，应尽可能简化这种判断方法，不应让这种判断和观察变得更为复杂。

1.2 布林带收缩与扩张

1.2.1 布林带收缩

布林带收缩是指整个布林线三条轨道开始出现上轨向下、下轨向上的运行，上轨与下轨形成的布林线波带出现由宽变窄的情况。这种布林线收缩情况的出现，往往说明当前的股价趋势出现渐缓甚至是短时的转势，所以布林带明显收缩，这是判断趋势变化的一种重要形态。

1. 布林带收缩形态及实战意义

在根据布林带收缩来判断行情时，首先要确定当前的趋势，这样才能明白这种股价趋势的延缓是哪一种情况。

（1）上涨趋势中的布林线收缩。在上涨趋势中，一旦布林线出现收缩时，往往说明上涨行情出现了短时调整，一旦布林线开始向上开口或三轨向上运行时，就意味着调整的结束；如果布林带继续收缩，说明调整加剧；若是转为向下运行、向下开口或收口型喇叭口，则证明上涨趋势转为下跌。如图 1-10 是北京科锐（002350），股价在上涨趋势中，A 区域出现收缩，说明上涨趋势出现渐缓；B 区域上涨末端出现布林带收缩，并形成收口型喇叭口，说明趋势出现反转向下。

（2）下跌趋势中的布林线收缩。在下跌趋势中，一旦布林线出现收缩，往往说明出现下跌行情中的渐缓或反弹回升，一旦布林线开始向下开口或三轨向下运行，就意味着恢复继续下跌的趋势；如果布林带继续收缩，说明跌势继续渐缓；若是转为向上运行或向上开口，则证明下跌趋势转为上涨或反弹。如图 1-11 是乐通股份（002319），在下跌趋势中，A 区域和 B 区域出现明显的布林带收缩，说明下跌趋势出现渐缓和短期反弹。

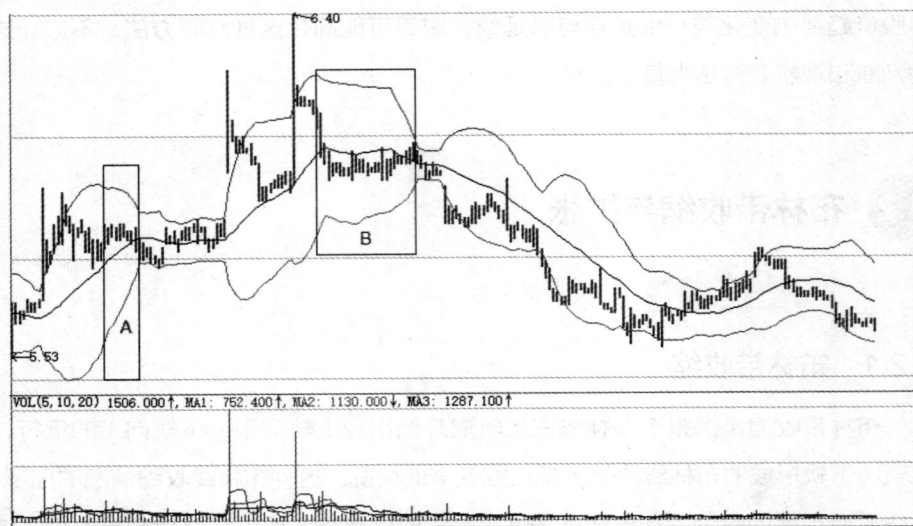

图 1-10　北京科锐 -30 分钟图

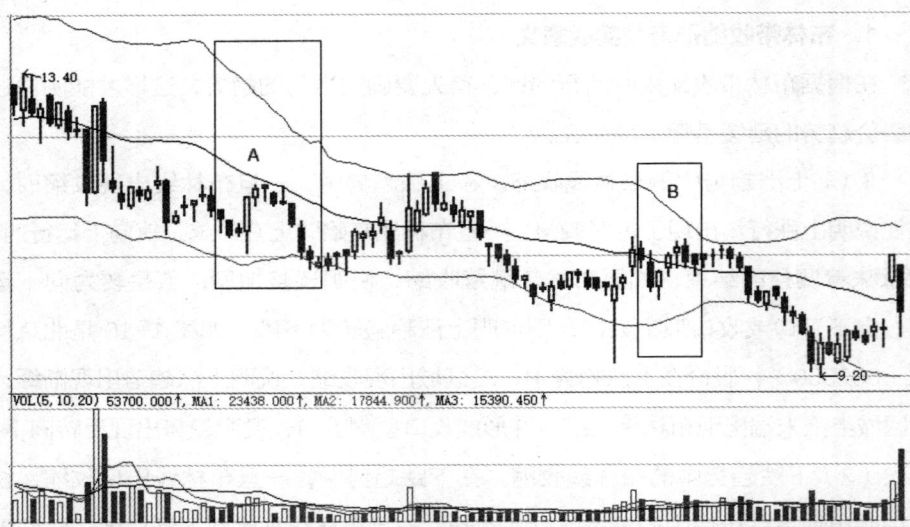

图 1-11　乐通股份 - 日线图

（3）震荡趋势中的布林线收缩。在震荡趋势中，布林带的宽度往往较窄，在这种状态下，若是出现布林带收缩，则说明震荡趋势的上、下波动幅度出现进一步收窄，这种形态往往是根据布林线选股的一种重要形态，因为一旦出现向上开口，就会形成股价快速启动的行情。如图 1-12 是普利特（002324），在 A 区域的震荡趋势中，B 区域明显出现布林带收缩，说明震荡的幅度开始变窄，可以将此类股票放入自选股，进一步观察是否出现快速启动上涨，如果是，即可买入。

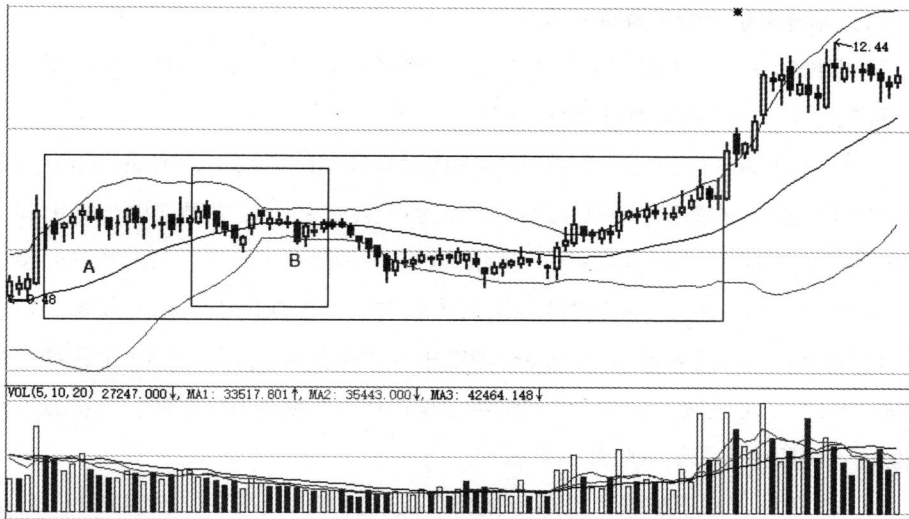

图 1-12　普利特－日线图

2. 注意事项

（1）布林带收缩是趋势渐缓的一个征兆，所以在根据布林带收缩来判断行情变化时，应首先确定当前的趋势，以进一步观察是哪种趋势出现渐缓。

（2）在上涨趋势中出现的布林带收缩中，上涨趋势首次出现时，往往是波段操作中重要的买入股票时机，一旦出现，就应引起注意，但买入时机应在布林线三轨向上或向上开口时。然而，如果布林带是在极宽状态下出现向下收缩，则往往是收口型喇叭口形成的初期，此时不仅不可买入股票，还应卖出股票回避。

（3）震荡趋势中出现的布林带收缩，通常是选股时的一种形态，尤其是布林带在较窄状态下的长期收缩，往往是股价长期整理等待启动上涨的征兆，但必须持续观察是否形成了向上开口。如是方可确认，因为不排除布林线带收缩后向下开口的可能性，因为股价的运行有着弱势转弱的情况。

1.2.2　布林带扩张

布林带扩张，是指布林带在运行过程中出现上轨向上、下轨向下的情况，也就是整个布林带的波带由之前的较窄状态变为较宽的状态。这种布林线扩张情况的出现，往往说明当前的股价趋势出现了方向性的转势变化。所以，布林带明显扩张是判断趋势变化的一种重要形态。

1. 布林带扩张形态及实战意义

在根据布林带扩张来判断行情时，首先要确定布林带的扩张是向上扩张还是向下扩张，以判断当前的趋势变化方向。

（1）布林带向上扩张。是指布林线在原来较窄的情况下，出现了向上开口或开口型喇叭口的情况，表明股价出现突然的转强。但是如果这种布林带向上扩张的状态不明显，则表明股价转强的欲望并不强烈。如图 1-13 是杰瑞股份（002353），A 区域，布林线波带明显上轨向上、下轨向下、中轨向上，形成开口型喇叭口的向上扩张，说明股价短期出现快速变强。如图 1-14 是天神娱乐（002354），A 区域，也在上涨趋势中出现布林带宽度变宽的扩张，但扩张不够明显，说明股价上涨的欲望并不强烈。

（2）布林带向下扩张。是指布林线在原来较窄的情况下，出现向下开口的情况，表明股价出现突然的转弱。但是如果这种布林带向下扩张的状态不明显，则表明股价转弱的欲望并不强烈。如图 1-15 是森源电气（002358），在下跌趋势中，当进入 A 区域时，布林带在较窄的情况下出现向下持续扩张，是趋势持续弱势的表现。而之前 B 区域的向下扩张形成向下开口，说明趋势出现快速转弱。

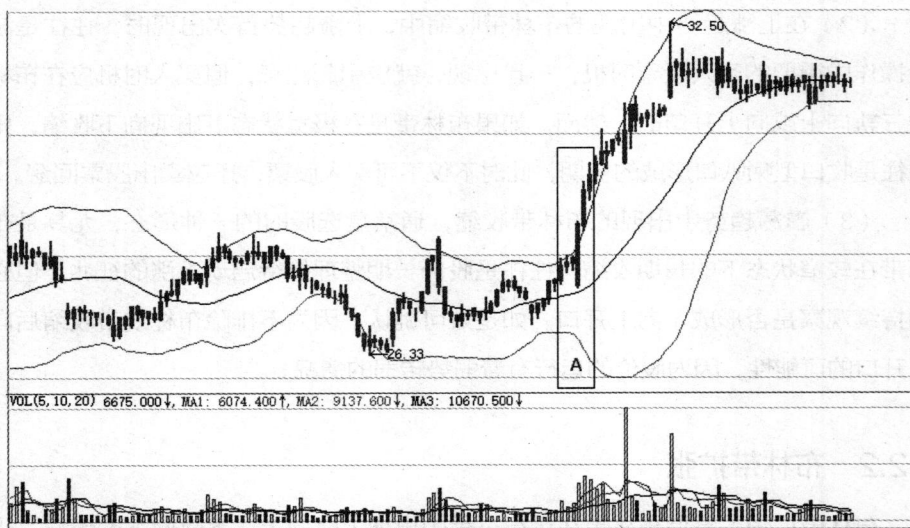

图 1-13　杰瑞股份 -30 分钟图

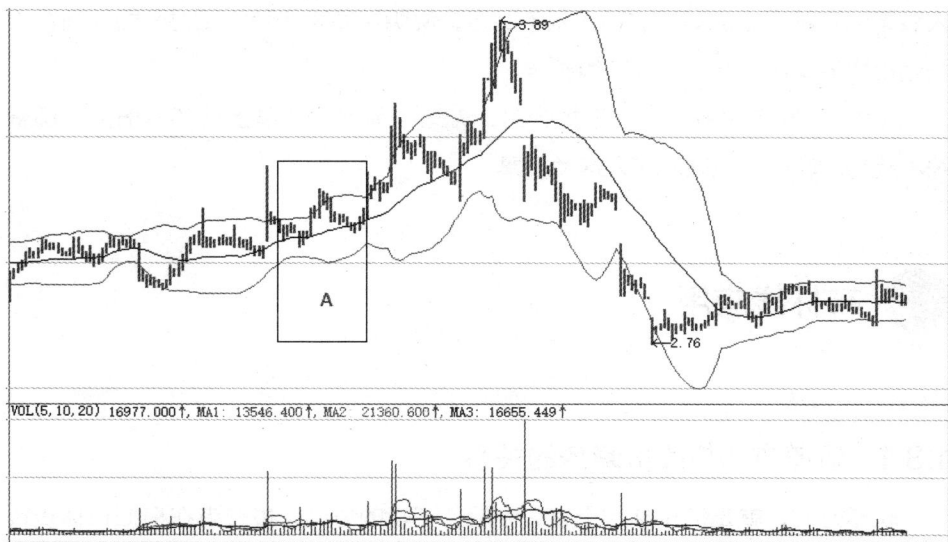

图 1-14　天神娱乐 -30 分钟图

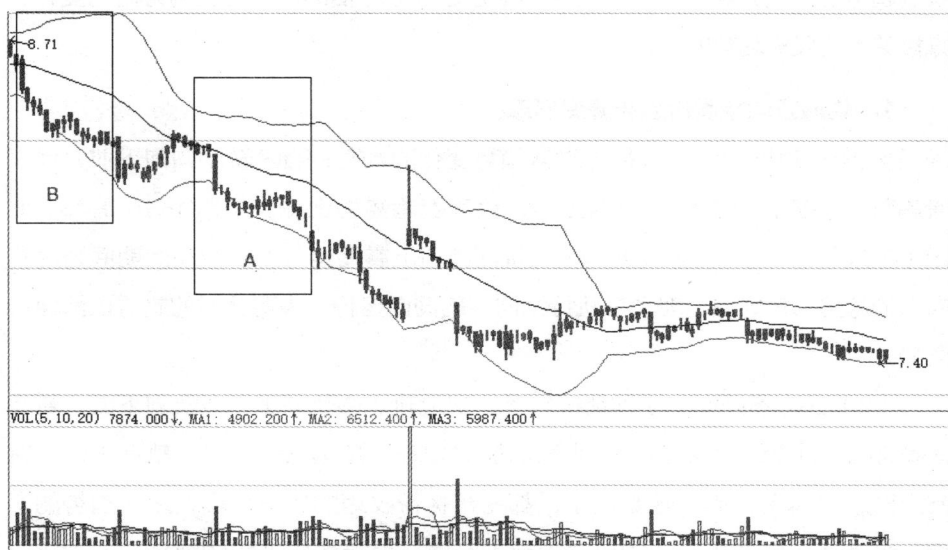

图 1-15　森源电气 -30 分钟图

2. 注意事项

（1）在根据布林带扩张判断趋势时，应首先观察这种扩张的方向是向上还是向下，以决定如何操作。

（2）只有布林带在较窄状态下，形成向上开口或开口型喇叭口时，才是买入股票的一种形态。如果这种扩张不明显，说明短线强势特征相对较弱，适合中长线投资的操作，并不适合短线操作。

（3）如果布林带出现向下扩张时，无论当前的趋势是上涨还是弱势，都意味着趋势的转弱，应回避买入这类股票。

1.3 布林线应用

1.3.1 轨道方向与股价趋势的关系

轨道方向，就是指布林线上轨、中轨、下轨的方向，投资者在根据布林线轨道方向判断股价趋势时，情况相对来说较为复杂，但只要认清布林线轨道方向与股价趋势变化的几种情况后，应用起来也是十分方便的。因为轨道方向的变化，直接关系到股价趋势的变化。

1. 轨道方向与股价趋势演变形态

（1）三轨同向。是一种对整体趋势变化的判断：当三轨同向向下时，代表着趋势为弱势；当三轨同向向上时，代表着趋势为上涨。如图 1-16 是 *ST 北讯（002359），在 A 区域出现了三轨同向向上震荡运行，表明在此期间为震荡向上的趋势；B 区域出现了三轨持续向下的同向运行，表明此时的趋势依然保持弱势。

（2）三轨不同向。这种情况较多：当上轨、中轨向上，下轨向下时，若是这种形态，上轨与下轨向外扩张较明显时为开口型喇叭口；当上轨向下、下轨向上时，中轨无论向上还是向下，都为布林带收缩的情况，代表之前趋势的渐缓；当上轨平行或上行、中轨与下轨下行时，为趋势转下行的征兆；若中轨平行、上轨下行、下轨上行，为趋势转弱的收口型喇叭口。如图 1-17 是同德化工（002360），A 区域为上轨向上、中轨与下轨向下的向下开口的三轨不同向，说明趋势为弱势下跌；B 区域为上轨向下、下轨向上的收口型喇叭口的三轨不同向，为暴涨后暴跌的征兆；C 区域为上轨与中轨向上、下轨向下的开口型喇叭口，为股价短期暴涨的征兆。

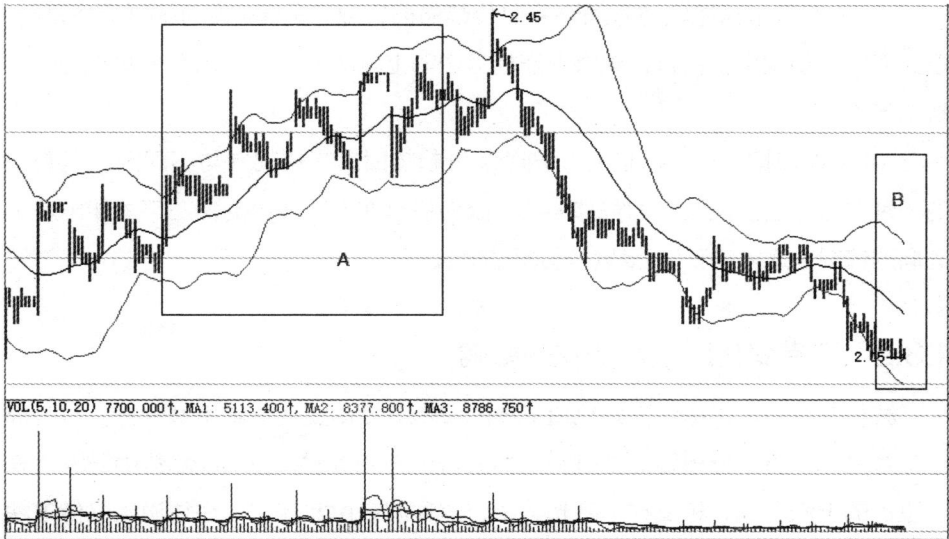

图 1-16 ★ST 北讯 -30 分钟图

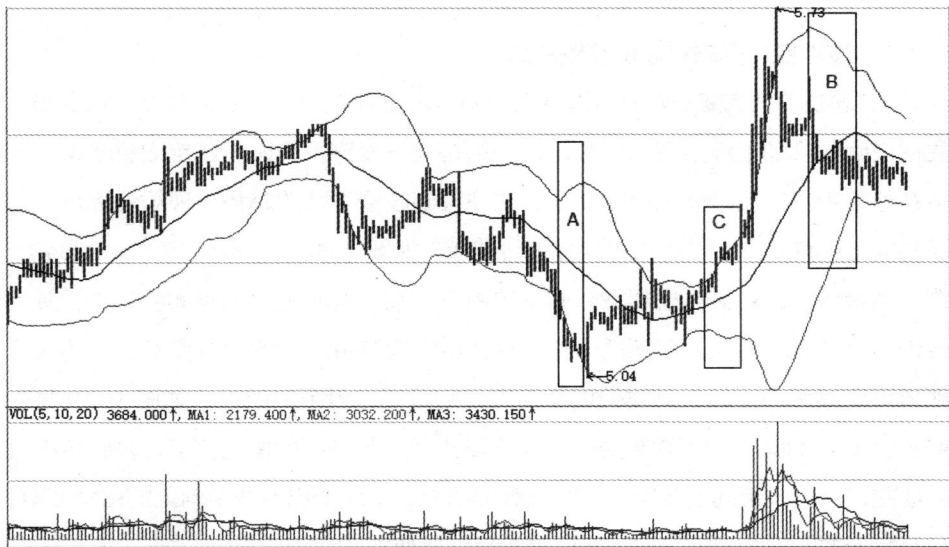

图 1-17 同德化工 -30 分钟图

2. 注意事项

（1）总体来说，布林线轨道方向有着两种大的形态：三轨同向与三轨不同向。所以在根据布林线轨道方向判断股价趋势时，首先应观察是哪大类形态，以根据轨道方向来判断趋势。

（2）根据布林线轨道方向判断股价趋势时，复杂的是三轨不同向的情况，但此时的主要观察宗旨是，观察上涨趋势中的上轨的不同向，以及下跌趋势中上轨的不同向。

（3）在根据布林线轨道方向判断股价趋势时，三轨同向与不同向只是观察的一种参考，还涉及波带的宽窄情况，因为只有在不同波带的情况下才能出现不同向的情况，这才是股价趋势快速变化的特征。

1.3.2　波带变化对股价涨跌的影响

波带变化是指布林线三条轨道形成的波带宽度由宽变窄或由窄变宽，对股价的涨跌同样有着十分重要的影响，比如波带由窄变宽时，在上涨趋势中通常代表着股价的上涨加速，相反在下跌趋势中，这种波带由宽变窄，往往说明股价下跌趋势的渐缓。因此，研究布林波带的宽窄变化是与趋势相关的。也就是说，不同趋势下的波带宽窄，行情是不一样的。

1. 波带变化形态对股价涨跌的影响

（1）波带由宽变窄对股价涨跌的影响。在上涨趋势中，波带向上由宽变窄，往往说明股价的上涨出现了缓慢运行；若是向下变窄，则说明调整即将结束。在下跌趋势中，当波带向下由宽变窄，往往说明股价下跌的趋势出现缓慢运行；但若是向上由宽变窄，则意味着反弹即将结束。如图 1-18 是中恒电气（002364），在上涨趋势中，A 区域出现波带向下的由宽变窄，说明短线调整即将结束，其后波带由窄变宽，为买入股票的时机；B 区域出现波带向上的由宽变窄，说明股价涨势出现渐缓，其后一旦波带由窄变宽，则是买入股票的时机。如图 1-19 是永安药业（002365）在下跌趋势中，A 区域出现波带向下的由宽变窄，是跌势渐缓的征兆，一旦波带向上变宽，为抢反弹的时机；B 区域出现波带向上的由宽变窄，是反弹无力即将结束的征兆，所以是抢反弹操作时的卖出时机。

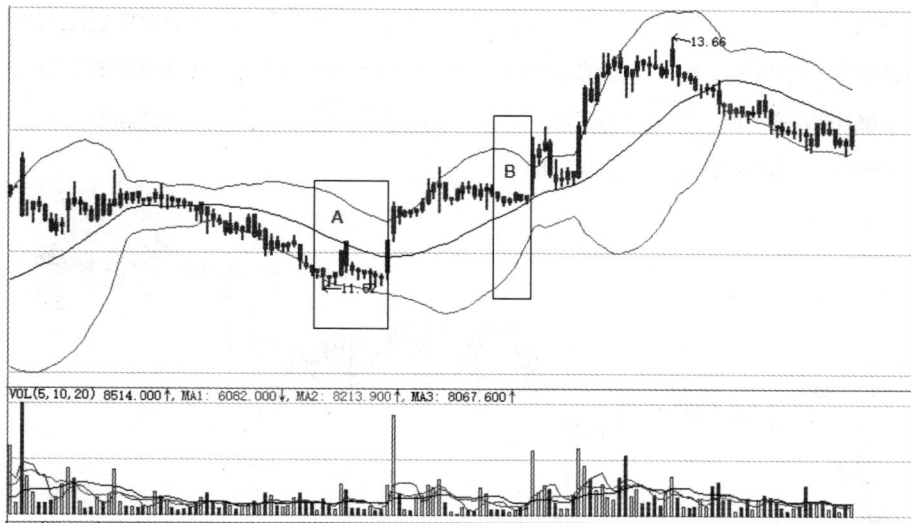

图 1-18 中恒电气 -30 分钟图

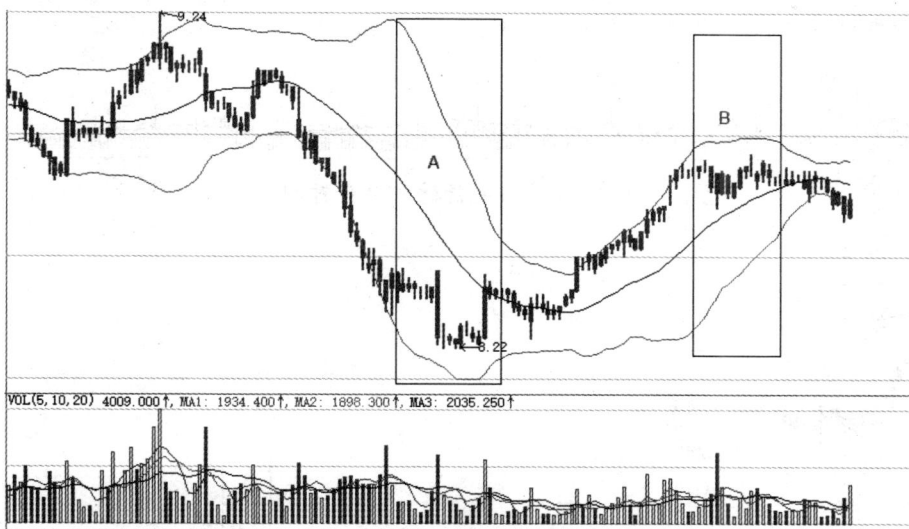

图 1-19 永安药业 -30 分钟图

（2）波带由窄变宽对股价涨跌的影响。在上涨趋势中，当波带由窄向上变宽时，为上涨加速的表现，但是向下变宽，则意味着上涨趋势转为短时下跌；在下跌趋势中，当波带向上由窄变宽，说明下跌已转为上涨，但若是向下由窄变宽，则意味着股价的加速下跌。如图 1-20 是伟星新材（002372）在上涨趋势中，A区域出现向下的波带由窄变宽，说明股价处于调整行情，一旦结束调整，波带向上变宽时为买入股票的时机；B 区域是波带向上的由窄变宽，说明调整已经结束，是继续上涨的征兆，应买入股票。如图 1-21 是台海核电（002366）在下跌趋势中，A 区域出现波带向下的由窄变宽，是下跌持续的表现；B 区域表现为波带向上的由窄变宽，说明股价处于反弹行情。

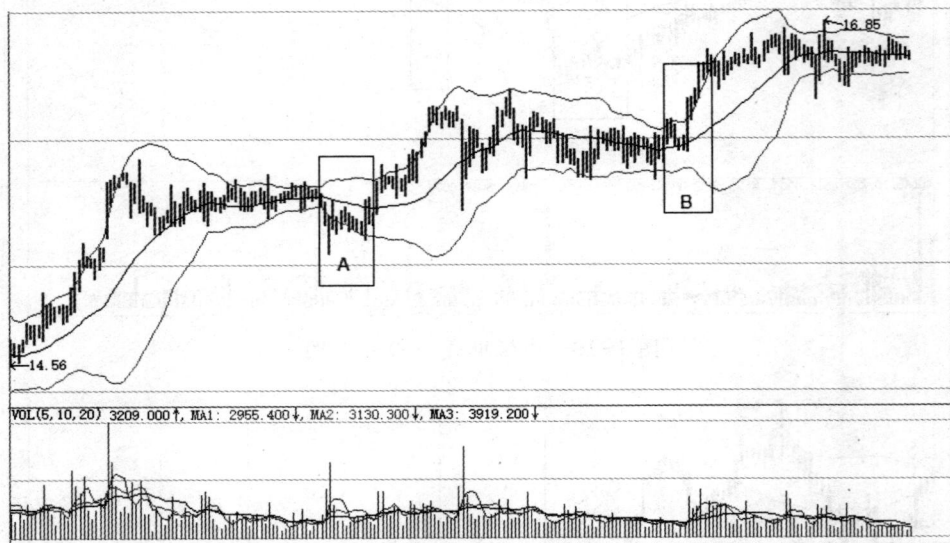

图 1-20　伟星新材 -30 分钟图

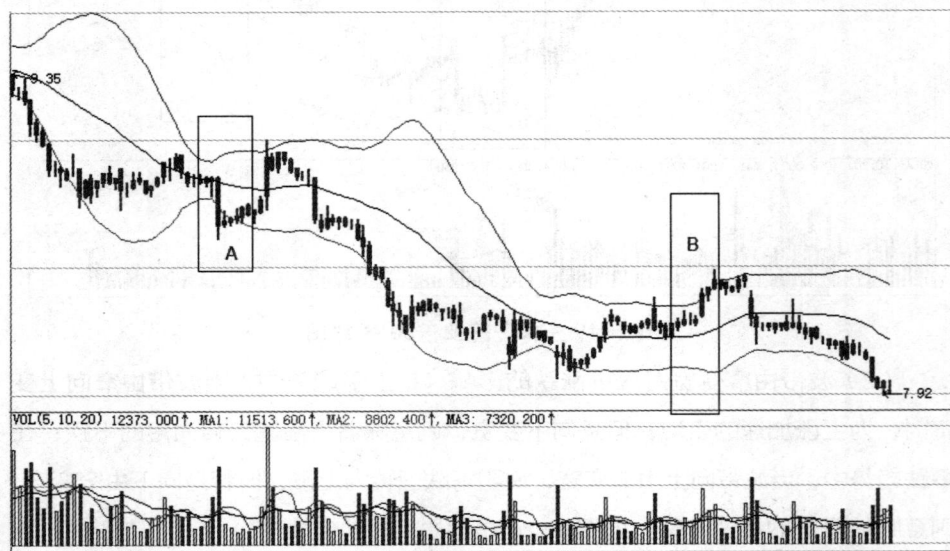

图 1-21　台海核电 -30 分钟图

2. 注意事项

（1）波带的宽窄变化，对股价的涨跌有着直接的影响，因为波带变宽，意味着行情加大，波带变窄，则意味着行情收窄，但判断股价涨跌时，波带的宽窄变化是与当前的趋势有着很大关系的。因为波带的宽窄变化只是代表着行情的细微变化，只有波带的宽窄变化较为明显，形成开口或收口，才具有股价短期趋势突转的实际意义。

（2）当股价趋势转涨时，波带均会表现为向上的由窄变宽；相反，当股价趋势转跌时，波带会表现为向下的由宽变窄，或是向下的由窄变宽。

（3）在实际应用中，波带的宽窄变化，一定要结合轨道方向以及波带的宽窄程度和突然明显变化的形态来判断，而不能孤立地只根据波带的情况来判断。

1.3.3　缓慢涨跌的中长期趋势研判

布林线指标属于趋向类指标，所以提示的是股价的趋势。投资者在根据布林线判断中长期趋势时，主要选择的是较长周期的 K 线图，如日线和周线，判断趋势时是根据布林通道三条轨道运行的方向来确定趋势的方向，同时还要注意波带是处于较窄状态的形态。

1. 布林线判断中长期趋势的方法

（1）上涨趋势。当长周期上的布林通道波带处于较窄状态时，三轨呈缓慢向上震荡运行时，即为上涨趋势。如图 1-22 是双象股份（002395）日线图，在整个 A 区域，布林通道呈震荡向上运行的状态，且波带宽度较窄，所以即可确认在此期间为中长期趋势上涨，可根据波带向上扩张时的情况，积极参与行情。而 B 区域只是出现了布林通道的高位震荡，并未破位下行，所以依然为上涨的中长期趋势。

（2）下跌趋势。当长周期图上的布林线指标由开口较大状态出现持续收缩变窄，并处于三轨向下运行时，即为下跌趋势。如图 1-23 是国创高新（002377）日线图，A 区域布林通道呈较宽状态，三轨在逐渐向内紧缩变窄的情况下，持续向下运行，表明当前的中长期趋势为下跌，在此期间应回避操作。

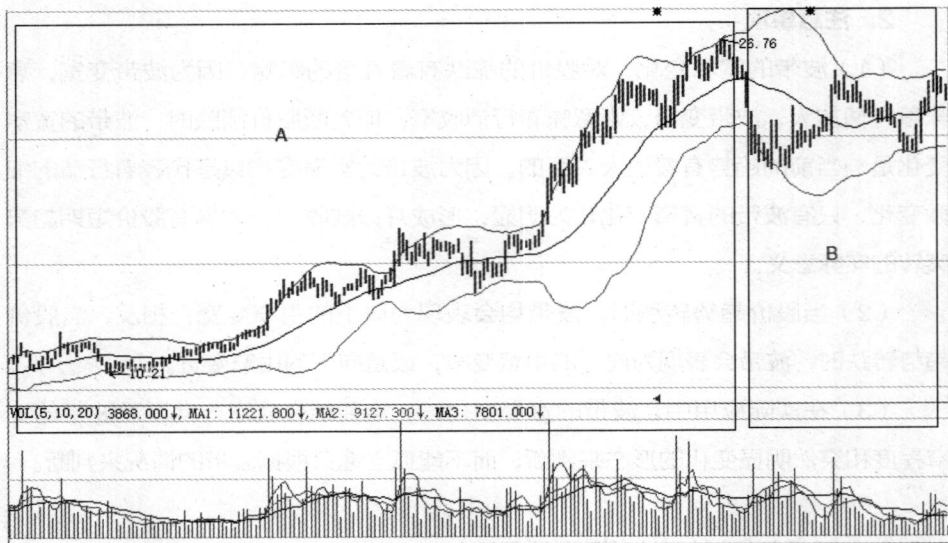

图 1-22　双象股份－日线图

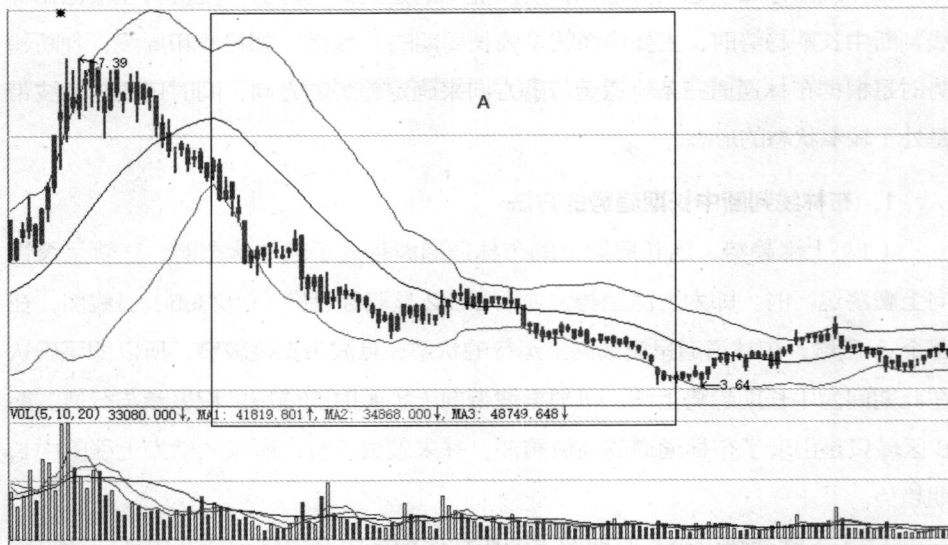

图 1-23　国创高新－日线图

（3）震荡趋势。当长周期图上的布林线波带呈较窄状态的水平小幅震荡时，说明在此期间的中长期趋势为震荡。如图 1-24 是双箭股份（002381），在下跌后的 A 区域，布林线波带明显已收缩至较窄状态，呈水平方向的小幅震荡，表明当前进入震荡趋势，在此期间是不宜操作的，但投资者可将这种形态的股票加入自选股，作为买入股票时的备选股，持续观察。

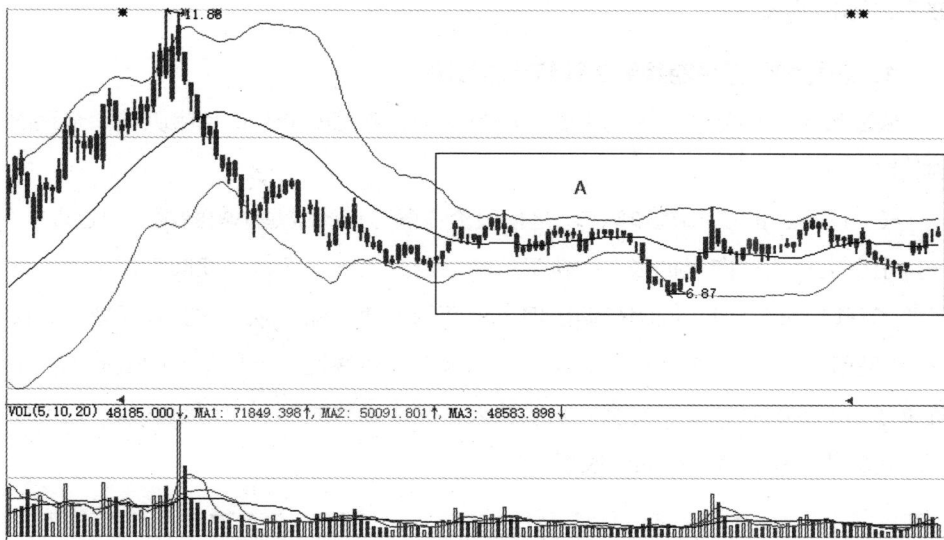

图 1-24　双箭股份－日线图

2. 注意事项

（1）在利用布林线判断股价的中长期趋势时，主要是观察长周期图上布林通道的整体趋势：当趋势方向向上时为上涨趋势，当趋势方向向下时为下跌趋势，当趋势方向为水平小幅震荡时为震荡趋势。

（2）判断中长期趋势时，波带的方向虽然是主要的，但波带的宽窄度同样重要，一般波带较窄状态的向上或向下为缓慢的上涨或下跌趋势，允许期间出现布林线的收口与开口，向上开口时意味着行情出现加速上涨，向下开口时说明出现加速下跌，收口的出现则意味着行情的渐缓。

（3）在利用布林线判断中长期震荡趋势时，波带是处于水平小幅震荡，往往波带越窄，说明震荡的幅度越小，这种形态的股票，往往是短线选股中首选的目标股。

1.3.4　暴涨暴跌的短期趋势研判

布林线指标在研判股价暴涨暴跌的短期趋势时，同样有着极高的准确性，因为股价在短期暴涨暴跌时，布林线波带会表现出明显的扩张与收缩，而这种波带极度扩张与收缩的初期，一旦得到了量能的支持，往往就说明股价的短期趋势打破了之前的状态。

1. 布林线判断短期暴涨暴跌趋势的方法

判断股价短期暴涨暴跌的主要方法有两种：暴涨时的开口型喇叭口、暴跌时的收口型喇叭口。

（1）暴涨时的开口型喇叭口。是指股价在弱势运行或是小幅震荡上行过程中，一旦出现上轨快速向上扩张、中轨平行略上行或上行、下轨快速向下扩张时，就形成了开口型喇叭口，说明行情出现了短期的加速上涨，应及时买入股票。如图1-25 是和而泰（002402），在 A 区域出现了上轨快速向上扩张、中轨向上、下轨快速向下的扩张，成交量明显阳量放大，形成暴涨时的开口型喇叭口，短期股价出现加速上涨，应果断买入股票。

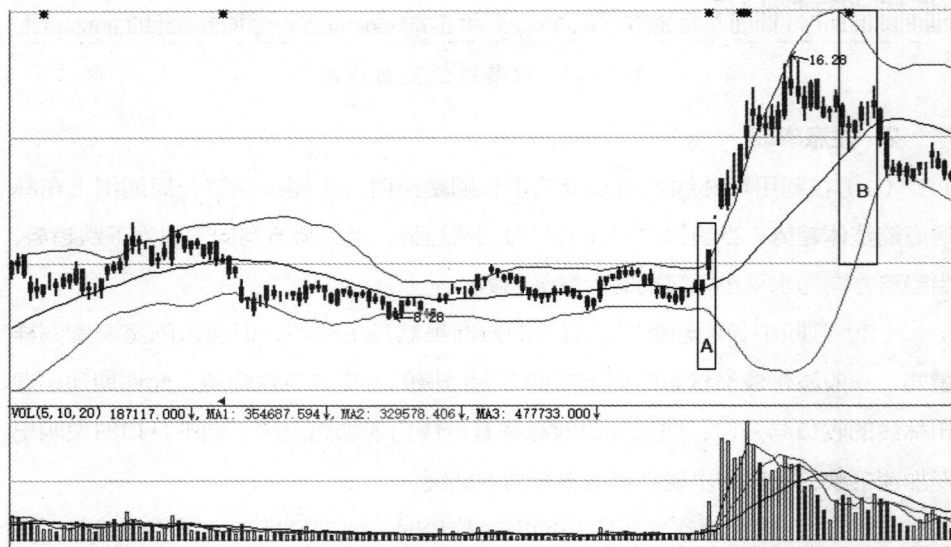

图 1-25　和而泰－日线图

（2）暴跌时的收口型喇叭口。当股价在短期快速下跌时，布林线上轨会出现明显的向下快速收缩，此时中轨处于上行，下轨也出现快速向上收缩，就形成了收口型喇叭口，说明趋势短期已快速转弱，应及时卖出股票。如图1-25 中的 B 区域，布林线波带在极度向上、下扩张后，出现了上轨快速向下收缩、中轨向上、下轨快速向上收缩，形成收口型喇叭口，说明一轮暴跌即将展开，应及时卖出股票。

2. 注意事项

（1）在利用布林线判断股价的短期暴涨暴跌时，主要是依据波带向外极度扩张或向内极度收缩来判断，主要的形态有：暴涨时的开口型喇叭口和暴跌时的收口型喇叭口。

（2）在根据喇叭口判断股价短期出现的暴涨暴跌行情时，一定要根据喇叭口的形态要求来操作，同时也要结合量能大小来判断买卖点。尤其是收口型喇叭口买入时，阳量必须明显放大。

（3）股价短期暴跌时必须形成收口型喇叭口，此时允许阴量放大不明显，但必须形成收口型喇叭口，因为如果是长期趋势向上，开口型喇叭口的出现，只是一段明显的加速上涨行情，而收口型喇叭口的出现，也只是说明这种加速上涨的短期趋势结束了。所以从长期来看，这一短线行情只是阶段的加速上涨与回落调整，并不影响中长期趋势，这一点需要在短线操盘中予以明确。

1.4 布林线缺点

1.4.1 上轨与下轨转向迟缓

在使用布林线指标判断行情时，上轨与下轨的表现大多数情况下会存在反应迟缓，这是由于上轨与下轨的支撑与压力在互相转换时造成的。因为任何一种指标的长周期统计的数据结果都不会轻易出现转变，所以才造成上轨与下轨的迟缓行为，这也是所有较长周期指标共同存在的一个缺点。在使用布林线时，一定要明白这个道理，所以在根据布林线判断行情时，如上轨与下轨出现不明显的形态变化时，我们一定要尊重量价的表现来操作。

1. 上轨与下轨的迟缓表现形态

（1）上轨向上与向下的迟缓形态。上轨向上的迟缓，主要表现在股价处于弱势运行时，一旦转强，上轨很难出现快速转为上行的现象，是股价多次向上接近或突破上轨，才会使上轨转为上行；上轨由上行转下行时也是一样，是股价持续下跌的弱势形成时，上轨才会转向下。尤其是收口型喇叭口出现时，这种上轨的转向向下的迟缓更为明显。如图 1-26 是双成药业（002693），在上轨向下运行过程中，只有进入 A 区域，股价持续上涨中量能明显放大后，上轨才由下行转为了上行；在 B 区域，上轨在上行时，只有股价持续下跌后，上轨才在其后转为向下运行。这两种情况正是上轨迟缓表现的形态。

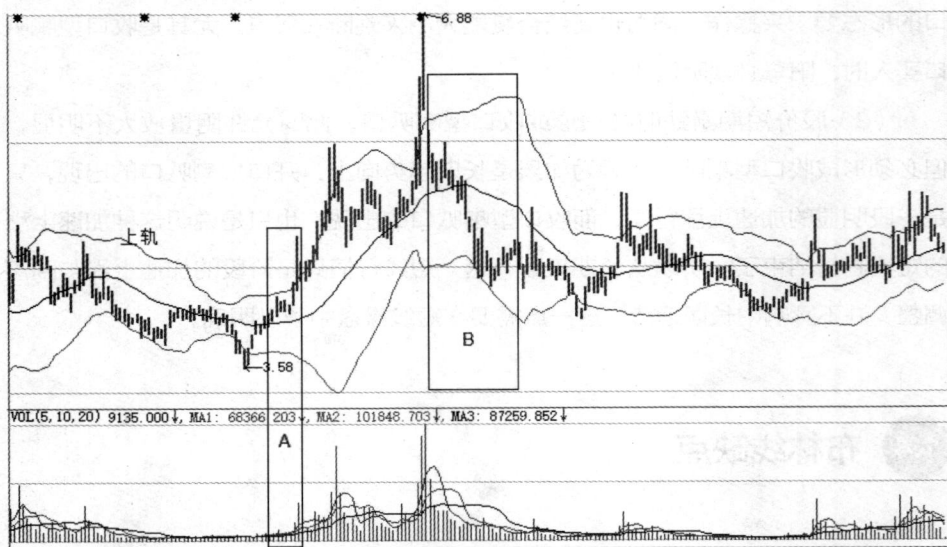

图 1-26 双成药业－日线图

（2）下轨向上与向下的迟缓形态。下轨向上的迟缓，主要表现在股价处于弱势运行时，一旦转强，必须是股价持续上涨后，方可转为上行，如果股价在向上突破上轨后，通常是在二次突破后才能改变上轨的运行方向；下轨由上行转下行也是一样，必须是股价持续下行方可改变其方向。尤其是开口型喇叭口出现时，这种下轨的转向向上的迟缓更为明显。如图 1-27 西部建设（002302），在 A 区域，下轨在持续向下运行中，只有股价持续在下轨上向中轨运行后，才在其后改变为下轨向上运行；B 区域形成开口型喇叭口时，下轨这种下行的状况也是在股价持续上涨后才转为上行；在其后的下轨上行状态转下行时，同样是经过了 C 区域股价较长时间的高位震荡后，才在其后转为向下运行。这些都是下轨的迟缓造成的。

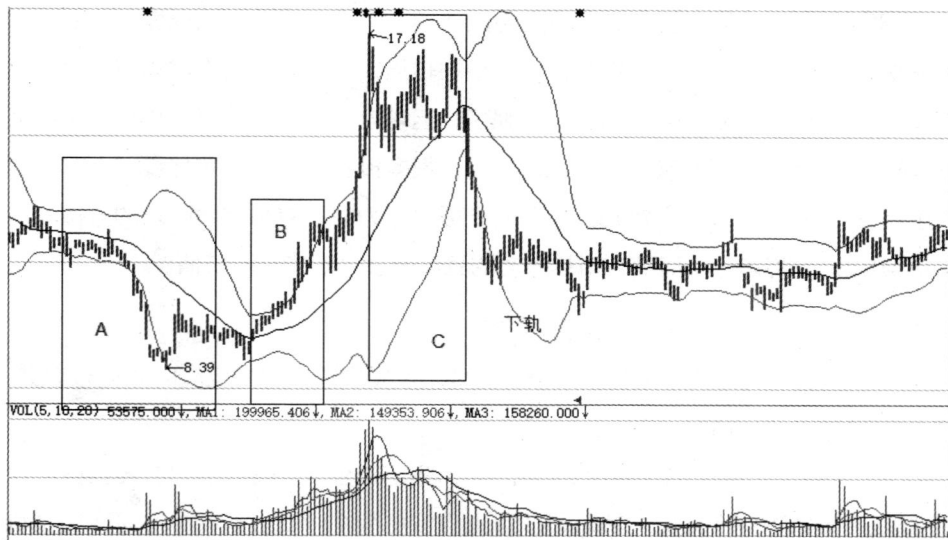

图 1-27　西部建设 – 日线图

2. 注意事项

（1）布林线上轨的迟缓表现，主要表现在上轨由上行转为下行，尤其是收口型喇叭口形成时，往往行情早已转为持续下跌，上轨才会转为向下运行，所以在利用收口型喇叭口判断短期趋势转弱时，应考虑到这一点，尽量根据下轨快速向上收缩的喇叭口形态，并结合量价来判断短线卖点，如股价跌破上轨后持续下跌时的阴量持续放大或格外放大。

（2）下轨的迟疑表现，在短期操作中影响不太大，因为无论是买入还是卖出，多数是根据开口型与收口型喇叭口来判断的，所以只有在中长线操盘中买入与卖出时才会体现得较为明显，因此一定要等到中轨彻底与上轨、下轨转为上行时再买入，卖出时也是一样，一定要等到下轨与上轨、中轨同时转为下行时，才是中长线操盘的布林线转势时的卖出形态。

（3）由于上轨与下轨在趋势运行中有着迟缓的表现，所以在操盘中应结合开口与收口的形态，以及波带扩张与收缩的情况来判断趋势的具体走向。

1.4.2　中轨的支撑与压力不明显

中轨在布林线指标中，最大的作用就是判断股价的支撑与压力，因为短线买卖股票时，中轨的方向往往起着决定性的作用，上涨时看中轨的支撑，下跌时看中轨的压力。但是在短线操作中，尤其是在转势期间，中轨的支撑与压力往往表明得不够明显，就是趋势本来已经转强了，但中轨还未转为上行；趋势本来已经转弱了，中轨的方向依然是向上，这一点让很多投资者在使用布林线时会感觉到有些迷惑，所以在根据中轨判断趋势的支撑与压力时，应当明白中轨的支撑与压力不明显这一特点，从而结合布林通道的具体形态来准确判断行情。

1. 中轨的支撑与压力不明显的形态

中轨的支撑与压力不明显的特征，主要是反映在股价趋势反转时才更有意义，所以有着以下两种情况：

（1）股价转强时的中轨压力与支撑不明显形态。当股价由弱势转强时，股价都是由中轨下向上突破中轨后，放量上涨或持续在中轨上运行，方可改变中轨向下运行的状态，所以除非是股价大量向上突破中轨方能迅速改变中轨下行的现状，否则必须持续在中轨上反复运行方可改变中轨的方向，这就造成中轨的支撑与压力不明显的情况。因为在一般情况下，股价在中轨上持续运行时，仍然会有跌破中轨的行为发生。如图 1-28 是洋河股份（002304），股价在弱势震荡行情中，中轨向下运行，股价在经过 A 区域和 B 区域的多次向上突破中轨后，才在 C 区域再次突破中轨时阳量持续明显放大的条件下，直到在 D 区域形成开口型喇叭口时，才转为向上运行。这是因为股价转强时，中轨的支撑不明显所造成的迟缓表现。

（2）股价转弱时的中轨压力与支撑不明显形态。当股价短线转弱时，中轨一直是处于向上运行的，表明支撑较强，但事实上，股价早已表现为持续大幅的下跌，这就是中轨支撑与压力不明显造成的迟缓。如图 1-28 中，股价在上涨趋势中，直到进入了 E 区域，也就是股价经历了 F 区域到 E 区域的长期大幅下跌后，中轨才转为向下运行。这种情况就是中轨的压力与支撑不明显所造成的。所以在卖出股票时，应根据 F 区域放量下跌时的分时图走势中区间放量下跌来判断卖点，这样才更为准确。

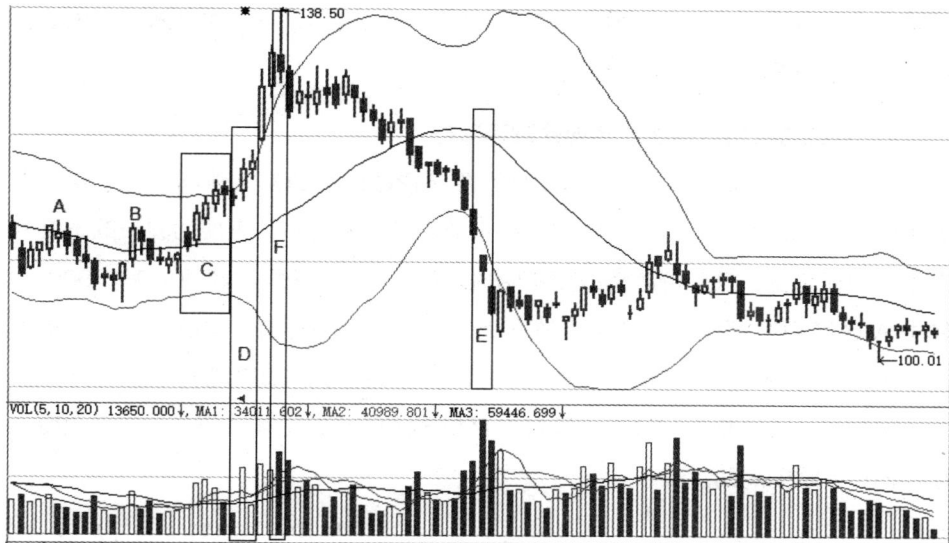

图 1-28　洋河股份 - 日线图

2. 注意事项

（1）中轨的压力与支撑，往往在中长期操作中体现得更为真实，所以中长线操作时，一定要等到中轨与上轨、下轨同时转为上行时，再买入股票。

（2）在短线操盘中，中轨的压力与支撑表现得极为不明显，尤其是趋势反转时，比如买入时的开口型喇叭口与卖出时的收口型喇叭口，这时应忽略中轨的支撑与压力。

（3）根据喇叭口判断行情时，很多时候中轨的方向并不是最重要的，比如开口型喇叭口形成时，只要中轨保持着平行略向上或向上的状态，量价符合买入要求即可买入；收口型喇叭口形成时，哪怕中轨依然明显上行，只要上轨与下轨形成收口型喇叭口，符合量价要求，或 K 线图上明显表现为格外放量下跌时，即应卖出。

1.4.3　短期开口与收口的转换较快

在短线操盘中，布林线波带的形态也容易出现快速的开口与收口，无论上涨还是下跌，甚至是震荡趋势中，这种情况都会经常出现，所以经常会造成投资者根据开口或收口甚至是喇叭口判断行情时出现失误。这种不明显的开口与收口的快速转换，事实上只是盘中震荡的表现。所以在实战中，一定要有效识别出这种开口与收口的震荡形态，从而准确判断出行情。

1. 开口与收口短期快速转换的震荡形态

（1）开口的震荡形态。开口如果为震荡形态时，通常上轨向上与下轨向下的角度不大，也就是上轨与下轨向外扩张的幅度并不明显，表现为波带的宽度并未出现明显变宽，且股价趋势改变不明显。如图 1-29 是龙津药业（002750），其中 A 区域和 B 区域就形成了上轨向上、下轨向下的开口，但波带变宽的幅度并不大，股价始终保持着震荡下跌的状态，所以这种开口即为盘中震荡的结果，并不影响整个下跌趋势的改变。只有 C 区域形成的开口型喇叭口，才突然改变了这种弱势下跌的局面。

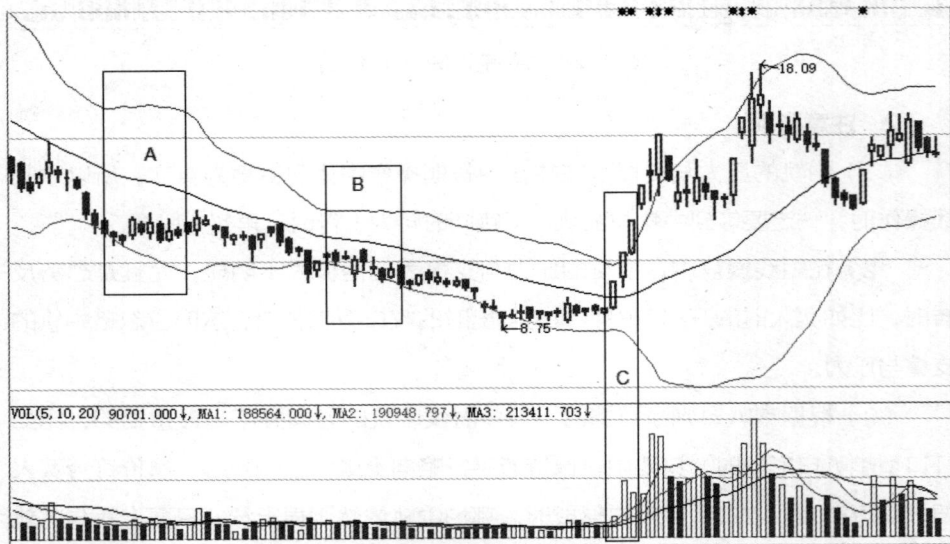

图 1-29　龙津药业－日线图

（2）收口的震荡形态。收口如果为震荡形态时，通常上轨向下与下轨向上的角度不大，也就是上轨与下轨向内紧缩的幅度并不明显，表现为波带的宽度并未出现明显变窄，且股价趋势改变不明显。如图 1-30 是济民制药（603222），在上涨趋势中，A 区域、B 区域和 C 区域均出现了上轨向下、下轨向上的收缩，但这种收缩呈缓慢内缩的状况，并不明显，虽形成收口，但股价上涨震荡的趋势并未改变，所以为震荡形态的收口。

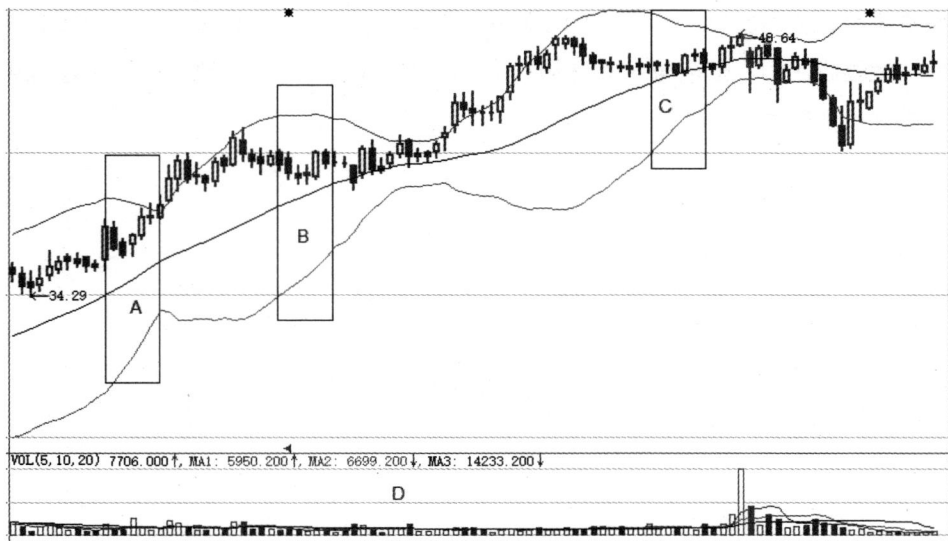

图 1-30　济民制药－日线图

（3）判断开口与收口为震荡行情时，还有两个明显的特征，就是量能变化并不大，整个布林通道也就是股价的趋势并未发生改变。如图 1-30 中济民制药的情况，A 区域、B 区域、C 区域的收口出现时，量能始终保持着低量状态，并无明显改变，且整个股价和布林通道的上涨趋势并未发生改变，所以无论是 A 区域、B 区域、C 区域的收口，还是图 1-30 中 A 区域和 B 区域的开口，均为震荡行情时的开口与收口。

2. 注意事项

（1）开口与收口是股价在运行过程中经常出现的一种行情渐缓的表现，尤其是在短周期图上，这种情况出现得更为频繁。但一定要明白，这种变化缓慢的开口与收口，都只是股价震荡的结果，只要在收口与开口出现时，若股价变化不明显，就不应根据这种收口与开口的变化来操作。

（2）判断收口与开口是否为盘中的震荡时，主要是观察整个布林线的波带宽窄变化是否明显、股价涨跌的幅度是否大，以及布林通道的整体趋势是否发生变化、量价是否变化明显等。

（3）如果是震荡行情出现不明显的开口与收口，成交量变化可能相对较大，如开口或收口时量能变化明显，这时只要观察布林线波带是否较窄或较宽，以及股价是否表现为反复在一定幅度内涨跌，即可判断出是否为震荡行情。尤其是股价在宽幅震荡中，上轨与下轨较大幅度地收缩形成的收口和上轨与下轨较大幅度地向外扩张形成的开口。

第 2 章

强弱：布林线分析行情

趋势变化的根本就是通过观察判断趋势强弱之间的平衡与否。作为趋向类指标，在利用布林线判断趋势强弱时，必须明白两种布林线识别行情强弱的模式，以及布林线指标的三个重要特征，这样才能明白如何利用布林线来分析股价强弱和震荡的三种趋势特征，以及两种极端行情出现时，布林线指标的状态，才能做到通过布林线准确判断出行情的强弱程度。

2.1 两种识别行情模式

2.1.1 轨道趋势

投资者在根据布林线识别行情的强弱时，首先要考虑的就是轨道趋势，因为轨道趋势直接反映出的就是股价的趋势，无论是在选股还是买股上，都是选择股价趋势由弱势转为强势时。对轨道趋势的判断是分清一只股票是否强势与弱势的根本，只有轨道趋势处于中长期上涨的股票，出现开口或喇叭口的加速上涨时，才是买入的目标。也只有轨道趋势长期处于弱势的股票，才是最有可能短期出现快速启动的股票。因此，轨道趋势是根据布林线判断行情的关键。

1. 轨道趋势的三种表现

（1）趋势上行。就是整个布林通道呈现出三轨持续震荡上行的股票，只要一只股票呈现出三轨震荡上行，也就是下轨低点在不断抬高时，即可确认为上涨趋势，逢低阳量上涨时即为短线参与的时机。如图 2-1 是信维通信（300136），在 A 区域形成持续的开口型喇叭口后的 B 区域，虽然布林线波带期间出现了反复小幅收缩和扩张，但上轨、中轨、下轨一直处于小幅震荡上行的状态，且下轨低点在不断抬高，所以可以确认为趋势上行的上涨形态，其中 E、F、H 三个低点区域出现了明显的阳量上涨时，即为短线的买点。只要这种形态不改变，就可以一直持有。

（2）趋势下行。就是整个布林通道呈现出三轨持续震荡下行的股票，只要发现这种形态的股票，就应保持持币观望的态度。如图 2-2 是青松股份（300132），在整个 A 区域，股价一直处于布林通道震荡下行的状态，且大多数表现为三轨下行，所以为趋势下行，在此期间应一直保持持币观望态度。

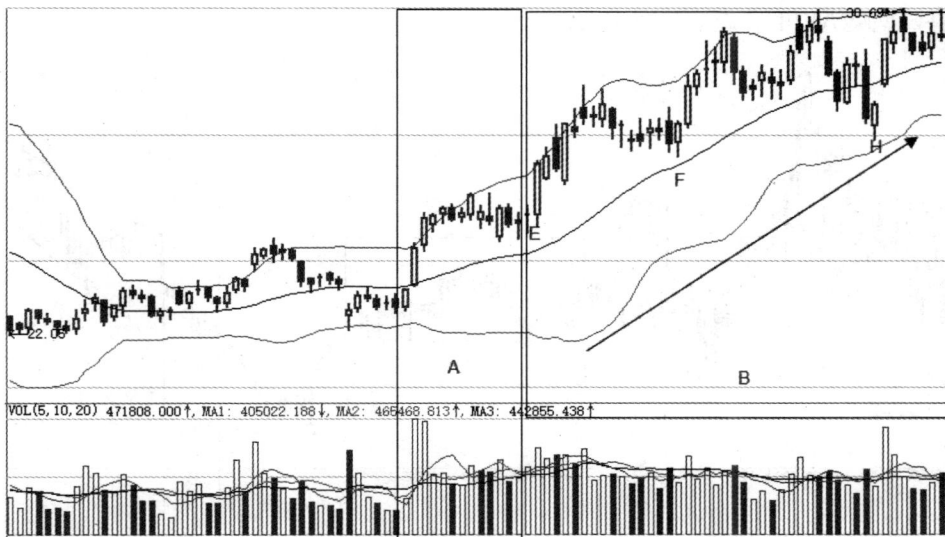

图 2-1　信维通信－日线图

图 2-2　青松股份－日线图

（3）趋势震荡。就是整个布林线通道的波带在较窄状态下，形成水平的小幅震荡，一经发现这类股票，就应放入自选股，作为目标股持续观察。如图 2-3 是泰胜风能（300129），如果发现这只股票在 A 区域形成了明显的波带较窄状态的小幅水平震荡，表现为趋势震荡时，应将其放入自选股，待其后 B 区域形成开口型喇叭口时，就应及时买入。

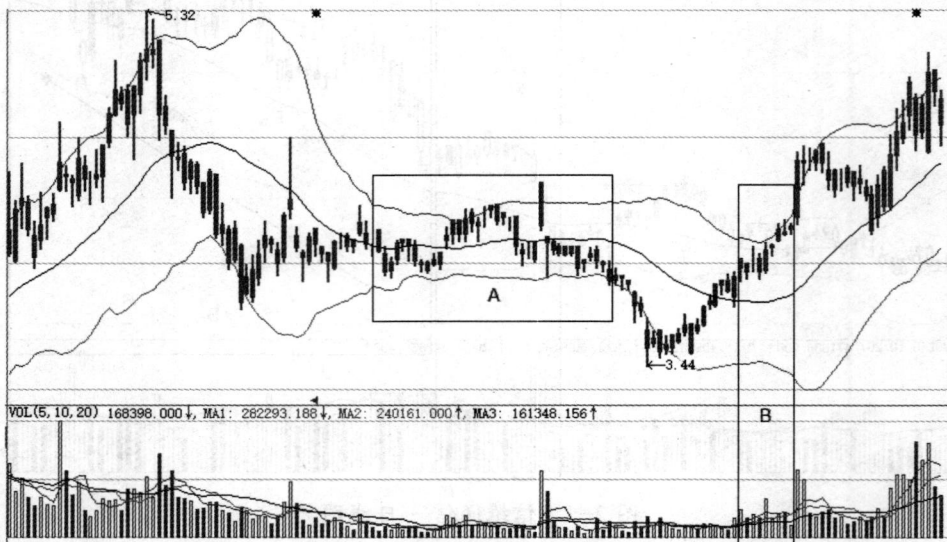

图 2-3　泰胜风能－日线图

2. 注意事项

（1）轨道趋势上行时为上涨趋势，这时即使根据上涨趋势中出现的放量上涨来短期操作，其安全性也相对较高，因为上涨趋势中即使未买在相对低位，也很容易实现获利。

（2）轨道趋势下行时为下跌趋势，此时即使是抢反弹也是危险的，所以应采取回避的态度。

（3）轨道趋势震荡时，只有波带在较窄状态的长期震荡时，才是选股的最佳目标股形态，因为从技术角度来讲，一只股票弱势整理的时间越长，一旦爆发上涨，后市的行情更为可观，涨幅更为理想。

2.1.2　波带形态

波带形态，就是布林线上轨与下轨形成的形态，波带形态有宽窄的变化，从而会形成开口与收口，甚至是喇叭口，而我们知道，向上开口与开口型喇叭口是买入股票的征兆，而向下开口与收口型喇叭口是卖出股票的征兆。因此，在根据布林线判断行情时，波带形态是另一种重要的分析模式。

1．波带形态的具体表现形态

（1）趋势向上时的波带形态。当股价短期趋势表现为向上时，波带就会形成渐缓的向上开口，或是波带明显扩张的开口型喇叭口，这时就会构成买入股票的时机。如图 2-4 是昌红科技（300151），股价在震荡中进入 A 区域，波带形成渐缓的向上开口，其后略收缩，在 B 区域形成一个明显的开口型喇叭口，此时即是股价快速启动上涨的买入股票时机。也就是趋势向上时的波带形态。

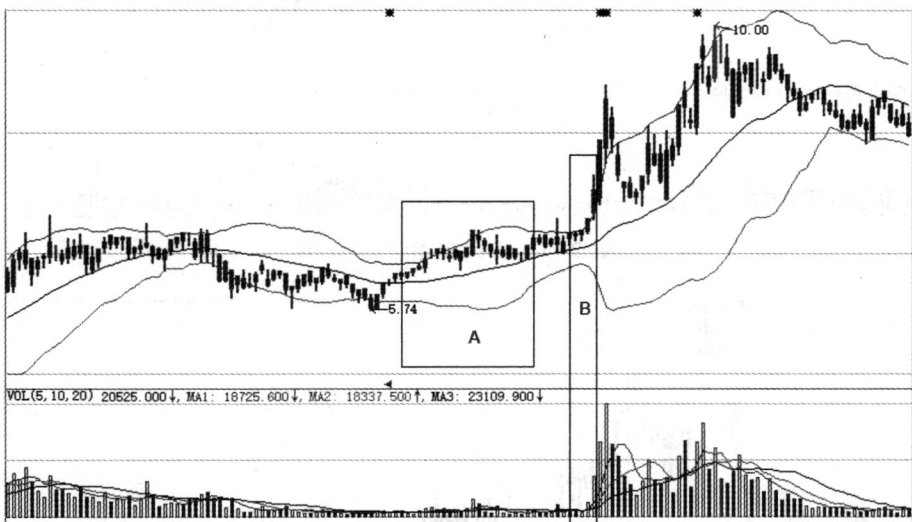

图 2-4　昌红科技－日线图

（2）趋势向下时的波带形态。当股价短期趋势向下时，波带就会形成渐缓的向内收缩或向下开口，甚至会形成波带明显向内收缩的收口型喇叭口。所以一旦形成，就成为短线卖出股票的时机。如图 2-5 是世纪瑞尔（300150），当股价转弱时，波带先是在 A 区域形成下行中的逐渐向内收缩，待收缩到较窄状态后，突然又慢慢向外扩张，在 B 区域形成一个明显的向下开口。也就是趋势下行时的波带形态。

（3）中长期趋势变化时的波带形态。当股价出现中长期趋势变化时，波带形态往往会形成明显的三轨向下的形态，且波带会出现由宽变窄的逐渐收缩。这一点判断起来很明显。如图 2-6 是中金环境（300145），当趋势由强变弱时，上轨、中轨、下轨逐渐变为向下运行，且波带的宽度也逐渐出现由宽到窄的变化，表明中长期趋势已转弱。

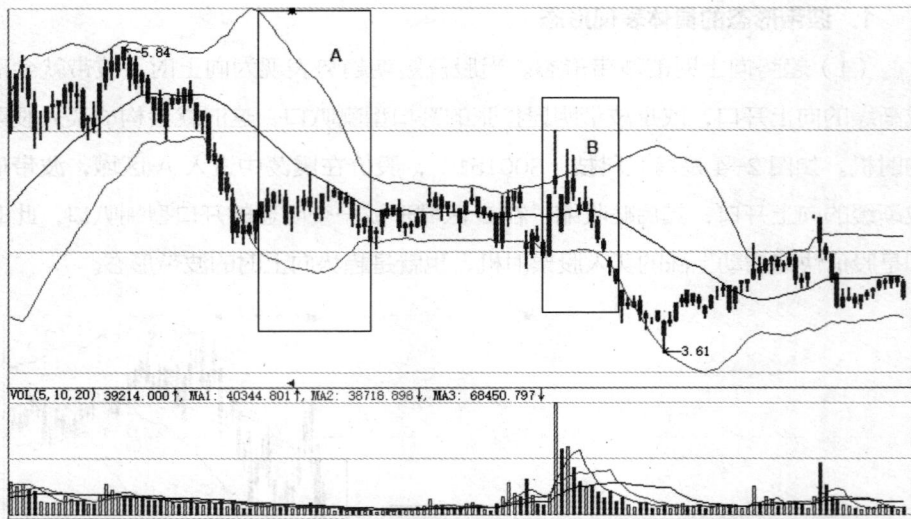

图 2-5　世纪瑞尔 - 日线图

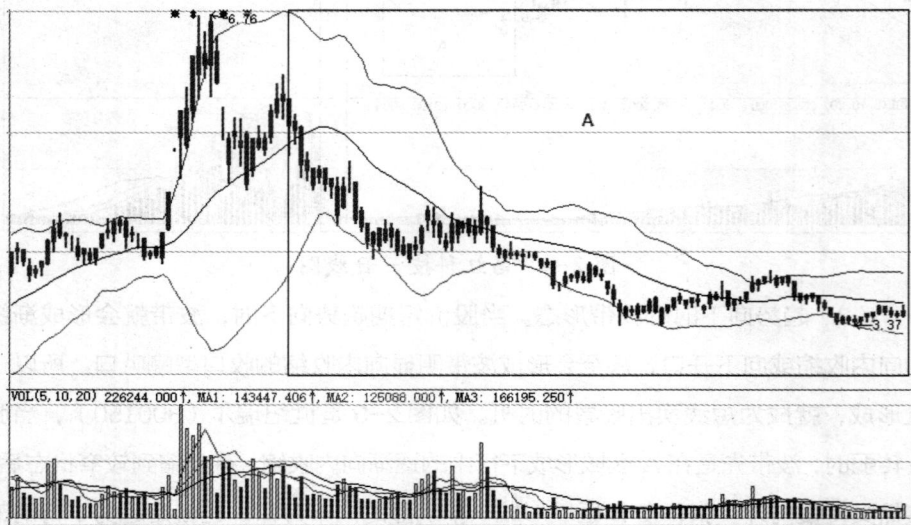

图 2-6　中金环境 - 日线图

2. 注意事项

（1）波带形态是判断行情时一种重要的分析模式，主要分析的是波带宽窄变化中形成的开口与收口形态，越是明显的开口或收口，越是能够证明短期趋势的突然变化，所以在利用布林线分析股价短期强弱时，波带形态是不可缺少的一种识别行情的模式。

（2）在利用波带形态识别行情时，不能只是单纯地以波带的收口与开口的形态来判断，还要结合轨道趋势来进行分析，尤其是在判断中长期趋势时，轨道趋势是最主要的分析方式。由此也可以看出，波带形态在识别股价短期变化时是极为重要和关键的。

2.2　三个重要特征

2.2.1　波带的宽窄

在分析股价的短期行情变化时，波带形态是最为主要的。而在波带形态中，主要观察的内容就是布林线上轨、下轨组成的波带宽窄出现的变化。因此，在观察波带宽窄变化时，最为重要的就是比较，也就是将当前波带的宽窄与之前波带的宽窄进行对比，这样才能发现波带变化中是形成了开口还是收口，还是波带明显变化的喇叭口。

1. 波带宽窄变化的种类

（1）向上开口、向下开口与开口型喇叭口。向上开口就是波带在向上运行时，出现了三轨趋势向上的开口变大，也就是波带向上扩张。如果这种波带向上扩张的速度较快，就会形成开口型喇叭口。向下开口就是布林线在较窄状态下，出现了上轨向上扩张、中轨与下轨向下扩张的向下开口。因此，这类开口是判断行情转强的一个重要特征。如图 2-7 是晨光生物（300138），在三轨缓慢向上运行的过程中，进入 A 区域初期，可以发现三轨出现了明显的波带向上扩张放大，形成向上开口。其后的 B 区域，上轨与中轨向上、下轨向下的角度变大，波带出现了极度向外扩张，形成了开口型喇叭口。C 区域初期，波带在较窄的状态下，出现了中轨与下轨向下、上轨略向上，形成一个向下开口，表明趋势转弱。

（2）向下收口与收口型喇叭口。如果是波带在极度扩张后无法再继续扩张时，就会出现明显的上轨向下、下轨快速向上的紧缩，就形成了收口型喇叭口。向下收口就是波带在震荡或向下运行时，上轨与下轨出现向内幅度缓慢的收缩，也就是波带向下变窄的收缩。因此，向下收口就成为判断行情较弱时的一个明显特征。如图 2-8 是晓程科技（300139），在上涨趋势中，当布林线上轨无法再继续向上扩张时，出现了向内紧缩的下行，同时下轨也出现快速向上紧缩，形成了收口型喇叭口。在其后的下跌趋势中，进入 B 区域，形成一个三轨均向下，波带由宽逐渐变窄的向内紧缩的向下收口。

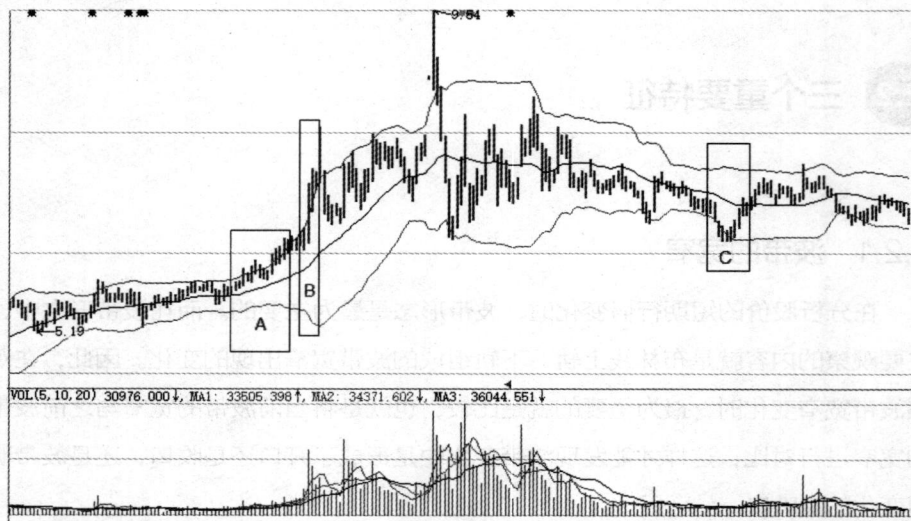

图 2-7　晨光生物－日线图

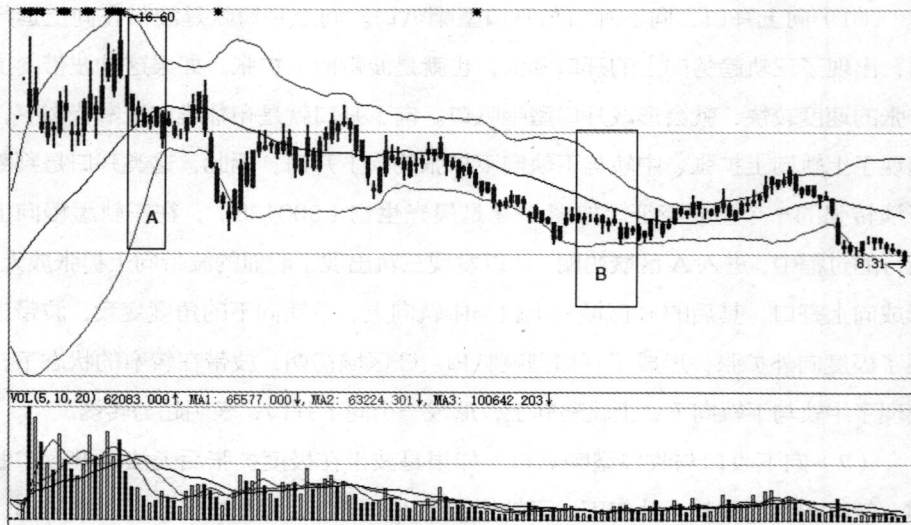

图 2-8　晓程科技－日线图

2. 注意事项

（1）在分析行情时，波带的宽窄变化对股价的趋势运行起着极为关键的作用，尤其是在趋势反转时，波带形态也往往成为判断行情的一个重要依据，所以实战时一定要注意这一点。

（2）分析波带的宽窄变化对行情的影响时，虽然主要是观察波带宽窄的变化，但是要对股价趋势造成影响，往往是在波带的宽窄形成明显的开口与收口时，才更有意义，尤其是形成了喇叭口。

（3）具体在通过波带宽窄判断趋势反转时，应结合量价关系来判断买卖点，只有形成了买卖点，方可买卖股票。

2.2.2　股价在三条轨道中的位置

在分析行情时，股价在布林线三条轨道中的位置也是至关重要的。这是因为，布林线的三条轨道都会不同程度地对股价形成一定的支撑与压力，当支撑大于压力时，股价就会表现为强势；当压力大于支撑时，股价就会受到来自上方的压力，表现为弱势。因此，即使是常态中，只要发现股价在布林线运行中所处的具体位置，就能够很清楚地发现当前股价的强弱趋势。

1. 股价在三条轨道中不同位置的强弱形态

（1）股价位于上轨与中轨之间。是指股价（K 线）位于布林线上轨与中轨之间时，这种趋势说明股价是处于相对较强的走势，说明中轨对股价形成了支撑，但上轨依然对股价形成了压力，所以股价才会表现为相对的强势。如图 2-9 是天舟文化（300148），在 A 区域，K 线一直处于上轨与中轨之间运行，说明股价处于较强的状态，中轨对股价具有一定的支撑作用，且中轨方向转为向上，所以强势特征明显。这类股票应积极参与。

（2）股价位于中轨附近。是指股价位于中轨附近持续运行，或在中轨上方附近，或在中轨下方附近。说明中轨对股价既存在着较大的压力，又对股价构成一定的支撑，所以股价才会呈现围绕中轨的小幅震荡。如图 2-10 是沃森生物（300142），在 A 区域，股价一直位于中轨附近，围绕中轨展开了小幅震荡，这说明中轨对股价的上涨有着较强的压力，同时又对股价下跌有较强的支撑，只有通过不断震荡整理，才可以化解这种压力，否则就会继续弱势震荡。这类股票应持续观察后再决定是否操作。

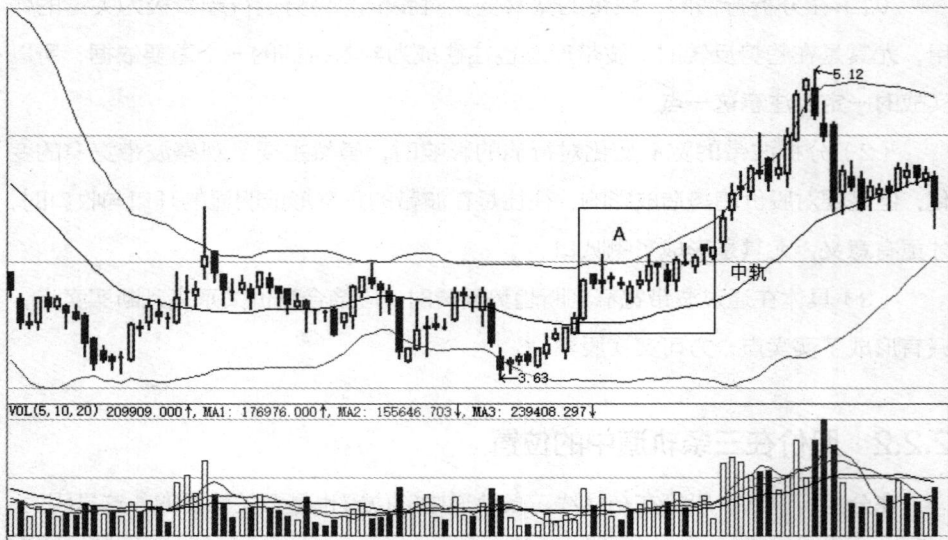

图 2-9　天舟文化－日线图

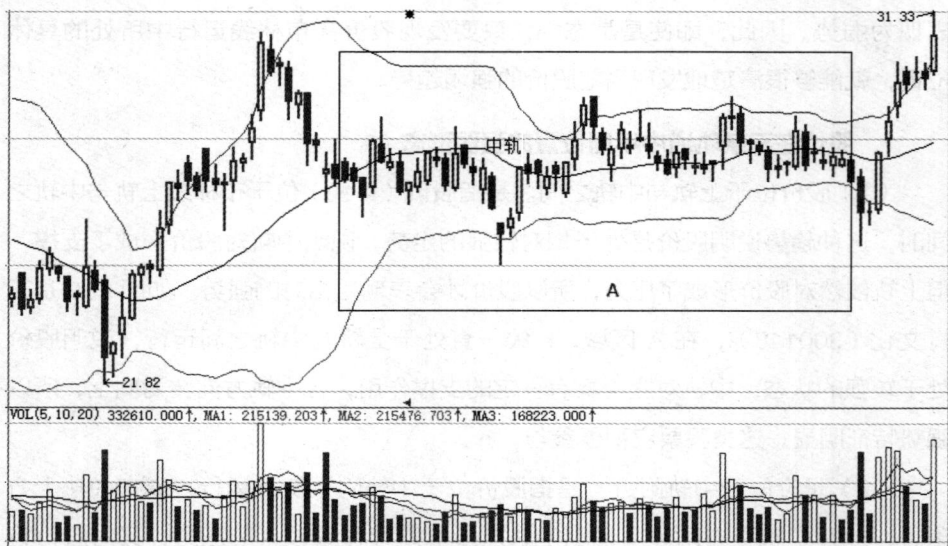

图 2-10　沃森生物－日线图

（3）股价位于中轨与下轨之间。当股价位于中轨与下轨之间时，说明下轨
对股价构成了较强的支撑，但上方的中轨又对股价有着较强的压力，所以股价会
表现为相对弱势。如图 2-11 是和顺电气（300141），在 A 区域，股价一直处于

中轨下与下轨上之间持续震荡运行，说明在此期间中轨的压力较大，下轨却有着一定的支撑，但整个的趋势是偏弱的，这类股票应回避。

图 2-11　和顺电气－日线图

2. 注意事项

（1）当股价表现为较强的状态时，股价均是位于布林线中轨与上轨之间，越是偏于上方的上轨附近，越能说明强势的程度。

（2）当股价表现为弱势时，是股价位于中轨与下轨之间，越是偏向于下轨，越能表明当前的趋势偏弱的程度。

（3）如果股价位于中轨附近，则表明当前的多空力量较为均衡，股价通常会表现为在这一时间段内呈震荡状态。

（4）根据股价在三条轨道中的位置判断行情时，还要结合布林线波带的宽窄来综合判断。越是波带在较宽状态下形成的强弱形态，越是能够证明股价较短期的强弱；越是波带在较窄状态下形成的强弱形态，则这种弱势越是不明显。在判断中长期行情时，应结合波带轨道的趋势方向。

2.2.3　中轨的支撑与压力

中轨的支撑，在判断行情时，同样有着十分重要的作用，因为我们判断行情是为了发现股价的强弱，低位持续强时就会形成买点，高位持续弱时就会形成卖点。而中轨在整个布林线指标中，虽然表现略有迟缓，但其支撑与压力是直接关系到股价是处于偏强还是偏弱的。所以在观察行情时，对于中轨的压力与支撑，一定要学会如何判断。

1. 判断中轨压力与支撑的方法

（1）中轨压力大于支撑。当中轨压力大于支撑时，往往表现为股价会跌破中轨，在中轨下方运行，一旦向上突破中轨后，即会受到来自中轨的压力，再次跌破中轨，表明行情偏弱。如图 2-12 是汤臣倍健（300146），在整个 A 区域，股价于 B 区域、C 区域、D 区域每次向上突破中轨后，均受到来自中轨的压力，导致每次又跌回了中轨之下运行，这就说明在 A 区域，中轨的压力要远远大于支撑。

图 2-12　汤臣倍健 - 日线图

（2）中轨支撑大于压力。当中轨支撑大于压力时，股价往往会表现为在中轨上方运行，一旦跌破中轨就会获得支撑，很快又回到中轨上方运行，这就说明趋势偏强。如图 2-13 是量子生物（300149），在 A 区域，当股价向上突破中轨后，一经跌破中轨即很快回升到中轨之上，这说明在此期间中轨的支撑要远远大于压力，这类股票可择机买入。

（3）中轨支撑与压力相差不大。当中轨的支撑与压力相差不大的时候，股价会表现为围绕中轨展开小幅震荡，表现出的是股价围绕中轨的忽强忽弱的震荡。如图 2-14 是世纪瑞尔（300150），在 A 区域，股价每次跌破中轨，即获得中轨支撑，很快回到中轨附近，但每次向上远离中轨时又跌到中轨附近，这说明在此期间中轨对股价的支撑与压力处于均衡的状态，所以股价表现为小幅震荡，布林带也呈较窄状态的水平小幅震荡。

图 2-13　量子生物 - 日线图

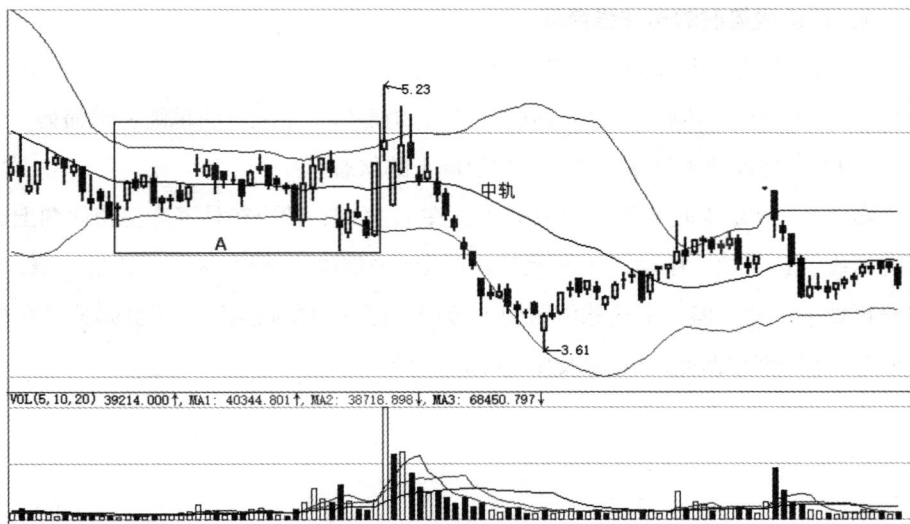

图 2-14　世纪瑞尔 - 日线图

2. 注意事项

（1）在根据布林线分析行情时，可以将中轨看作股价强弱的一个分水岭，持续在中轨上方运行时，说明中轨对股价的支撑较大，一旦跌破后会很快回到中轨上继续运行。

（2）如果中轨的压力较大，股价往往表现为在中轨下方运行，一旦突破中轨后，又会很快跌破中轨，继续在中轨下方运行。

（3）如果中轨的支撑与压力较均衡，表现为股价在中轨附近展开小幅震荡。原则上只要这种均衡的状态不被打破，就不应买入股票。

2.3 布林线分析股价强弱

2.3.1 强势股价分析

当股价处于强势特征时，布林线指标就会表现出明显的强势特征，所以在分析股价是否强势时，只要通过观察布林线指标的强势特征，就能够准确识别出这只股票是否处于强势。这类强势特征明显的股票，是可以放心参与的。

1. 股价强势时的布林线特征

（1）布林通道整体向上运行，形成向上开口或开口型喇叭口。

（2）股价位于中轨上方持续向上运行，越是偏向于上轨时越能表明强势。

（3）布林线波带呈逐渐变宽或三轨向上的状态。

如图 2-15 是宋城演艺（300144），在 A 区域，整个布林通道呈整体向上运行的形态，且上轨、中轨、下轨呈三轨向上小幅震荡运行的状态，波带较窄，K线一直处于中轨上偏于上轨的位置向上运行，这说明在此期间为股价强势的布林线形态，可逢低止跌回升时积极参与行情。

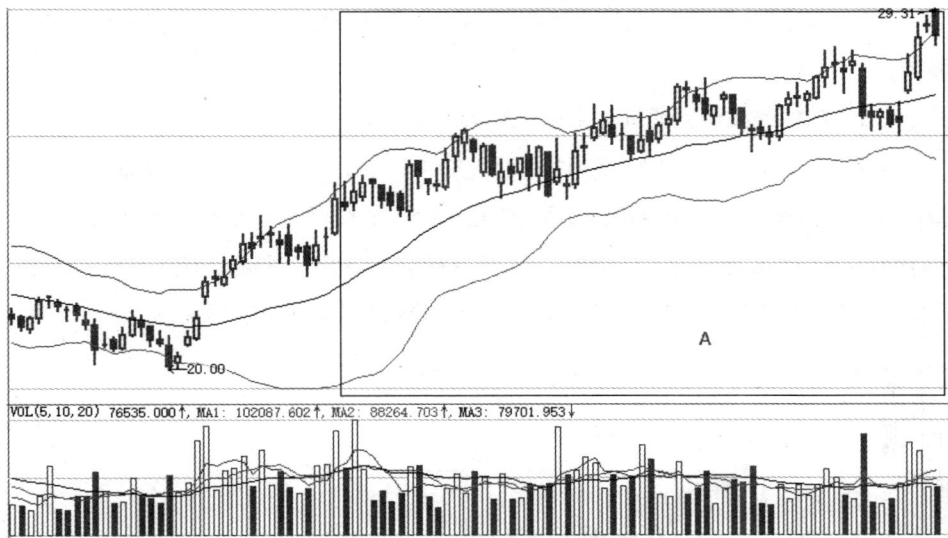

图 2-15　宋城演艺－日线图

2. 注意事项

（1）当布林线呈现出三轨均向上运行时，往往说明这只股票是处于中长期较强的趋势，应在盘中股价逢低止跌时积极参与行情。

（2）通过布林线判断强势特征时，三轨与整个布林通道向上只是一个条件，还必须满足波带较窄，且 K 线是处于中轨之上，位置越是向上靠近上轨，越是能够表明股价的强势。

（3）如果布林通道在波带较窄状态呈三轨向上运行的强势特征，且股价围绕上轨持续震荡向上运行，则更能证明股价的强势，应积极参与这类股票的较长时期的上涨行情。

2.3.2　弱势股价分析

当股价处于弱势特征时，布林线指标就会表现出明显的弱势特征，所以在分析股价是否为弱势时，只要通过观察布林线指标的弱势特征，就能够准确识别出这只股票是否处于弱势趋势。这类处于弱势特征的股票是应当回避的。

1. 股价弱势时的布林线特征

（1）布林通道整体向下运行，形成向下开口、向下收口或收口型喇叭口。

（2）股价位于中轨下方持续向下运行，越是偏向于下轨附近时越能表明弱势。

（3）布林线波带呈逐渐变窄或三轨向下的状态。

如图 2-16 是科融环境（300152），在 A 区域，初期布林波带形成向下的收口，呈逐渐变窄，且布林通道呈明显的三轨向下的震荡下行状态，B 区域还形成一个向下开口，K 线一直位于中轨下方且持续向下运行，并逐渐偏向下轨的位置，说明在此期间为股价弱势时的布林线特征，应尽量回避操作这类股票。

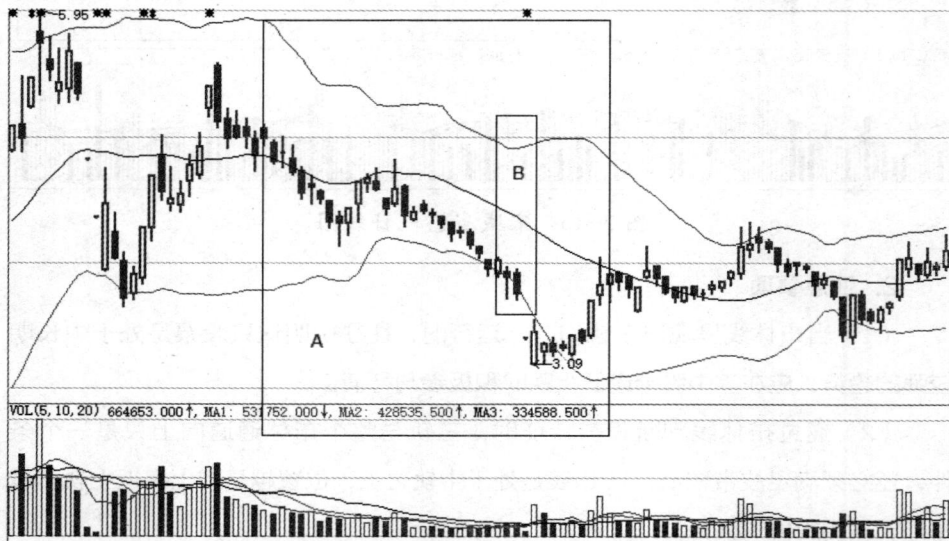

图 2-16　科融环境 - 日线图

2. 注意事项

（1）当股价呈弱势状态时，在初期，布林线往往会形成明显的收口，严重时会形成收口型喇叭口，波带逐渐向内紧缩，所以造成波带较窄状态的三轨向下运行。

（2）如果是弱势转弱，往往会形成三轨向下运行中的三轨下行，或是上轨上行、中轨与下轨下行的向下开口。

（3）当布林线形成明显的弱势形态时，无论波带的变化是否明显，比如向下开口的张开程度是否大、波带是否严重收窄，只要趋势是向下的，就不应急于操作，而应保持持币观望。

2.3.3　震荡股价分析

当股价处于震荡状态时，布林线指标同样会表现出明显的震荡特征，所以在分析股价是否处于震荡状态时，只要通过观察布林线指标的震荡特征，就能够准确识别出这只股票是否处于震荡状态中。这类处于震荡状态特征的股票是应当回避的。但应将其放入自选股中，作为目标股持续观察，因为震荡状态的股票最容易出现快速启动。

1．股价震荡时的布林线特征

（1）布林线波带变为较窄的状态。

（2）布林通道呈水平状态的小幅震荡。

如图 2-17 是科泰电源（300153），在整个 A 区域，布林通道在大幅收缩后，波带变得较窄，呈水平状态小幅震荡，形成明显的股价震荡时的布林线特征。这类股票不应立即参与，因为当前的趋势不明朗，但可以将这类股票放入自选股中，一旦发现形成布林线快速启动上涨的攻击性形态，即开口型喇叭口时，即可短线参与。

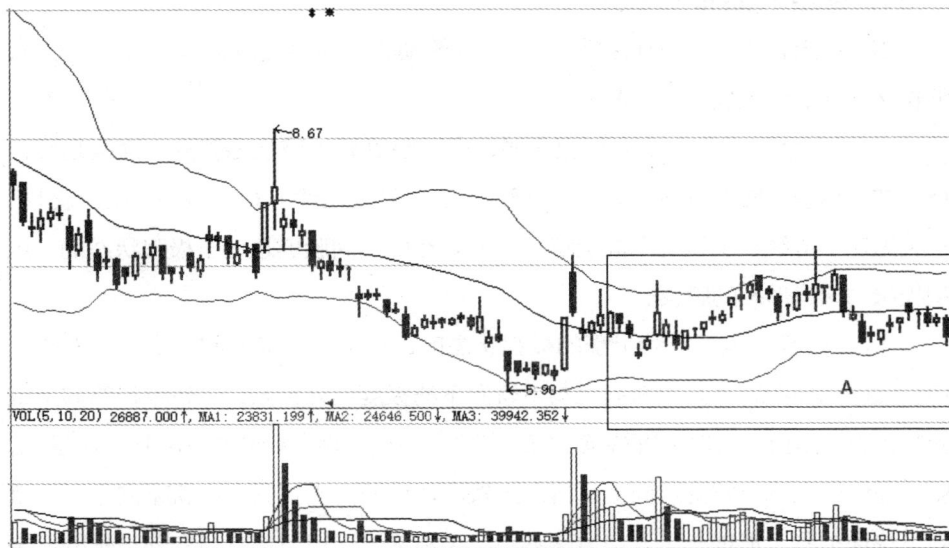

图 2-17　科泰电源 - 日线图

2．注意事项

（1）在利用布林线判断股价的震荡状态时，只要布林通道呈水平状态的小幅震荡即可，但越是波带较窄状态的震荡，越能说明震荡幅度的缩小，所以是即将变盘的征兆，因为筹码高度集中了，所以才是选股时的一个重要标准。

（2）当布林线波带处于较窄状态的小幅震荡时，震荡的时间越久，则其后快速启动上涨时的涨幅越是可观。但这并不意味着看到这种形态的股票可以"埋伏"买入，因为存在弱势走弱的情况，所以必须是布林线向上变盘时再买入。

2.4 极端行情分析

2.4.1 极强行情

当股价处于暴涨的持续快速上涨时，布林线同样会发出明显的信号。所以，当这种股价快速上涨时，只要通过观察布林线的极强特征，就可以根据布林线处于极强状态时，捕捉到股价快速形成持续上涨的极强状态，及时买入股票。

1. 极强行情的布林线特征

布林线上轨之上为极强区域，所以股价极强时，股价会持续运行在上轨上方，但布林线此时会表现为两种形态：

（1）布林线上轨之上为极强区域，所以股价处于极状态强时，通常是股价持续在布林线上轨上方向上运行。如图 2-18 是科斯伍德（300192），在 A 区域，K 线出现了持续在上轨上方向上运行，说明在此期间股价是处于极强状态的，应积极参与这类形态的股票。

（2）当股价表现持续上涨的极强状态时，布林线会形成明显的开口型喇叭口，此时明显的特征是上轨向上与下轨向下的极度向外扩张，中轨平行略向上或上行，股价是位于上轨附近持续上行，甚至是突破上轨。如图 2-18 中的 A 区域，K 线是位于上轨上方持续向上运行，上轨出现快速向上扩张、中轨略向上、下轨向下快速扩张，形成一个开口型喇叭口，虽然这一开口型喇叭口向外扩张的形态未达到极致，但其后股价一直是在上轨上持续上行，所以应积极参与这类形态的股票。

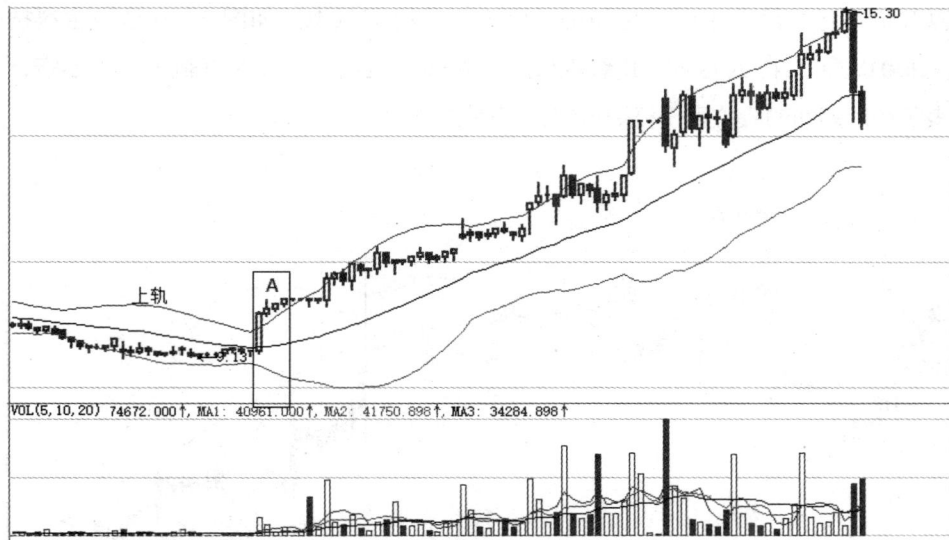

图 2-18　科斯伍德 -30 分钟图

2. 注意事项

（1）当股价处于极强状态时，如果形成股价在布林线上轨上持续上行，但并未形成喇叭口，这种持续上涨的幅度往往相对要弱一些，但持续上涨的时间要长，这一点在中长线波段操作中是股价短期持续加速上涨的特征。

（2）如果股价在持续快速转强时，表现为开口型喇叭口，往往是短期开启了一段暴涨行情，股价短期涨幅往往较大，尤其是经过较长时间震荡整理的股票，开口型喇叭口形成后的短期涨幅更大。

2.4.2　极弱行情

当股价处于持续下跌的极弱行情时，布林线同样会发出明显的信号。所以，当这种股价快速下跌的极弱行情出现时，只要通过观察布林线极弱特征，就可以根据布林线极弱状态，尽量回避这类股票。但如果是下跌末期出现的波带极窄状态的极弱行情时，则应将其放入自选股，作为目标股持续观察。

1. 极弱行情的布林线特征

极弱行情同样有两种布林带形态：

（1）股价在布林线下轨下持续向下运行。因布林线下轨属于超弱区域，所以股价一旦持续在下轨下运行时，即为股价极弱状态。如图 2-19 是派生科技（300176），在 A 区域，K 线跌破了布林线下轨后，持续在下轨下向下运行，表明在此期间的股价属于极弱行情，不可参与。

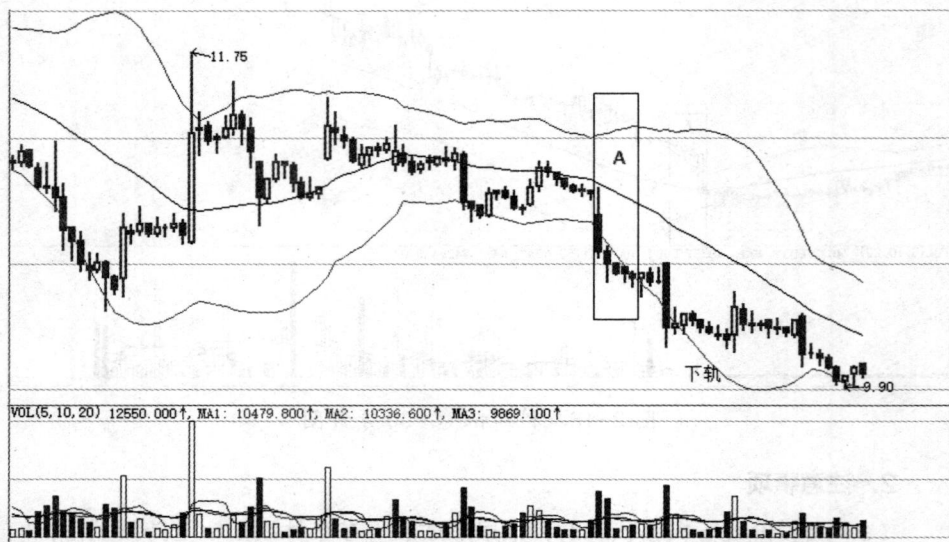

图 2-19 派生科技 -30 分钟图

（2）布林通道整体向下运行，也就是上轨、中轨、下轨的方向均是向下运行的状态。这时可以忽略盘中出现的波带变窄，但如果形成向下开口，表明趋势再次变弱，所以要坚持回避这种形态的股票。如图 2-19 中的 A 区域，布林线波带在较窄状态时突然出现上轨向上、下轨与中轨向下的向下开口，整个布林通道趋势是向下的，股价也是位于下轨下方持续下行的，说明趋势出现了再次转弱，应回避这类形态的股票。

2. 注意事项

（1）当整个布林通道处于三轨向下运行的状态时，往往是跌势最明显的极弱情况，所以在此期间应忽略波带向内收缩的收口型成，坚持持币观望。

（2）如果是弱势震荡中出现股价不时跌破下跌即回升到下跌上时，只有布林线波带呈水平小幅震荡时方可作为目标股放入自选股。如果在此期间波带是向下开口状态或三轨向下运行，应持币观望。

第 3 章

量价：布林线判断
买卖点的指南针

通过布林线形态判断买卖点时，量价形态起着关键性的作用，因为即使形成了明显的布林线买卖形态，若是量价不支持，同样无法确认趋势的转弱。并且在短线操盘中，量价卖点还可以在布林线卖出形态初期表现不明显，准确提示出趋势转弱时的卖点。因此，学习布林线，必须深刻明白量价的辅助作用。

3.1 量价的辅助作用

3.1.1 量价是股价短线涨跌的试金石

在根据布林线操盘时，量价是最终确定买卖点的关键一环，因为无论是哪种技术指标，都是根据开盘价、收盘价、最低价、最高价等平均后的数据，无论如何统计计算，最终都只是股票价格的平均成本价的走势规律，体现的是股价的运行规律和范围，所以都会存在一定的缺陷，布林线指标也一样，但最终股价出现波动，还是需要成交量来确认的，因为没有成交量，再好的形态，也只能是有价无市。所以，量价关系在布林线操盘中起着十分重要的参考作用，因为成交量是最终推动价格上涨或下跌的决定性因素。

1. 量价对布林线指标缺陷的弥补作用

（1）当布林线形成强势的买入形态时，如果量能不支持股价的上涨，就说明布林线的数据统计结果没有得到市场回应；股价上涨过程出现了意外，没有得到成交量的支持，股价就会出现弱势特征，直到成交量支持股价，布林线才会重新表现出强势特征。如图 3-1 是天海防务（300008），在 A 区域，明明形成了股价突破上轨的开口型喇叭口，但其后未得到量能的配合，转为明显缩量的阴量，使得布林线上轨与下轨向外扩张的形态出现迟缓，直到 B 区域，股价才恢复放量上涨，继续开口型喇叭口的强势上涨。这就是量价不支持对布林线买入形态的影响。

（2）当布林线形成弱势的卖出形态时，如果量能不支持股价的下跌，就说明布林线的统计结果没有得到市场回应，股价应当下跌时出现了意外，就会表现为高位震荡，而布林线卖出形态就会出现变化。如图 3-2 是鼎汉技术（300011），在上涨末端的 A 区域，布林线明明形成了收口型喇叭口的卖出形态，成交量却在 B 区域末端转为略放大的阳量柱，所以延缓了股价的下跌，布林带在其后出现了小幅的收缩和股价 B 段走势的震荡回升。这就是量价不支持布林线卖出形态的影响。

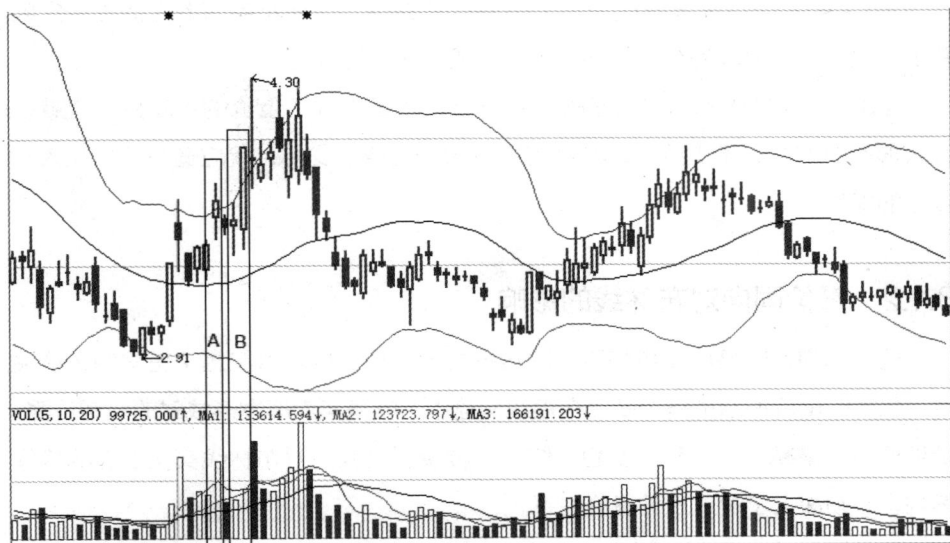

图 3-1　天海防务－日线图

图 3-2　鼎汉技术－日线图

2. 注意事项

（1）量价不支持对布林线形态的影响，最为明显的就是布林线买入与卖出形态时的延后影响，也就是会影响到弱势转强的时间和强势转弱的时间。

（2）如果是布林线在震荡走势中量价不支持，往往对当前的震荡趋势影响并不明显，此时表现为布林带出现小幅的或上或下的波动。

（3）一旦布林线形成明显的买卖形态，若是出现了量价的不支持，也就是买入形态时的阳量不支持，以及卖出形态时的阴量不支持，就应适当延后买入与卖出的操作。

3.1.2　量价同向对布林线的影响

量价同向，就是成交量和股价的运行方向一致。这种情况属于正常的量价关系，包括的量价形态种类较多，在短线操盘中，就是买卖形态形成时的量增价涨、量平价平、量减价跌三种。要想了解这三种量价同向时对布林线买卖形态的具体影响，必须深入了解这三种量价关系。

1. 量价同向的种类及对布林线的影响

（1）量增价涨。就是市场经常讲的放量上涨或量价齐升，是指成交量为阳量柱状态不断增长时，股价出现上涨。这种形态是布林线买入形态形成买点时最标准的一种形态，所以在根据布林线买入股票时应牢记这一形态，它是量价助涨布林线强势形态的一种量价关系。如图 3-3 是华测检测（300012），在弱势转强时，形成明显的开口型喇叭口，量价上表现为明显的股价持续上行，阳量较之前 B 区域的量能明显，量价同向并持续量增价涨，使得布林线开口型喇叭口中的上轨向上与下轨向下的向外扩张得到进一步延续，应果断买入股票。

（2）量平价平。是指成交量没有变化或变化不大时，股价涨跌也不明显，这种情况出现时，会维持之前布林线的强弱形态，只是盘中的一种间歇，只要按照之前的操作继续进行即可。如图 3-4 是新宁物流（300013），在 A 区域，股价表现为小幅震荡，成交量始终保持在当前较小的量能接近的水平，变化并不明显，形成量平价平的量价同向，因当前为弱势下跌后的震荡行情，所以可继续维持当前的持币观望，不操作。

图 3-3　华测检测－日线图

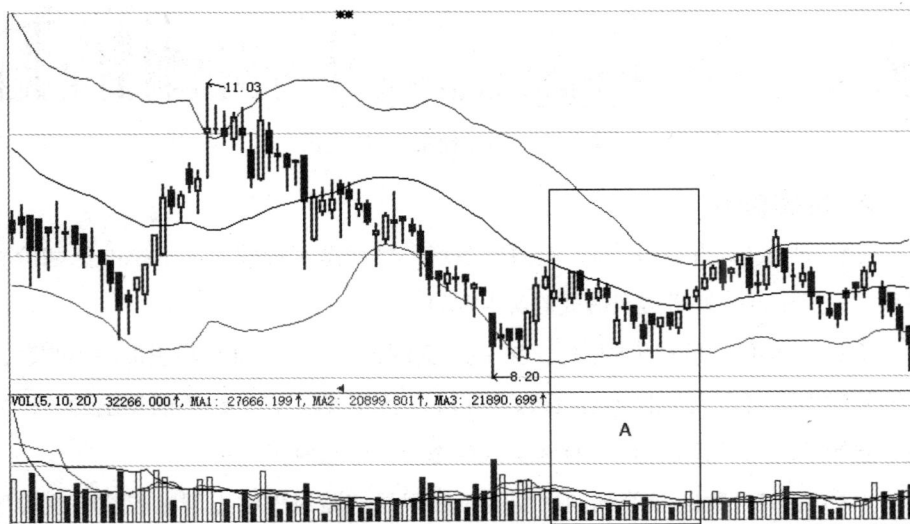

图 3-4　新宁物流－日线图

　　（3）量减价跌。就是成交量柱在变短的时候，股价出现下跌，也就是常说的缩量下跌。如果是在布林线上涨调整行情时出现，则是股价即将结束调整的征兆，只要布林线波带再次向上开口，就是短线介入的时机。但如果发生在下跌趋势中，则不能证明跌势将近，哪怕是布林线形成收口后向外扩张，只要不形成量价齐升的布林线买入形态，仍应保持观望。　如图 3-5 是亿纬锂能（300014），在明显的上涨趋势中，进入 A 区域，股价出现持续震荡向下，成交量柱表现为持续缩减，形成了上涨趋势中量价同向的量减价跌，说明上涨趋势中的短线调整即将结束，其后 B 区域布林线再次放量上涨，形成向上开口时应果断买入。

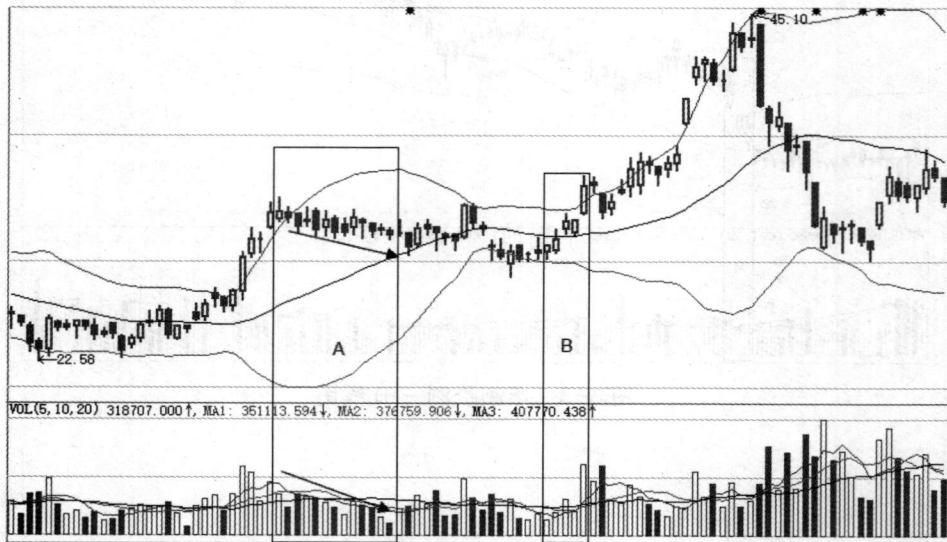

图 3-5　亿纬锂能－日线图

2. 注意事项

（1）当量价同向出现时，应时刻注意布林线是否形成买入形态的量增价涨关系，一旦出现，就是买点形成的买入时机。

（2）量平价平的量价同向出现在高位区时，哪怕是布林线卖出形态不明显，有经验的投资者也应及时卖出股票。所以，这种形态是布林线提前卖出的一种情况。但如果出现了低位区的布林线买入形态时，应谨慎买入。

（3）量减价跌的量价同向出现时，如果是持股过程中出现则应忽略这种形态，尤其是根据布林线中长线买入股票后，只是盘中短线波动的表现，不会影响整个趋势的变化。如果是出现在下跌过程中则应回避。但如果出现在震荡趋势中，应将其放入自选股，以备观察。

3.1.3　量价背离对布林线的影响

量价背离，是指成交量与股价运行的方向相反，如成交量柱在不断变长，股价却在不断下跌。量价背离的出现，本身就是一种违背股价正常运行的量价关系，所以对布林线形态也会产生明显的影响。

1. 量价背离的种类及对布林线的影响

（1）量缩价涨。是指成交阳量柱在不断变短的情况下，股价却出现不断上涨。这种情况出现在布林线买入形态时，只要不是出现了股价涨停时导致的量减，就应引起注意，不应买入。如果是出现在上涨末端也要引起注意，这是股价上涨乏力的表现，其后一旦形成布林线卖出形态，哪怕是不明显的布林线卖出形态，只要出现了量增价跌、量增价平，就要果断卖出，因这种情况的出现说明股价已经开始延缓布林线的上涨形态，是趋势转变前布林线上涨形态发生转变的初期。如图 3-6 是硅宝科技（300019），在低位震荡中，进入 A 区域，形成了开口型喇叭口的买入形态，但股价表现为持续上行，成交量却出现了持续缩减，形成量价背离的量缩价涨，此时不应买入股票。进入 B 区域后，股价在持续上涨中，成交量却出现明显的量柱变短，形成了量价背离的量缩价涨，说明上涨进入尾声，若是前期买入了这只股票，应在其后放量下跌中形成收口型喇叭口时卖出股票。

图 3-6　硅宝科技 – 日线图

（2）量增价跌。是指成交量在阴量柱变长的情况下，股价却出现了下跌，所以也叫放量下跌，是布林线卖出形态形成卖点的一种经典量价形态，一经出现即应果断卖出股票，因为它对布林线短期上涨形态转换为卖出形态的影响最大。
如图 3-7 是中元股份（300018），在上涨趋势中，进入 A 区域，股价突然出现
阴线的跳空低开式下跌，成交量柱表现为一根明显的量柱极长的阴量，形成量价
背离的量增价跌，即使此时尚未形成收口型喇叭口的卖出形态，也应果断卖出
股票。

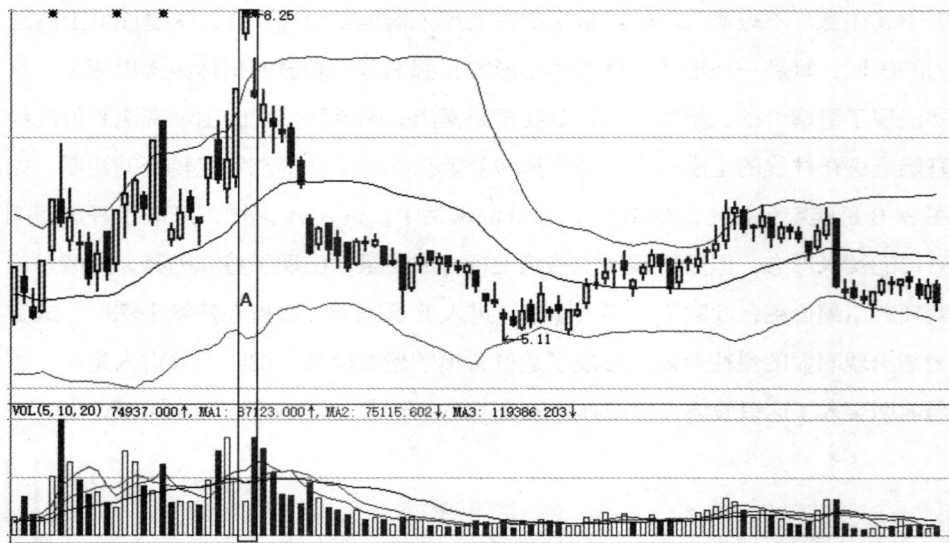

图 3-7　中元股份 - 日线图

（3）量增价平。是指成交量为阳量柱时不断变长，股价却未出现明显上涨，
表现震荡，也就是我们经常讲的放量滞涨。虽然量增价平属于量价背离时的一种
浅背离，也就是背离程度不大，但是对股价的影响却不小。如果出现在高位区，
一旦布林线形成卖出形态，或是不够明显的卖出形态时，应及时卖出股票，因为
它是主力高位出货时的征兆。但如果出现在低位区，只要布林线形成明显的买入
形态时就应果断买入，因为它代表的是资金在低位区的快速流入，是股价低位启
动时的经典量价形态。如图 3-8 是银江股份（300020），在 B 区域的低位区，
股价出现了小幅震荡，价格相差不大，但成交量却明显表现为与之前的量能相比
持续阳量放量状态，形成量价浅背离的量增价平，同时布林线形成开口型喇叭口，
应果断买入股票。在 A 区域股价高位区，股价同样出现高位震荡，成交量也出现
持续放量，形成高位滞涨的量增价平，说明上涨即将结束，应果断卖出股票。

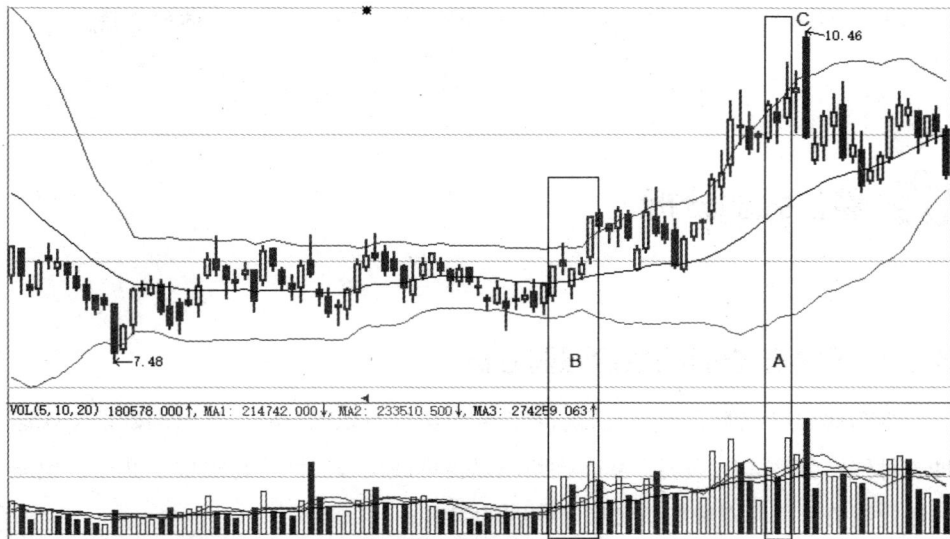

图 3-8 银江股份－日线图

2. 注意事项

（1）当出现量增价跌的量价背离时，说明这种量价关系对布林线的上涨形态形成短期极强的破坏力，在短线操盘中，不管布林线是否已形成了明显的卖出形态，均应果断卖出股票。

（2）当量缩价涨的量价背离出现时，如果出现在布林线上涨趋势中，是上涨乏力的征兆，这种情况只能对布林线的强势特征形态造成渐缓的影响，所以一旦出现时，应时刻关注量价与布林线形态的变化。

（3）如果量缩价涨的量价背离是出现在布林线买入形态时，这种量缩是由于股价快速涨停所造成的，其后一旦放量上涨，应果断买入。否则就不应买入，因为这种量缩价涨的行为，只能导致布林线买入形态的不明显和迟缓，也就是布林线震荡的表现，趋势并未真正转强。

（4）如果量价背离是出现在其他布林线形态中，只要不是持股中出现的明显量增价跌的量价背离，就应忽略，因为此时你是并未拥有这只股票的。

（5）在根据量价浅背离的量增价平判断其对布林线的影响时，只要这种量增价平中的量是保持在与之前同等量能水平下的明显放量水平的股价低位区时，就应买入股票。否则就只能说明股价处于低位震荡，应在其后量增价涨形成时再买入，不出现则坚决不买入。但如果是在高位区出现，则为放量滞涨的卖出时机。

3.2 量价强弱分析

3.2.1 买入形态时的量价强弱分析

当布林线形成明显的买入形态时，通过量价关系的分析，能够准确地发现这种布林线转强形态的强弱，从而判断出是否形成买点。即使是形成了买点，也能够通过量价分析，观察股价短期转强时的强度。

1. 布林线买入形态时的量价强弱形态

（1）最强的布林线量价买入形态。当布林线买入形态形成后，最为强势的量价形态就是量价同向中明显的量增价涨，这种放量上涨的程度越明显，越能表明股价的强势。其次为持续放量上涨。如图 3-9 是宝德股份（300023），在 A 区域，布林线形成开口型喇叭口初期，量价形成了明显的量价同向的量增价涨，且阳量放大十分明显，应在 A 区域右侧阳线涨停前果断买入，因为这是最强的布林线量价买入形态。

（2）最弱的布林线量价买入形态。当布林线买入形态形成后，最弱势的量价形态就是量价同向中的量增价涨不明显的温和放量上涨，这种放量上涨的程度量柱长度与之前的量柱水平越相当，越表明股价的上涨弱势。如图 3-10 是朗科科技（300042），在震荡行情中，于 B 区域形成三轨向上波带变宽的向上开口，量能与前期 A 区域的量能比较，表现为持续小幅增长的量价同向中的量增价涨不明显的温和放量上涨，所以属于量价最弱的布林线买入形态，应适当降低仓位买入股票。

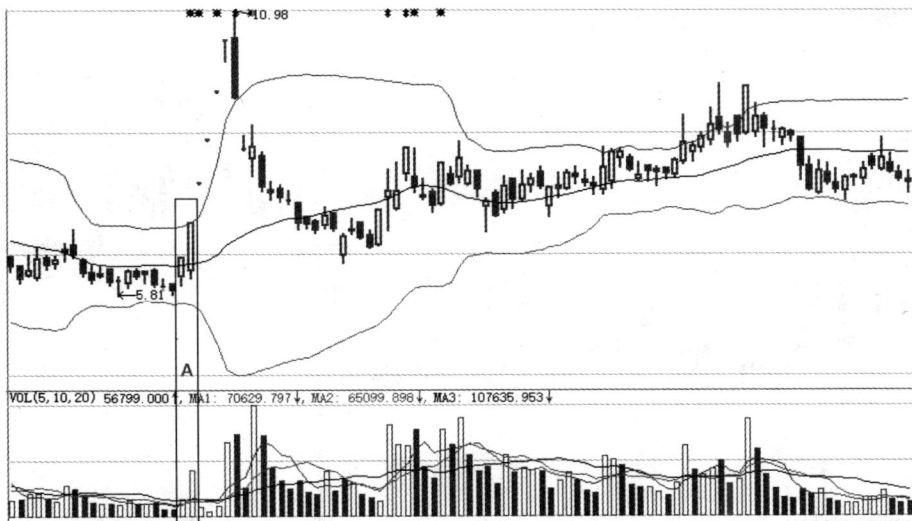

图 3-9　宝德股份－日线图

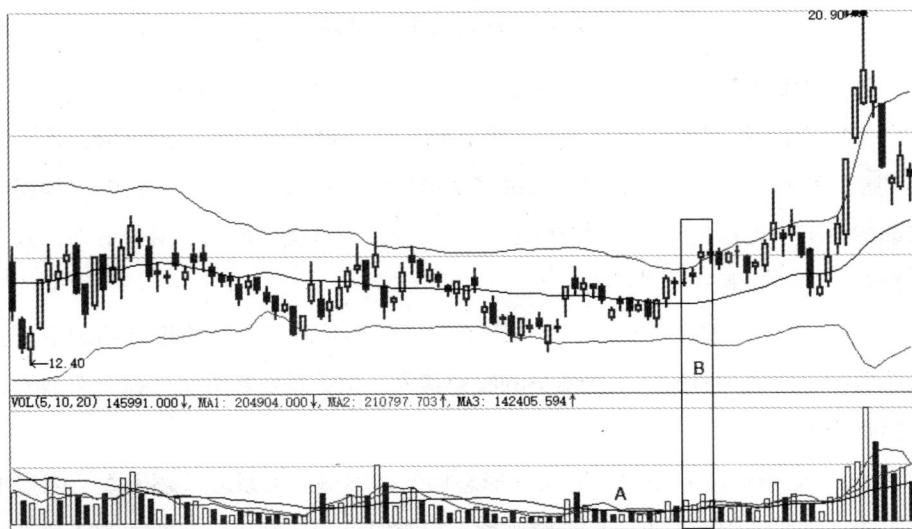

图 3-10　朗科科技－日线图

（3）一般的布林线量价买入形态。当布林线买入形态形成后，一般的量价
形态就是明显放量上涨后的缩量上涨，这种量增价涨中，先是出现一根明显要高
于之前量柱水平的长阳量柱，但随后却出现了阳量大幅缩减后的股价上涨。如图
3-11 是鼎龙股份（300054），在弱势震荡中，进入 A 区域，形成了开口型喇叭
口的布林线买入形态，量价表现为明显放量上涨后的缩量上涨，为一般的布林线

量价买入形态，应及时买入股票。

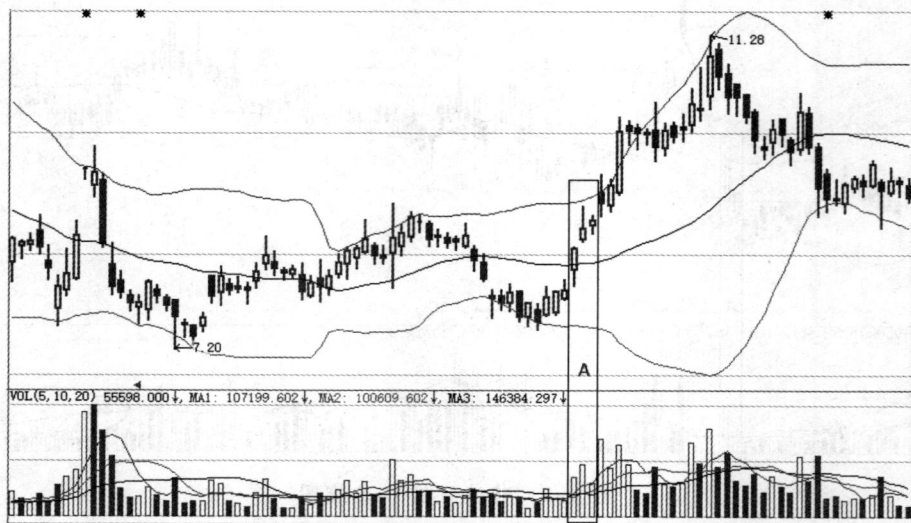

图 3-11　鼎龙股份－日线图

2. 注意事项

（1）当布林线形成明显的买入形态后，必须对量价关系进行分析，才能最终判断这种布林线买入形态是否形成了买点后方可买入，所以这里讲的三种量价强弱的分析，无论是强势、弱势还是一般情况，均是买点形成的量价形态，只不过是对买点的强弱进行了对比。

（2）在布林线形成明显的买入形态后，如果是同等的量价形态情况下，应首选其中量价最明显的放量上涨类的股票买入，也就是要始终坚持强中选强的交易原则和策略。

（3）当布林线形成明显的买入形态后，如果量价关系形成超出本节内容中所讲的三种量价强弱形态，应持续观察，只有符合这三种量价形态中的任意一种时，方可买入，否则就应放弃操作。

3.2.2　卖出形态时的量价强弱分析

当布林线形成明显的卖出形态时，通过量价关系分析，同样能够准确地发现这种布林线强势转弱形态的强弱，从而判断是否形成了卖点。而即使是形成了卖点也能够通过量价分析，观察股价短期转弱时的强弱程度。

1. 布林线卖出形态时的量价强弱形态

（1）最强的布林线量价卖出形态。当布林线卖出形态已形成或是在形成初期，最强的量价形态就是量价背离中明显的量增价跌，这种放量下跌的程度越明显，越能表明股价的快速转弱程度。如图 3-12 是南都电源（300068），在上涨过程中，进入 A 区域，布林线上轨与下轨刚刚出现一点向内收缩的时候，股价阴线下跌，成交量出现了一根明显要高于之前上涨的长阴量柱，形成量价背离中明显的量增价跌，也就是最强的布林线量价卖出形态，所以应在当日分时图形成区间放量式的下跌过程中，果断卖出股票。

图 3-12　南都电源 - 日线图

（2）最弱的布林线量价卖出形态。当布林线卖出形态形成后，最为弱势的量价形态就是量价同向中的量平价平与量价背离不明显的量增价平，也就是放量滞涨或不明显的放量滞涨，这种形态出现时，布林线的卖出形态往往会表现不明显，却是股价高位震荡即将转跌前的征兆，所以在短线操盘时，同样应果断卖出股票。如图 3-13 是长信科技（300088），在上涨趋势中，进入 A 区域，布林线形成明显的收口型喇叭口，股价呈小幅震荡，成交量也处于量柱几近相等的高度，形成量价同向的量平价平，属于最弱的布林线量价卖出形态，应及时卖出股票。

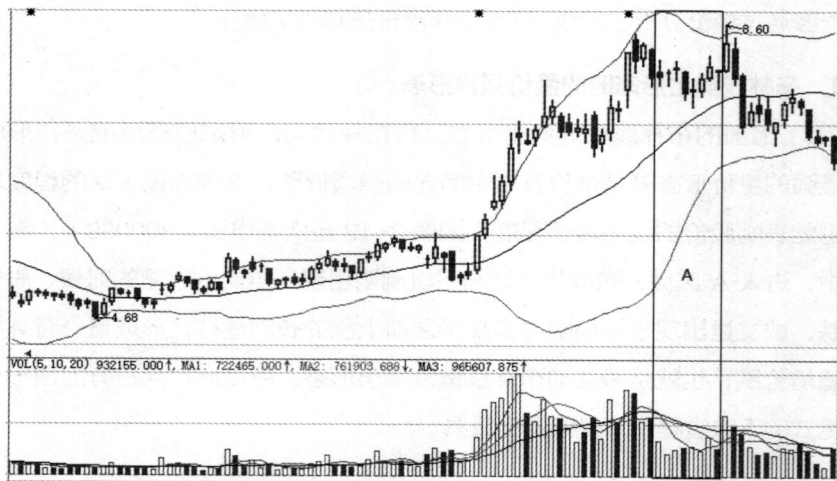

图 3-13　长信科技－日线图

（3）一般的布林线量价卖出形态。当布林线卖出形态形成后，一般的弱势量价形态就是量价同向中的持续阴量下跌，也就是持续大量水平下的量减价跌，这种缩量下跌的程度就是量柱长度与之前的量柱水平比较略有变短，但依然保持着持续的大量阴量。如图 3-14 是东方财富（300059），在上涨过程中，进入 A 区域形成收口型喇叭口的卖出形态，股价呈震荡下跌状态，成交量出现持续阴量柱变短，但依然保持着与之前量柱相比的大量状态，形成量价同向中的持续阴量下跌，为一般的布林线量价卖出形态，应及时卖出股票。

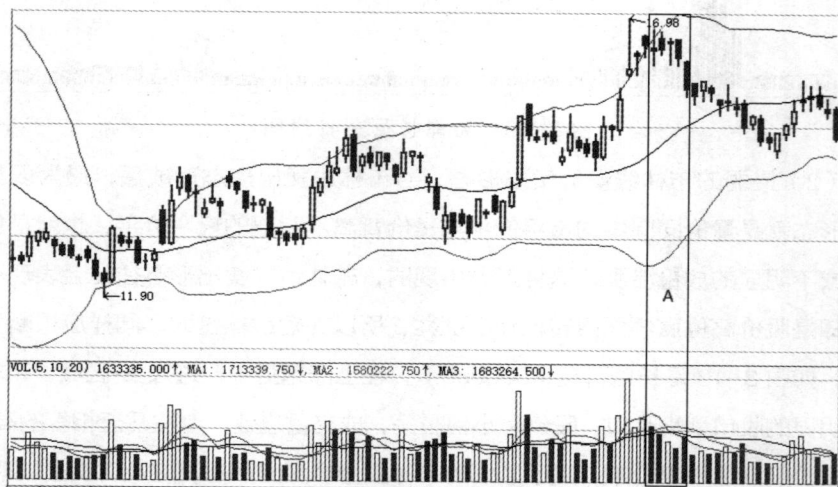

图 3-14　东方财富－日线图

2. 注意事项

（1）在分析布林线卖出形态形成时的量价强弱时，不管量价此时表现为最强还是最弱，甚至是一般，都应坚决卖出股票，因为这种强弱分析只是为了判断股价短期转弱时的力度大小和转跌时的速度快慢。

（2）如果出现布林线卖出形态中最弱的量价形态时，并不代表着股价就不会转弱了，而是转弱的速度稍慢，这时布林线的卖出形态哪怕不够明显，也应卖出股票，因为在这种情况下，布林线卖出形态会呈现出缓慢的转向弱势的渐变，只是转弱的时间被拉长，但不会不转弱。尤其是短线操盘时，更要坚决卖出，因为继续持股的理由是其后能继续上涨，这一条件被否决后，就失去了继续持股的理由，所以必须卖出股票。

（3）当布林线形成卖出形态时，如果量价表现为一般的情况，往往也是容易被投资者忽略的布林线卖出形态，因为这种情况下的布林线卖出形态可能会不够明晰，呈现出似是而非的情况，但短线操盘中同样应克服犹豫和侥幸的心理，坚决卖出股票。

3.2.3 持股中的量价形态强弱分析

投资者在根据布林线买入形态买入了一只股票后，同样要通过量价的变化，时刻分析股价的强弱，因为在很多时候，股价会出现突然快速地转弱，如果只等待布林线做出反应，可能已错过了最佳的卖出时机。

1. 持股中的量价强弱形态

（1）量价强势形态。是指在买入一只股票后，这只股票始终保持着量价齐升的状态，不管这种量价齐升是表现出温和放量上涨，还是持续阳量上涨，甚至短期的缩量上涨，只要布林线强势特征依然明显，就应坚定持股。如图 3-15 是金刚玻璃（300093），如果在 A 区域持续放量的翻山越岭形态中买入了这只股票，那么在其后的整个 B 区域内，无论期间是放量上涨还是短期的缩量上涨，发现只有 5 根并不长的阴量柱，且股价在此期间一直是沿着上轨持续上行的强势状态，属于量价最强势状态，所以期间一直可以安心持股，而这类形态的股票，最容易走出一波中长线的长牛行情，但操作中可以长牛短做式反复操作。

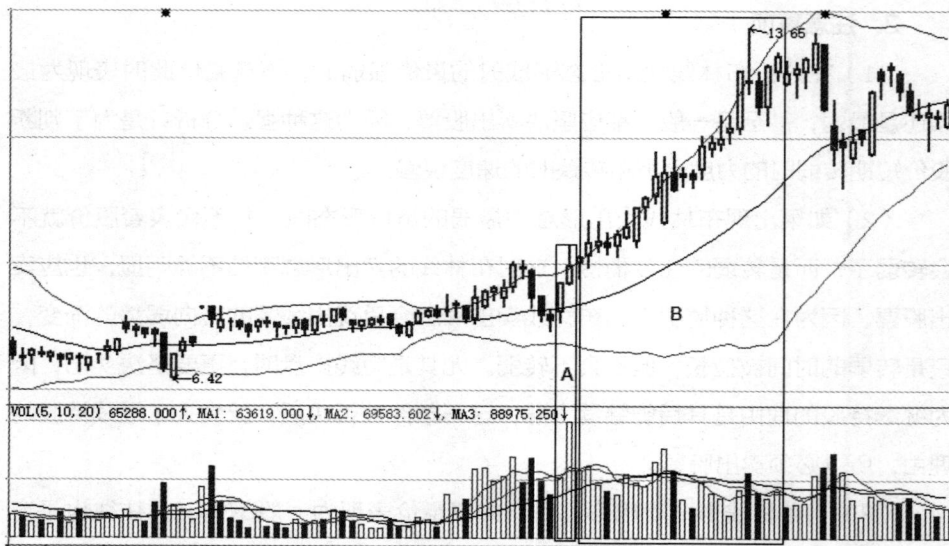

图 3-15 金刚玻璃－日线图

（2）量价弱势形态。是指在持股过程中，股价出现了短期的缩量下跌，甚至是放量下跌，只要这种量价状态较为短暂，并能很快恢复量价齐升，就无须顾虑，应继续持股。如图 3-16 是顺网科技（300113），如果在 A 区域以放量上涨的开口型喇叭口买入股票，在其后的 B 区域，出现持续阴量缩量的回落时，股价依然位于上轨附近震荡，且其后很快恢复了放量上涨，所以可以安心持股。其后的 C 区域，股价小幅震荡回落中，量能虽多为阴量，但已明显缩减到了较低水平，且其后股价很快在中轨处持续放量止跌回升，所以仍然可以安心持股，因为这两种情况均为持股过程中量价最弱的情况，但并未破坏掉布林线的上涨形态。

（3）量价一般形态。当持股表现为一般时，量价会表现为量平价平的状态，这时股价与量能会始终相对平稳地运行，甚至是量能与股价会忽高忽低，但只要能够很快恢复之前的量价水平，并且布林线未出现转弱的迹象，就应坚决继续持股。如图 3-17 是长盈精密（300115），如果在 A 区域持续放量上涨的翻山越岭时买入了这只股票，在其后持股的 B 区域，股价出现小幅震荡，成交量也缩减到一定程度，呈量能水平相当的状态，形成量平价平，属于持股中的量价一般形态，且布林线三轨向上运行的开口逐渐放大趋势并未改变，其后股价即恢复为温和放量上涨，所以可安心持股。

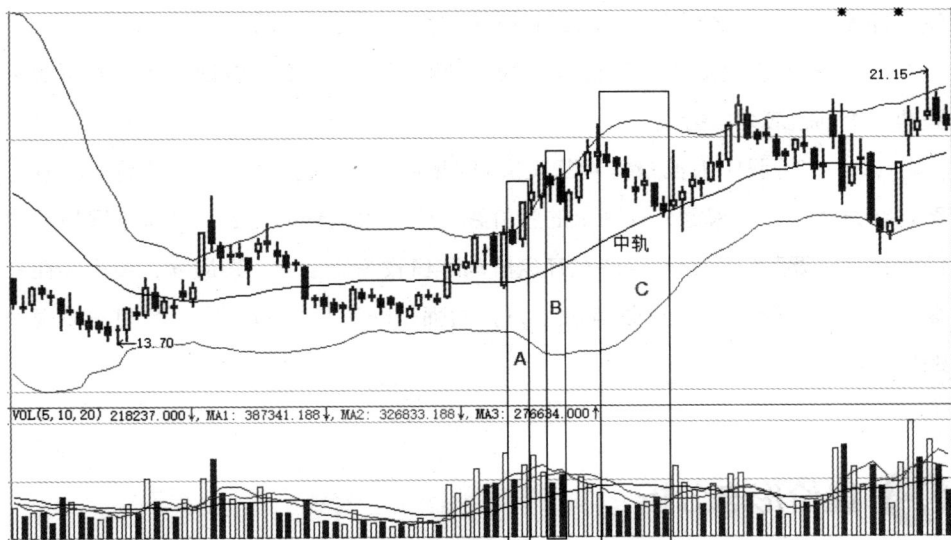

图 3-16　顺网科技 - 日线图

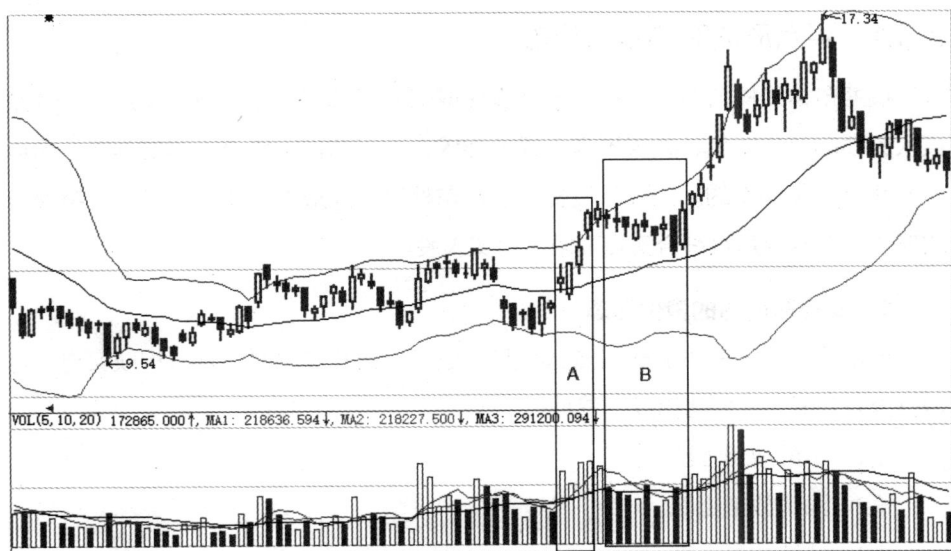

图 3-17　长盈精密 - 日线图

2. 注意事项

（1）持股中的量价强、量价弱和一般形态，只是为了判断持股的强势程度，因为在布林线短线操盘中，只有股价维持着短线的强势特征，才存在继续持股的意义，所持股中的量价强弱只是用于观察，目的是确保股价呈强势特征，所以即使这种强弱是一般甚至是较弱时，同样属于强势，仍然可以继续持股。

（2）只有在持股中的量价表现为短期明显的持续格外放量下跌，方可卖出股票，否则就应继续持股。

（3）在持股中根据量价判断股价强弱时，对于超强类股票，还有一种分时图判断方法：就是根据分时图上的股价线与昨日收盘线来判断，就是不管量能如何变化，只要股价线始终保持在开盘价与昨日收盘价上方，为最强；股价线在开盘价之下，只保持在昨日收盘价上方，为强于昨日趋势的强势；否则一律视为弱势。

3.3 量价形态分析

3.3.1 买点形成时的量价形态

根据布林线操盘时，只有当布林线形成买入形态后，出现量价买点时，才是买入股票的最佳时机，如果不满足量价要求，则无法证明股价短线的强势，所以是不适合买入操作的。因此，投资者应在布林线买入形态形成后，及时观察量价的形态，以确定是否符合买点要求，再买入股票。

1. 买点形成时的量价形态

当布林线买入形态形成买点，必须出现量价齐升形态时，方可构成买点，这种量价齐升形态主要包括以下三种：

（1）格外放量上涨。

（2）温和放量上涨。

（3）持续放量上涨。

只要在布林线买入形态形成时，量价关系出现以上三种形态中的任意一种，即构成买点。如图 3-18 是中航电测（300114），股价在弱势震荡中进入了 A 区域，形成了开口型喇叭口，量价表现为格外放量后的持续放量上涨，形成买点，应及时买入股票。

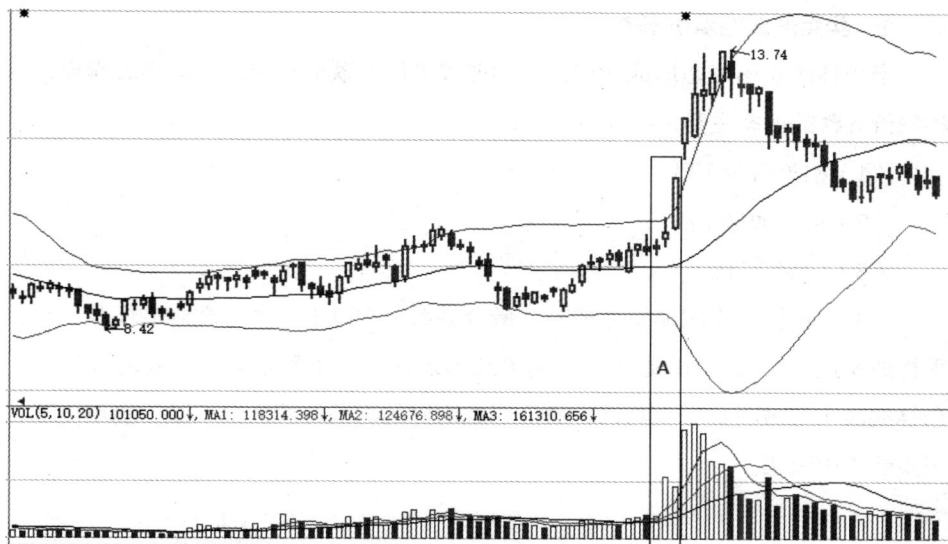

图 3-18　中航电测 - 日线图

2. 注意事项

（1）在判断买点形成的量价形态时，必须确保布林线形成明显的买入形态后，方可判断量价买入形态，否则这种买点的量价分析是没有意义的。

（2）当布林线买入形态形成买点时，量价关系只有格外放量上涨、温和放量上涨、持续放量上涨三种构成买点的形态，其他任何形式的量价关系，都不能直接判断当前股价形成了买点。

（3）布林线买入形态的买点量价形态判断，是短线操盘中为了确保其后股价的快速上涨趋势能否持续，所以要严格按照买点要求来进行买入操作，不符合要求时，坚持执行不买入操作。

3.3.2　卖点形成时的量价形态

在根据布林线操盘时，只有当布林线形成卖出形态后，出现了量价的卖点时，才是卖出股票的最佳时机，如果不满足量价要求，则无法证明股价短线的转弱，所以是不适合进行卖出操作的。因此，投资者应在布林线卖出形态形成前后，及时观察量价的形态，以确定是否符合卖点要求，再卖出股票。

1. 卖点形成的量价形态

当布林线卖出形态形成卖点，必须形成量价齐跌形态时，方可构成卖点，这种量价齐跌的形态主要包括以下三种：

（1）格外放量下跌。

（2）持续放量下跌。

（3）放量滞涨。

只要在布林线卖出形态形成时，量价关系出现以上三种形态中的任意一种，即构成卖点。如图 3-19 是智飞生物（300122），在上涨趋势中，进入 A 区域，布林线波带形成收口型喇叭口，量价形成明显的阴量持续放量下跌，卖点出现，应果断卖出股票。

图 3-19 智飞生物 - 日线图

2. 注意事项

（1）在根据布林线卖出形态判断卖点形成的量价形态时，与买入时的不同之处在于，哪怕布林线的卖出形态不明显，只要满足了卖点中较为强势的放量下跌的卖点要求，即应果断卖出股票。

（2）根据布林线卖出形态判断卖点形成的量价形态时，主要观察量价是否还支持股价的继续上涨，所以只要发现量能已不支持股价继续上涨，就应及时落袋为安，而不要犹豫或心存任何侥幸。

第 4 章

选股：布林线短线
选股的方法

在短线操作的过程中，选股是至关重要的一个环节，很多投资者之所以经常亏损，就是因为没有认真做好选股。而通过布林线形态选股时，一定要明白三种周期图的操作方法、三个选股理念和股票要求，以及五个选股标准。这样才能真正选到未来快速启动概率较高的标的股票，为股票交易做好充足的准备。

4.1 三种周期图操作方式

4.1.1 日线图和分时图

很多投资者都喜欢观察日线图上股价的趋势，根据日线图来操作股票，但在日线图操作过程中，必须结合分时图，这是因为日线的周期过长，很难从日线趋势中捕捉到股价短期的强弱，所以日线图和分时图的操作，主要是通过分时图来判断布林线买卖形态形成时的买卖点，而用日线图来选股。

1. 日线图和分时图的不同操作方法与技巧

（1）日线图主要是把握股价的趋势由弱转强或由强转弱，也就是说，日线图的观察是寻找布林线买卖形态是否成立。如图 4-1 为银河磁体（300127）日线图，选股时可根据 A 区域的波带较窄状态的长期小幅震荡选股，在其后 B 区域形成上轨和中轨向上、下轨向下的开口型喇叭口时买入。这就是日线图和分时图操作中的日线图选股和判断买入形态的操作。

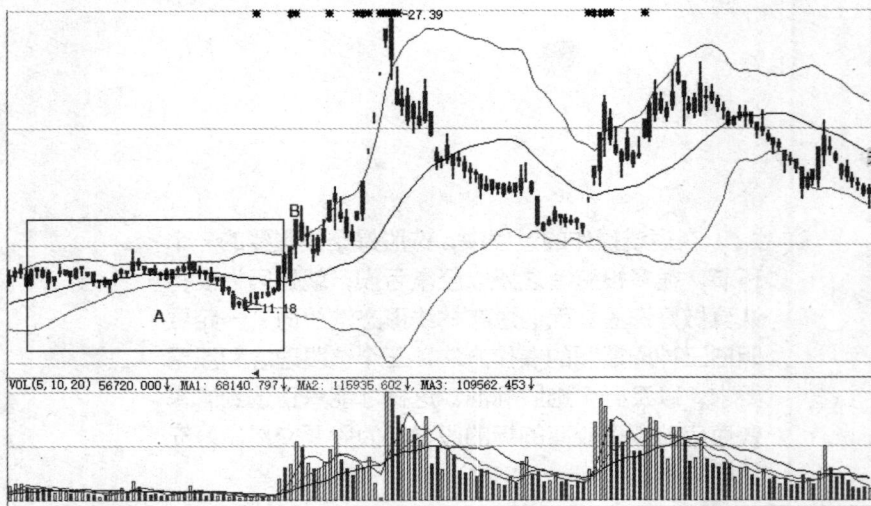

图 4-1 银河磁体 - 日线图

（2）分时图的使用，主要是当日线图上形成布林线买卖形态后，一旦分时图上也形成放量上涨的强势状态，或是高开高走的分时图强势特征时，即可果断买入股票。如图 4-1 中的日线图 B 区域形成了布林线开口型喇叭口的买入形态后，确定买点时，就应观察图 4-2 银河磁体 2019 年 5 月 21 日分时图上的情况。在图 4-2 中，B 区域形成了明显的区间放量、股价线上涨的格外持续放量上涨的量价形态，涨幅达到 3%，形成买点，因此应及时买入股票。这种操作方式就是日线图选股和日线图买入形态形成时，利用分时图来确定买入时机的操作方法。

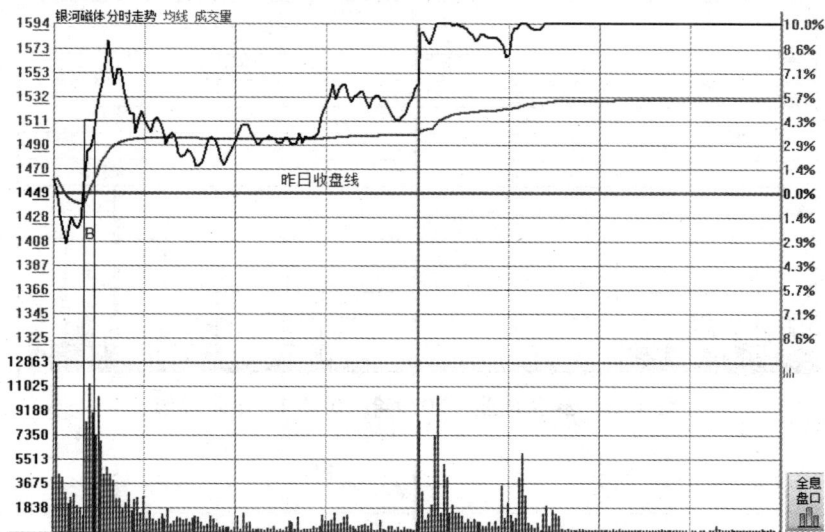

图 4-2　银河磁体 -2019 年 5 月 21 日分时图

（3）分时图判断股价强弱的方法和技巧：股价线高于开盘价，表明当日的强势特征，若同时高于昨日收盘线，表明同时较昨日强势，为最强的状态。但通常情况下，股价是在高开情况下形成这种股价线同时高于昨日收盘线与开盘价，放量上涨时，方为短线最强状态；一旦股价在开盘价之下，但在昨日收盘线之上时，同样为较昨日强势，只要股价线不出现有效跌破昨日收盘线，即可确定为强势。如果股价线是低开情况，不管是股价高于还是低于开盘价，只要不突破昨日收盘线，都为弱势状态。如图 4-3 为泰胜风能（300129）在 2019 年 10 月 16 日分时图上的情况，就是股价在低开后出现了持续高走，可以看到，股价除了开盘后的几分钟，其余所有时间内都是处于昨日收盘线与开盘价之上震荡上行的，所以属于最强势的状态，这种形态的分时图走势就属于日线图买入形态形成时，最强势的买入时机。如图 4-4 是泰胜风能在 2019 年 10 月 18 日的分时图，股价在低开后，持续在开盘价和昨日收盘线下方震荡下行，这种情况就属于日线图卖出形态形成时最弱的分时图的卖出时机。

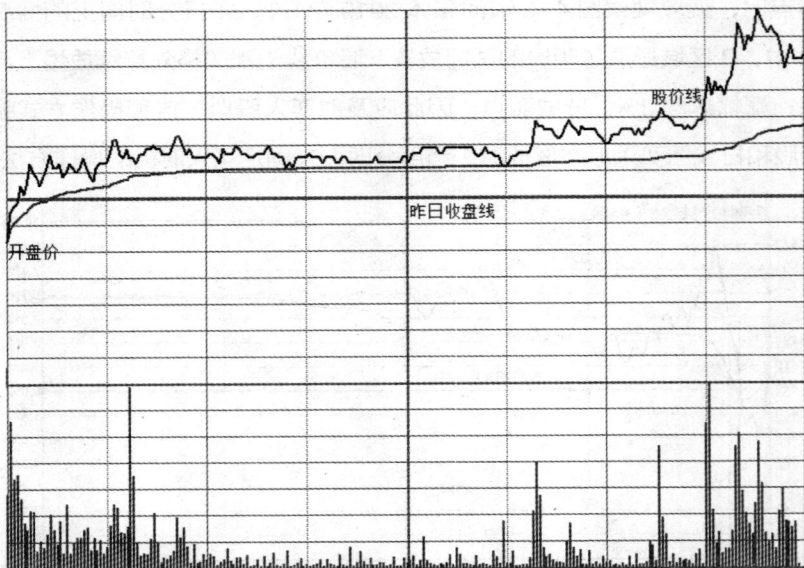

图 4-3　泰胜风能 -2019 年 10 月 16 日分时图

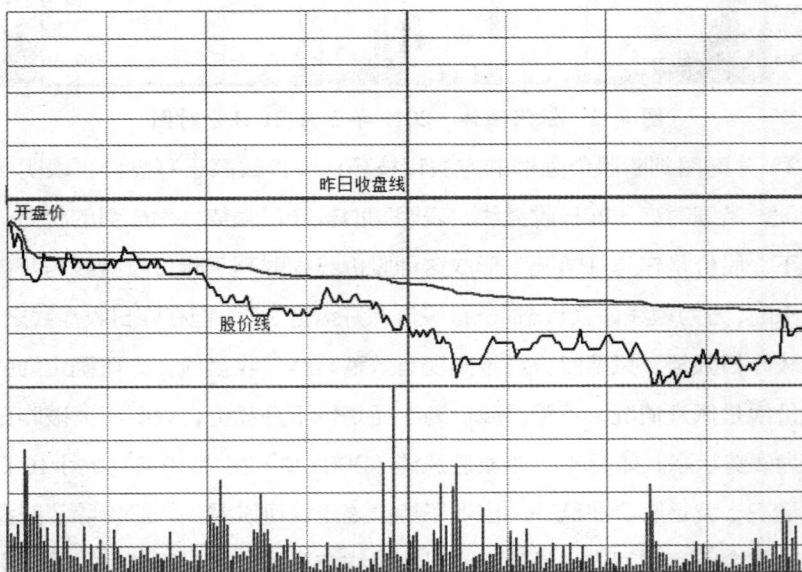

图 4-4　泰胜风能 -2019 年 10 月 18 日分时图

2. 注意事项

（1）在使用日线图和分时图操作时，必须是日线图上形成明显的布林线买卖形态、量价买卖点时，方可根据分时图判断具体的买卖点时机。

（2）如果日线图上形成卖出形态勉强或不明显，如股价高位震荡滞涨中的收口型喇叭口初期，这时可根据分时图的弱势形态，直接确定卖出时机。

（3）在日线图和分时图的操作中，只有形成分时图的强势状态，才能构成买入时机；卖出时，只要分时图形成弱势状态，即为卖出时机。

4.1.2 30 分钟图或 60 分钟图

在短线操盘的过程中，30 分钟图或 60 分钟图的操作，同样是一种短线波段操作时经常使用的周期图。在实战中，有不少投资者喜欢使用 30 分钟图或 60 分钟图来操盘，所以不能忽视 30 分钟图或 60 分钟图的操作方法。

1. 30 分钟图或 60 分钟图的操作方法

（1）根据 30 分钟图或 60 分钟图操盘时，在选股方面，与其他周期图的操作一样，只要是符合布林线选股要求，即可放入自选股。如图 4-5 是南方轴承（002553），在选股时，如果是在 A 区域发现了布林线波带呈较窄状态的长期水平小幅震荡，应及时将其放入自选股，留待持续观察即可。

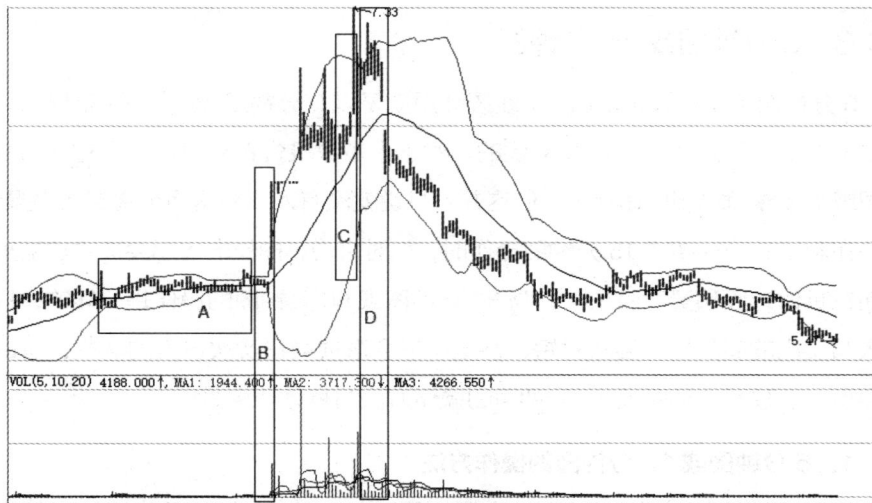

图 4-5 南方轴承 -30 分钟图

（2）根据 30 分钟图或 60 分钟图交易时，应根据 30 分钟图或 60 分钟图上的布林线买卖形态，结合量价表现来判断买卖点。但在卖出股票时，如果布林线卖出形态不明显，量价只要是形成高位放量滞涨，同样应卖出股票。如图 4-5 在 A 区域选股后，一旦发现其后 B 区域形成开口型喇叭口的买入形态，量价形成明显的格外放量上涨时，即应果断买入。其后在 C 区域，又形成了收口型喇叭口的卖出形态，即应在其后的 D 区域出现大量水平下的放量滞涨时，果断卖出股票。这就是 30 分钟图或 60 分钟图的股票交易方法。

2. 注意事项

（1）在根据 30 分钟图或 60 分钟图操作时，一定要记住，由于 30 分钟图周期较短，所以操作的周期也会较日线图的时间短。

（2）在根据 30 分钟图或 60 分钟图进行具体操作时，选股的策略和方法是不变的，不同的是买入形态与卖出形态的区别，由于时间周期短，所以除非是超级大量，一般买入或卖出时，都要至少有三根 K 线和量柱形成买卖点，方可确认买卖点。

（3）因为 30 分钟图或 60 分钟图的周期相对较短，所以股价经常会在低位区或高位区反复震荡，一旦遇到这种情况，买入后若是反复震荡出现要及时做好止损；卖出若是过早，千万不能再买回来。

4.1.3　5 分钟图或 15 分钟图

5 分钟图或 15 分钟图是指 K 线统计周期是以 5 分钟或 15 分钟来计算的，所以在一个交易日内是有着多根 K 线的。对于大多数投资者来说，很少有利用 5 分钟图或 15 分钟图来进行操盘的，但这并不是说就没有人按照这两个周期图来操作。但是在利用 5 分钟图或 15 分钟图操作时，相对来说，操作的周期会被更加缩短。然而在具体选股和买卖股票时，与 30 分钟图或 60 分钟图的操作是一样的，只是买入与卖出的间隔周期要相对短，甚至可能会形成当日买次日卖的情况，所以一定要事先了解 5 分钟图或 15 分钟图的操作方法与具体要求。

1. 5 分钟图或 15 分钟图的操作方法

（1）操作时，首先应确定一个周期图，如 5 分钟图或 15 分钟图中的任意一个，然后按照这一周期图上的布林线指标情况来具体操作。如图 4-6 科士达（002518）为 5 分钟图，在选股时，如果发现 A 区域出现了布林线波带在较窄状态下的长期小幅震荡，即可将其放入自选股持续观察。这就是根据 5 分钟图的选股方法。

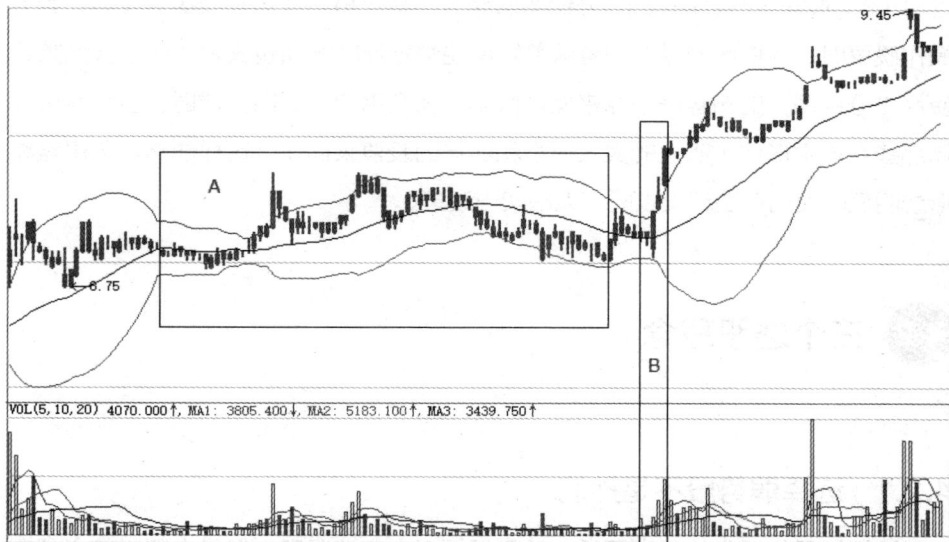

图 4-6　科士达 -5 分钟图

（2）买卖股票时，一定要形成明显的布林线买卖形态，量价和 K 线通常要形成至少三根以上，方可确定为买卖点，再具体执行买入或卖出操作。如图 4-6，在根据 5 分钟图交易股票时，在 B 区域形成了开口型喇叭口的布林线买入形态后，发现有三根阳量呈持续大幅放量的状态，股价也持续三根阳线上涨突破了中轨及上轨，量价齐升中同时形成了翻山越岭的买入形态时，方可买入股票，其后的上涨中，因未形成布林线卖出形态，所以可以继续持股。这就是根据 5 分钟图的操作方法。

2. 注意事项

（1）在根据 5 分钟图或 15 分钟图操作时，买入与卖出股票，必须为同一周期图，即 5 分钟图买入的股票，卖出也必须是 5 分钟图。不可买、卖时混用两个周期图。

（2）在利用 5 分钟图操作时，由于周期过短，所以如果买入形态出现在早盘时，应确保这种买入形态的量价可持续性，也就是这种买入形态的股价趋势必须是越强越好，因为很多时候若是行情过短，当日尾盘一旦形成了卖出形态，是无法卖出股票的。

（3）根据 5 分钟图或 15 分钟图操作时，禁止短周期图长线操作股票，因为操作股票时，周期图越短，则意味着短期趋势转换的周期也极短，所以我们禁止使用 1 分钟图上的布林线指标来操作股票。在利用 5 分钟图操作时，也是尽量选择那些在盘中形成了明显的买入形态和买点的股票来操作，这样能够避免尾盘在形成明显的卖出形态和卖点时，无法卖出股票。

4.2 三个选股理念

4.2.1 选择弱势股不是抄底

选择好具体操作的周期图后，就要根据形态来选股了，但是在选股前必须明白一个理念：选股时的目标股，虽然选择的都是弱势形态的股票，但是这并不意味着，选中的目标股就一定要买入，决不能按照中长线波段的思路，在选股形态成立时，即逢低买入股票。因为选股时的弱势股选择目标，是为了等待其后出现的快速上涨时机，而不是要抄底。也就是说，选股与抄底是两个不同的概念。

1. 弱势股与抄底的区别

（1）弱势股是指布林线指标形成了明显的弱势形态类的股票，越是弱势的股票，突然发动快速上涨的可能性越大，所以选股时才要选择布林线弱势形态的股票，而选股后还要持续观察，因此选股不是操作，是筛选。如图 4-7 光正集团（002524），股价在持续下跌后进入 A 区域，呈现出波带较窄状态的水平小幅震荡，时间从 2018 年 7 月中旬一直到了 2019 年 7 月中旬，长达一年，为明显的弱势股，此类股即可放入自选股持续观察。只有 B 区域形成了放量上涨的开口型喇叭口时，方才涉及买入，而后的 C 段上涨走势，股价持续上涨的幅度达到了 3 倍之多。这就是为什么选股时要选择弱势股的原因。

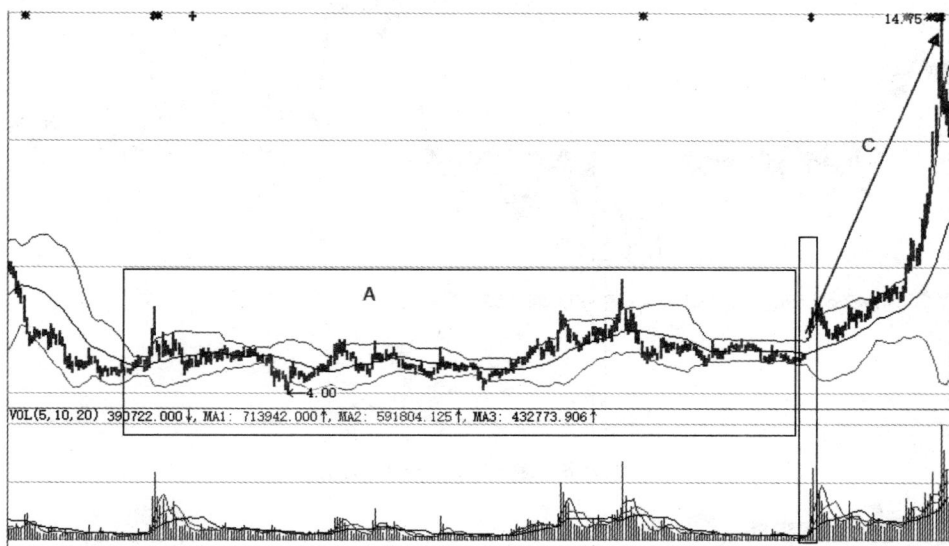

图 4-7　光正集团－日线图

（2）抄底是一种中长线波段操作中，对股价底部的确认，然后试探性地建仓买入，再根据趋势变化，逐步加仓。因此，抄底的关键在于判断主力资金是否在低位持续小幅地流入，从而使股价出现了止跌回升。因此，抄底是一种买入行为。如图 4-8 金杯电工（002533），若是抄底买入的话，安全的抄底方法，不是在弱势中 A 段走势始端出现创出新低后止跌回升时，而是整个 A 段走势走出来，形成了三个低点持续上行时，在第三个低点形成后的 B 区域，出现持续温和放量的上涨时，买入股票，这就属于一种抄底买入行为，其后既要忍受 C 段走势和 D 段走势的震荡走低，并可以在 C 段走势和 D 段走势的低点回升时选择加仓，同时还要时刻关注期间的量能表现。这就是正确的抄底买入操作，风险性明显要比图 4-7 中的操作要大，且持股时间要远远长于图 4-7 的操作。

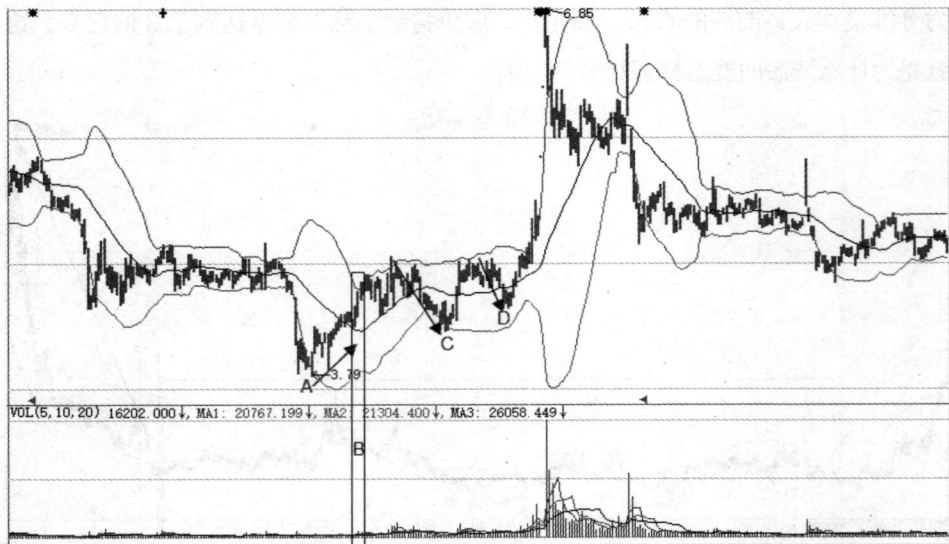

图 4-8　金杯电工－日线图

2. 注意事项

（1）选股时关注的是股价的布林线整理形态，并不意味着股价在此期间就真的是处于极弱状态，因为强势股在略回升后也能够形成布林线整理形态。

（2）选股是在众多股票中，按照选股要求筛选符合布林线目标股形态的股票，目的是通过布林线技术手段，规避开那些弱势震荡洗盘的股票。而抄底则纯粹是一种买入的操作行为，这是两者的本质区别。

（3）明白选股的目的，克服内心对抄底操作的贪婪心理，才能真正做好选股，从而拒绝喜欢抄底的坏习惯。

4.2.2　分清选股与买股的区别

在根据布林线选股时，首先要明白，选股是通过布林线指标形态，选出那些处于整理状态的股票，而买股则属于一种操作行为。很多投资者在操盘过程中，经常是选股和买股不分，即使是一些老股民，也经常是匆匆忙忙选好股，然后大概一观察就急忙买入，这其实是一种十分草率的行为，是不可取的，因为没有真正明白选股的意义。这样的操作，也是股民经常炒股赔钱的一个重要原因。所以，投资者必须在选股前明白选股与买股的区别，这样才能重视起选股。

1. 选股与买股的区别

（1）选股与买股的目标不同。选股是炒股前一个重要的单独步骤，是在海量的股票中，选择出那些符合选股要求的少量股票，所以选股是没有目标的，属于类似于大海捞针的工作，工作量大；而买股的目标性很强，是针对某一只股票的一种买入操作行为。如图 4-9 海联金汇（002537）如果是选股，则需要在众多股票中选择出如海联金汇在 2018 年 7 月中旬至 2019 年 2 月中旬期间的 A 区域同类形态的股票，需要从众多股票中寻找才能发现目标。但如果是在 B 区域开口型喇叭口买入，只需要观察这一区域形成了放量上涨的布林线开口型喇叭口，即刻委托买入即可。可见买股是有目标股的，只要集中观察这只股票的买入形态与买点即可，所以说选股与买股的目标是完全不一样的。选股固定无目标，只有选股形态要求，而买股的目标很明确。

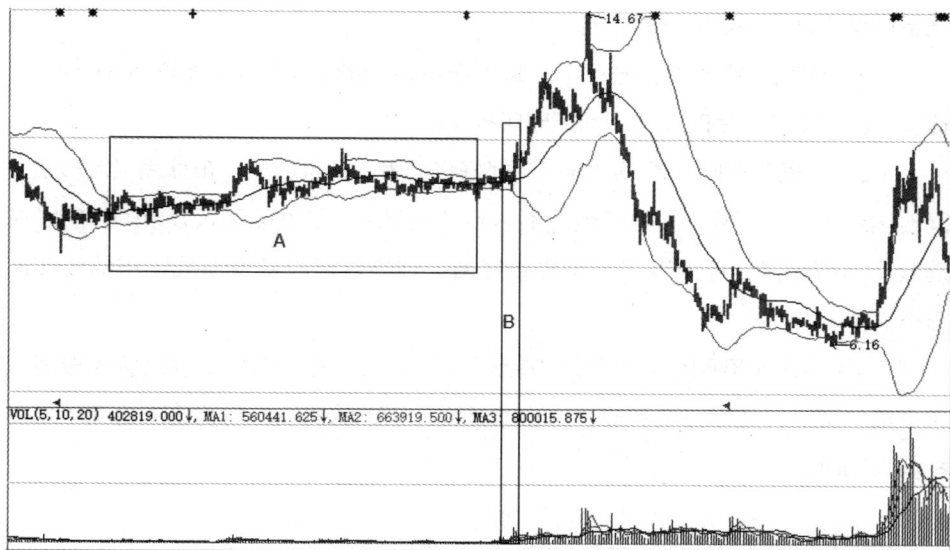

图 4-9　海联金汇 - 日线图

（2）选股与买股的目的不一样。选股的目的是进一步观察，寻找是否形成了布林线买入形态，所以选择是一个炒股的初期阶段；买股是一种交易行为，属于炒股中的操作阶段。如图 4-9 海联金汇（002537），如果是选股，则是在 2018 年 7 月中旬至 2019 年 2 月中旬期间的 A 区域，发现布林线波带呈较窄状态的水平小幅震荡时，即可放入自选股，目的是在日后的持续观察中发现布林线买入形态，所以不管是在 2018 年 7 月中旬至 2019 年 2 月中旬期间的任意时间发现的，其后都要持续观察。但如果是买股，只要在 2019 年 2 月下旬时的 B 区域，发现形成了放量上涨的布林线开口型喇叭口，即刻委托买入即可，目的是其后股价的上涨。由此可见，选股与买股的目的完全不一样。

（3）选股过程复杂，工作量大，要从众多股票中选择出少量符合布林线形态要求的股票；买股过程简单，只要提交买入委托即可成交。如图 4-9 中的海联金汇这只股票在 A 区域的形态，即使是通过深市中小板来选股，也要观察许多中小板股后方可发现这只股票，工作量大。但如果是在 B 区域买入，则相对简单，只要判断出买入形态后形成了量价买点，现价提交买入委托即可成功买入。

2. 注意事项

（1）在炒股的整个流程中，选股只是第一个步骤，所以是炒股前的准备工作，准备得越充分，后期的交易越简单。

（2）选股在整个炒股流程中，是工作量最大的一个环节，因为选择不好目标股，就无法在其后的操作中捕捉到可操作的股票。

（3）正确的买股，是通过观察选择好目标股，一旦形成了布林线买入形态，同时达到了买点要求，方可买股。不达到买点要求，是不能买入股票的。所以在选股与买股中间，还间隔了一个重要环节：观察目标股是否形成了布林线买入形态。

（4）即使是刚刚选到一只股票就形成了买入形态，仍然要观察买入形态是否形成了买点，然后方可买股。这也就是说，正确的买股行为，也不是简单地委托买入即可。

4.3　三个股票要求

4.3.1　选择小盘股

小盘股，就是那些流通股数量较少的股票。因为在根据布林线短线操作过程中，小盘股是一种基于短线炒股的行为。在资金推动型的市场，一只股票的流通股数量越少，则推动这只股票上涨时所耗费的资金量就越少，所以流通股数量越小的股票，越是容易出现短期的快速上涨。因此，我们在选股时，一定要选择那些流通筹码数量少的小盘股，这样更容易捕捉到其快速上涨的买入形态。

1．观察小盘的方法

（1）从股票代码的标识寻找小盘股。在股市中，由于股票代码在市场上分得较细，而有些细分板块中的股票均为市值小的小盘股，所以应尽量选择以 002 开头的深市中小板股票、300 开头的深市创业板股票，或是 603 开头的沪市主板中的股票。如图 4-10 奥康国际（603001），这只股票即为沪市主板市场上 603 开头的第一只股票，是在 2012 年 4 月 26 日上市的，上市时的流通股本只有 6480 万股，如今已过去了 8 年左右的时间，才实现了全流通，共计有 4.01 亿股，这属于几亿股的小盘股。

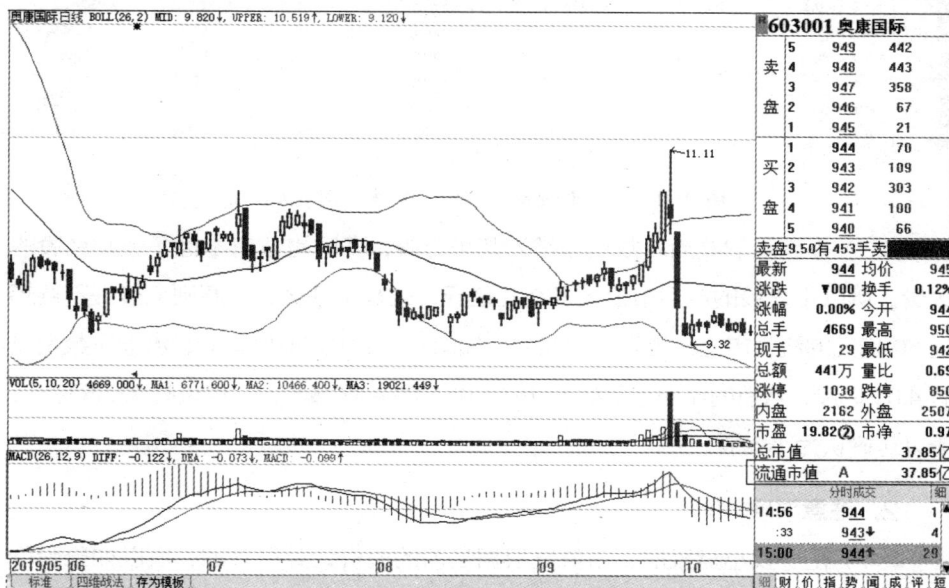

图 4-10　奥康国际 - 日线图

（2）从基本资料中观察流通筹码数量。观察一只股票的 K 线图时，如果是以大智慧为代表的炒股软件，只要点击左侧的"基本资料"（如果是同花顺为代表的炒股软件，为"个股资料"），或按快捷键 F10，就会出现这只股票的"基本资料"（个股资料），点击上方的"股本分红"（股本结构），即可看到这只股票的流通股数量。如我们使用的是同花顺软件，只需调出奥康国际的任意一个周期的 K 线图，如图 4-10 中所示，点击左侧的"个股资料"或按快捷键中的 F10，然后点击"个股资料"页面上方的"股本结构"，观察下方的"总股本结构"就会发现，这只股票的当前 A 股总股本和流通 A 股的股票数量均为 4.01 亿股。

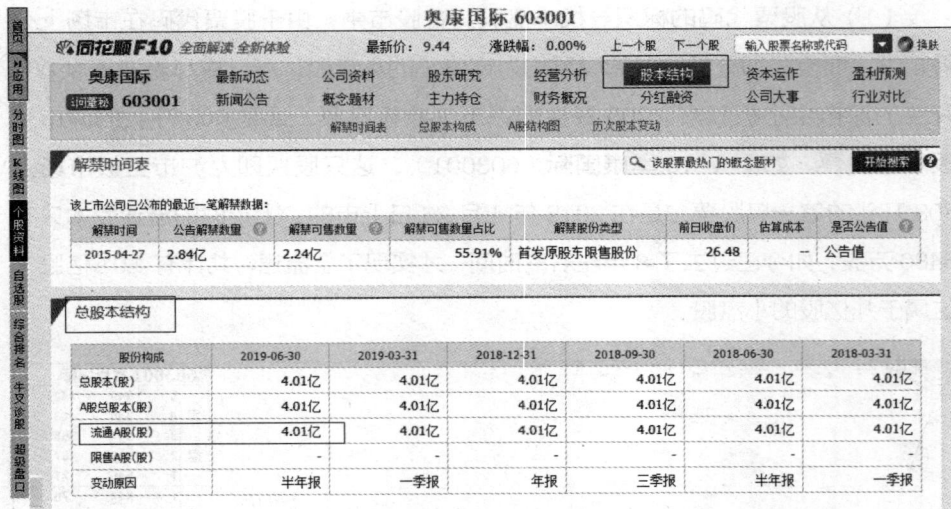

图 4-11　奥康国际 - 个股资料（同花顺）

（3）小盘股的流通股数量通常为几千万股，多时也只有 1 亿多或几亿股的数量。所以小盘股的流通市值大多在几亿元，或是十几亿元，原则上最好不要超过 50 亿元的流通市值，否则就会偏大。如图 4-11 中的奥康国际，流通股数量只有 4.01 亿股，当前的流通市值如图 4-10 中右侧 A 区域显示，也只有 37.85 亿元，所以可确认为小盘股。

2. 注意事项

（1）在寻找小盘股时，市值是根据当前的股价计算得来的，所以如果股价在高位区时，市值偏大，股价在低位区时市值会偏小，也就是说，股票的市值不是一成不变的，是随股价的波动而改变的。

（2）以主板 603、深市创业板 300、深市中小板 002 开头的几个板块中的股票为依据，只是一个大概的范围，这一点不是绝对的，只要是这些板块内的股票，均为小盘股，因为一只股票上市后，随着不断地分红送股，不少中小板和创业板的股票，其流通股票的数量早已发展成中盘股，所以最准确的判断方法，还是观察具体的股本结构中的流通股票数量来判断小盘股。

（3）在两市主板市场上，同样有不少小盘股，所以在选择小盘股时，最好从市场的所有股票中进行海选。

（4）科创板内的股票，目前均为小盘股，但是由于科创板股票的交易制度不同，且进行科创板股票投资时，是有一定资格后方可申请开通的，所以对于科创板类的股票，参与时应注意要在科创板独特的交易体制下进行。

4.3.2　选择活跃股

活跃股，就是股性活跃的股票，也就是市场资金容易关注的股票。由于这类股票最容易成为市场热点，从而展开一段快速上涨的行情，所以投资者在选股时，应尽量选择那些股性活跃的股票，这种股票即使流通盘略大，也应作为选股时的首选股。

1. 活跃股的特点和寻找方法

（1）市场活跃的股票，在市场上的表现是经常小幅震荡，布林线指标也表现为波带忽宽忽窄的波动，K 线大多数处于中轨附近反复震荡。如图 4-12 合锻智能（603011）所显示的一样，股价经常出现小幅震荡，布林线指标也表现为波带忽宽忽窄的波动，K 线始终围绕在中轨附近上下震荡，说明这只股票的股性活跃，这类股票就可以放入自选股。

（2）寻找股性活跃的股票时，可直接观察一只股票的日振幅。通常日振幅经常出现 1% 左右的小盘股，或振幅在 2% 的中盘股，或是直接观察 K 线高点低点，其中差距较大的股票，即可确认为活跃股。如图 4-13 新宏泰（603016）在 A 区域，大多数 K 线较长，再观察每日的振幅，大多保持在 2% 左右，即可确认为股性活跃的股票。

图 4-12　合锻智能 – 日线图

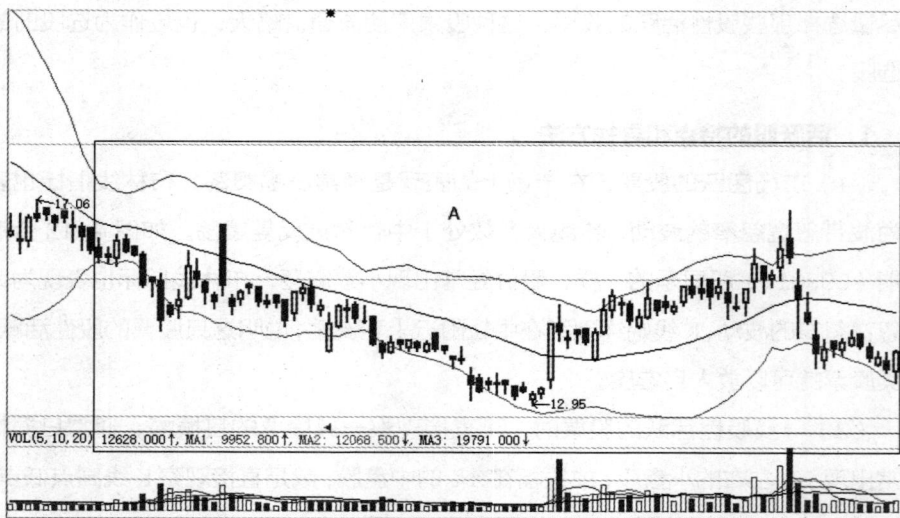

图 4-13　新宏泰 – 日线图

2. 注意事项

（1）投资者在选择股性活跃的股票时，并不一定局限于小盘股，也就是流通盘略大的股票同样可作为选股时的备用股。

（2）股性活跃的股票，在消息面上经常会受到市场关注，但关注度又不太高，否则就会成为市场热点。

（3）选股性活跃的股票时，最好能在其他条件符合选股要求时，再对这些股票的股性是否活跃进行判断，这样可以省去很多时间。

4.3.3 选择题材概念股

题材股，就是上市公司本身所具有的某一题材，或是上市公司所属的行业与细分行业所形成的某些特殊题材，或是上市公司的经营所具有的某类题材。概念股，就是上市公司的经营活动或所属行业具有的某些概念。题材与概念有着某些相似之处，如 5G 概念与题材，所以在谈到题材或概念时，是将其归于一类的。

由于题材概念股最容易因为这一题材或概念成为市场热点，所以投资者在选股时，应尽量选择那些自身具有题材或概念多的股票，因这类股票有更多成为市场热点的机会。

1. 题材概念股的观察方法

（1）如果投资者观察的是大智慧为代表的炒股软件，可以通过炒股软件中这只股票的"基本资料"中的"操盘必读"中的"题材概念"来观察，选择其中具有题材概念较多的股票，放入自选股。如图 4-14 爱普股份（603020）为大智慧的"基本资料"，点击上方的"操盘必读"，即可发现这只股票具有小盘、农副食品、人造肉三个题材概念。

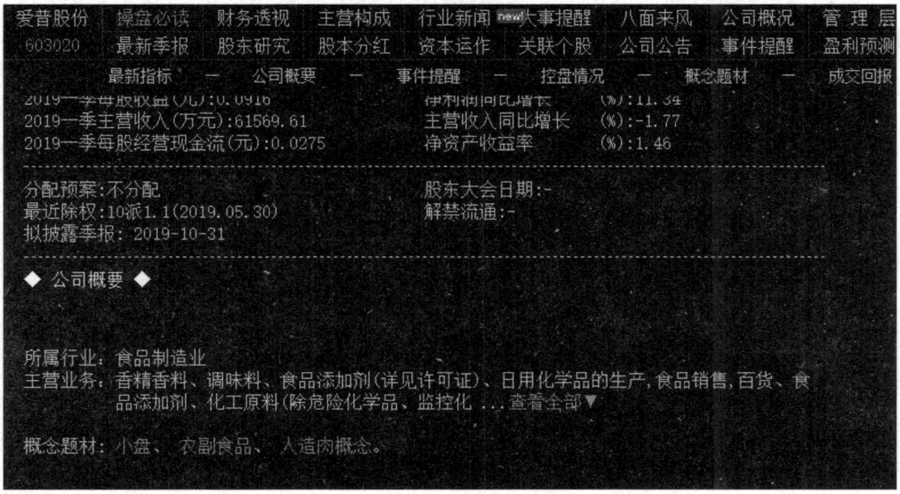

图 4-14　爱普股份－基本资料（大智慧）

（2）如果投资者观察的是同花顺为代表的炒股软件，可查找这只股票"个股资料"页面上方 "个股资料"中的"题材概念"进行观察，尽量选择那些题材概念较多的股票。如图 4-15 爱普股份为同花顺炒股软件，点击 F10 或个股资料，然后点击页面上方的"题材概念"，可发现这只股票的题材概念为人造肉与烟草，烟草属于食品制造行业，而这只股票又为小盘股，所以事实上与图 4-14 大智慧中的题材概念是没有区别的。

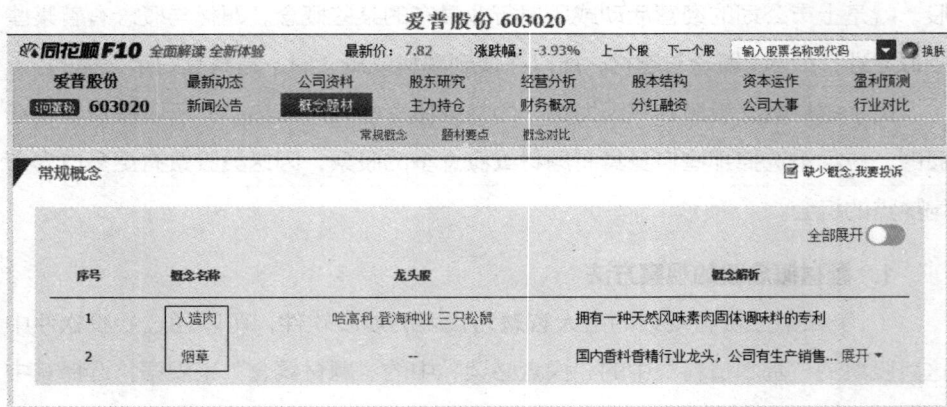

图 4-15　爱普股份－个股资料（同花顺）

2. 注意事项

（1）选择题材概念股时，应尽量选择那些题材概念较多的股票，因为题材概念多，就意味着其成为市场热点的概率高，一旦某一题材成为热点，就会发动一波快速上涨。

（2）选择题材概念股时，应尽量选择那些市场热门题材或概念的股票，因为这类热门题材或概念的股票，更容易受到市场资金关注，可短期反复成为市场热点。

（3）投资者在选择题材概率股时，有一个板块或是题材应引起注意，就是次新股题材或板块。这些股票上市均不足一年，虽然属于小盘股，股性较活跃，但上市时市场炒作过大，参与时应谨慎。

4.4 五个选股标准

4.4.1 波带长期较窄状态的股票

波带长期较窄状态的股票，就是布林线波带长期在较窄状态下的股票，这种形态的股票可表明股价的涨跌幅较小，所以是经过充分整理的股票。因此，股价整理的时间越长，后市突然启动时，短期快速上涨的幅度越大，时间越短，所以越是长期整理状态的股票，越是选股时优先选择的目标。

1. 波带长期较窄状态的股票特征

（1）波带长期较窄状态的股票，不仅要求布林线波带的宽度要相对较窄，也就是上轨与下轨的间距要小，而且这种状态持续时间要长，通常最低要有一个月，原则上是时间越久越好。如图 4-16 山东华鹏（603021），在 A 区域，布林线波带上轨与下轨之间的间距明显比之前的波带窄，且整个 A 区域的时间为 2019 年 6 月初至 8 月初，属于波带长期较窄状态的股票。

图 4-16　山东华鹏－日线图

（2）波带长期较窄状态的股票，波带的方向最好呈水平小幅震荡，因处于波带较窄状态方向向下运行的股票，属于阴跌状态。如图4-17千禾味业（603027），在 A 区域波带较窄状态下，整个布林通道的趋势是水平小幅震荡的，所以选股时应优先选择这类股票。

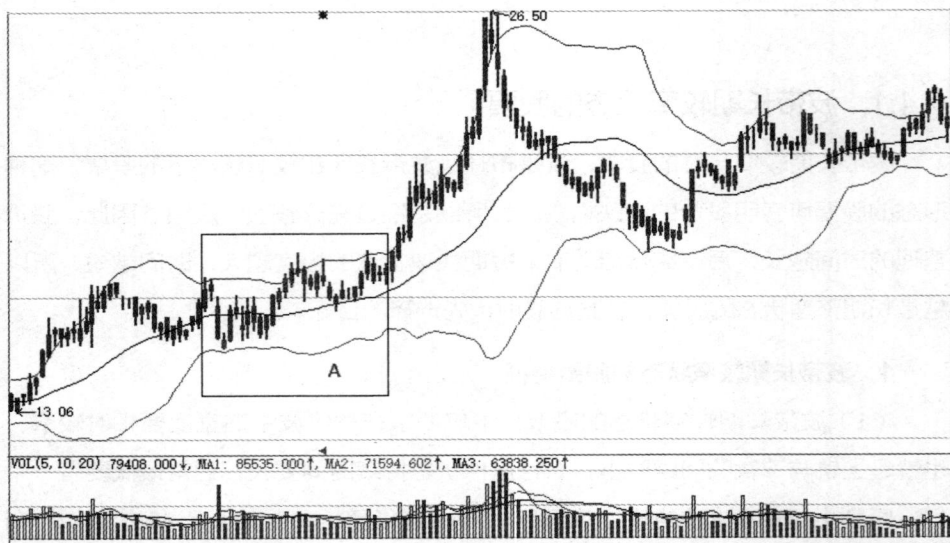

图 4-17 千禾味业 - 日线图

2. 注意事项

（1）选择波带长期较窄状态的股票时，这里的波带长期较窄状态，不是说持续时间要长，而是交易时间的长短，因为处于长期停盘状态的股票，也属于长期，所以至少一个月的持续时间要求，严格来说 K 线数量应在 30 根左右。

（2）如果投资者观察的是更短周期的 K 线图，如 30 分钟图或 5 分钟图时，只要发现这只股票在长期波带较窄状态期间的 K 线数量较多，即可确认为符合要求，因为通常只有日线级别上达到一个月左右甚至更长时，才是大牛股暴发前的征兆。

（3）如果投资者发现一只股票的波带长期处于较窄状态，呈向上运行时，往往属于一只长牛股，这时应及时以更长波段操作的策略买入，因为短线操作是为了短期快速获利，与中长线操作的目的是一致的，都是为了获利，所以短线操作时，允许中长线配制一定仓位的其他股票。

4.4.2　波带短期大幅收缩的股票

波带短期大幅收缩的股票，是指那些股票的布林线波带在较宽的情况下，突然出现了短期持续大幅的向内收缩，形成了波带较窄的状态。这类股票，无论之前是上涨趋势的回落，还是弱势转弱后的下跌渐缓，都是短线调整幅度收窄的表现，一旦再次上开口，就会快速启动，所以是选股中应留意的一个标准。

1. 波带短期大幅收缩的股票形态种类与特征

（1）股价上涨过程中，布林线波带在大幅向外扩张的情况下，股价转跌时，就会形成波带的短期大幅向内收缩，一旦形成波带较窄状态的大幅收缩后的水平小幅震荡，则往往是短线调整即将结束的征兆，这类形态的股票往往是上涨调整行情即将结束的特征，应将其放入自选股，作为目标股持续观察。如图 4-18 广州酒家（603043），股价在上涨中进入 A 区域，出现了布林线波带短期大幅向内收缩，在 B 区域形成了较窄状态的水平小幅震荡，符合上涨趋势中波带向外扩张后短期大幅收缩的要求，为选股时的目标股，可将其放入自选股。

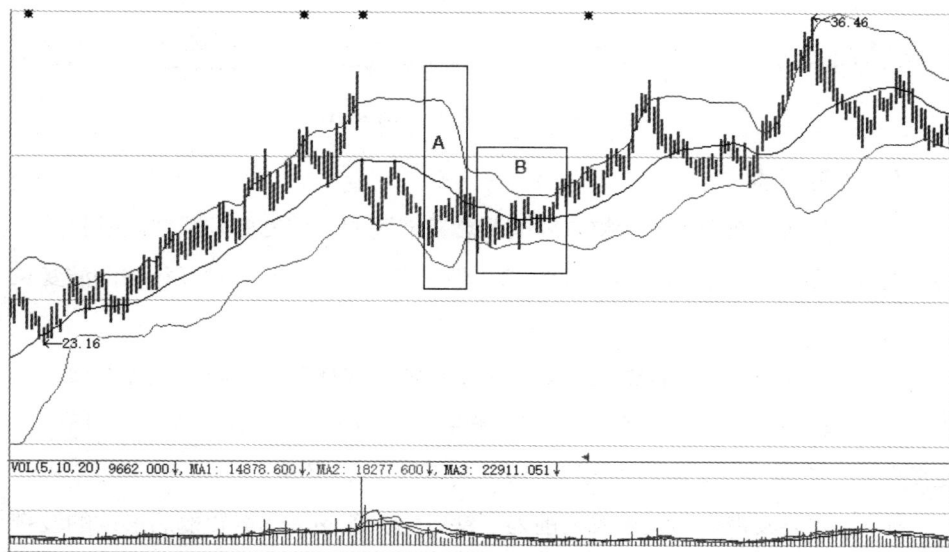

图 4-18　广州酒家 - 日线图

（2）当股价在弱势震荡行情中，如果出现弱势转弱时，很多时候是一种再次下跌的最后一跌来快速探底，所以一旦向下开口出现，当布林线波带出现持续大幅收窄，往往是即将发动上涨的表现，同样应将其放入自选股，作为目标股持续观察。图 4-19 海汽集团（603069），经历 A 段走势的大幅下跌后，在 B 区域出现波带较窄状态的水平小幅震荡，其后的 C 区域出现向下开口的再下跌，其后波带同样出现了收缩，符合波带短期大幅收缩的股票形态选股要求，同样应将其放入自选股。

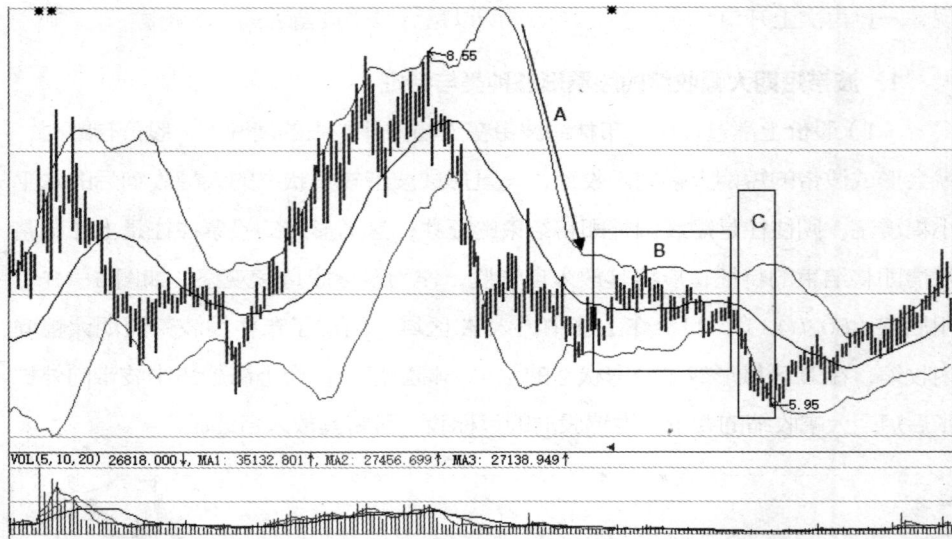

图 4-19　海汽集团－日线图

2. 注意事项

（1）在利用波带短期大幅收缩的形态来选股时，首先应判断之前的趋势，也就是波带在放大后大幅收窄时的趋势，然后方可判断整个趋势及行情的演变来选股。

（2）如果波带短期大幅收缩前为上涨行情，往往整体涨幅不大的股票，出现波带大幅收窄后为上涨调整缩小的可能性较大，但这一点不是绝对的，所以一定要明白一个概念，此期间为选股阶段，而不是买入操作阶段。

（3）如果波带短期大幅收缩前为下跌行情，即使是弱势转弱后形成的波带短期大幅收缩，也不确保其后必然会出现上涨的启动，所以这种形态出现时，仍然只能将其作为目标股放入自选股，一定要克服抄底的不良习惯，不可贸然买入，以免其后再次走弱的出现，只有其后出现布林线突然启动的买入形态时方可进行买入操作。

4.4.3 波带较窄状态小幅向上运行的股票

波带较窄状态小幅向上运行的股票，是指布林线波带处于较窄状态的情况下，整个布林通道的方向是缓慢向上震荡运行的状态。这种形态的股票，往往是长牛股的表现，所以不仅可以作为短线操作中的中长线配制品种，同样也可以作为短线操作的目标股，因为其后一旦出现向上开口或开口型喇叭口的加速上涨，就会成为短线操作的目标，所以也是选股时的一个标准，一旦发现，就应将其放入自选股。

1. 波带较窄状态小幅向上运行的股票特征

（1）波带的宽度不宜过宽，整个布林通道的三条轨道方向在大多数时候是处于向上运行的。如图 4-20 国检集团（603060），在 A 区域，布林线波带呈较窄状态的小幅向上运行，符合波带较窄状态小幅向上运行的股票特征的选股要求，可将其放入自选股。

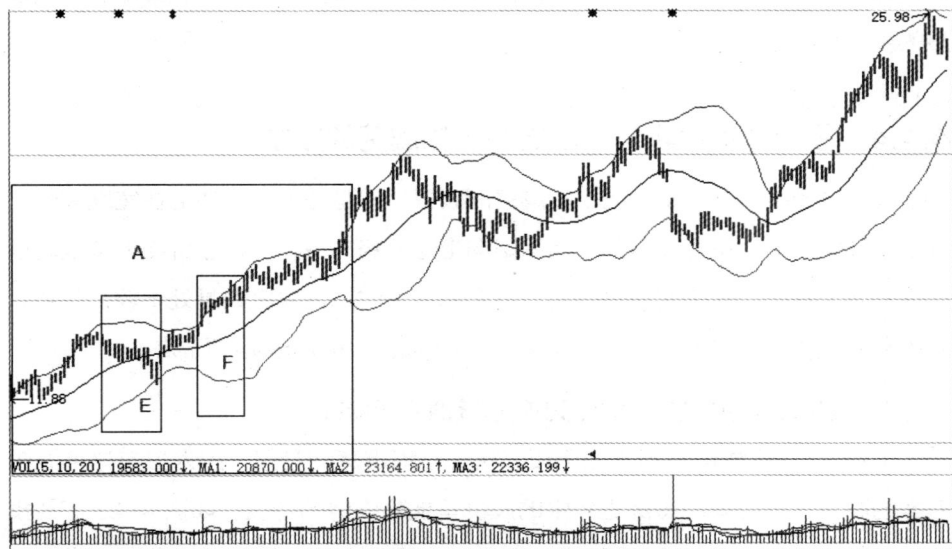

图 4-20 国检集团 - 日线图

（2）允许布林线三轨向上运行中出现下轨小幅向下、上轨向上的开口，或是上轨向下、下轨向上出现紧缩的收口，但不宜过于明显，因为这种波带较窄状态小幅向上运行中的开口或收口的出现，只是盘中股价小幅震荡上涨的结果。如图 4-20 中 E 区域与 F 区域，布林线波带在较窄状态的小幅上行过程中，A 区域内的 E 区域出现了一个幅度较小的向上收口，F 区域出现了一个幅度较小的向上开口，但波带向外扩张或向内收缩的幅度极小，所以符合波带较窄状态小幅向上运行的选股要求，可将其放入自选股。

2．注意事项

（1）在根据布林线波带较窄状态小幅向上运行的形态选股时，主要观察的是整个布林通道的宽度要较窄，同时必须确保整个布林通道的趋势是震荡向上运行的。

（2）根据波带较窄状态小幅向上运行形态选股时，原则上是波带越窄，向上运行的坡度越小，越理想。但要注意一点，波带向上的角度也不能过小，否则就会形成只是阶段性的震荡走强，也就是仍然处于震荡的趋势。

（3）如果波带较窄状态小幅向上运行明显，即使是短线操盘者，也应中长线适当配制一定资金的股票，其后布林线快速上涨形态形成时，再短线操作。若是快速上涨的回调力度强，可全部卖出，待其后止跌回升时再中长线配制一定数量的股票。

4.4.4　股价位于中轨与上轨之间小幅震荡的股票

股价位于中轨与上轨之间小幅震荡的股票，就是整个布林通道在宽度较窄状态下小幅震荡时，不管波带的方向是略向上还是略向下，一旦股价在大多数时候始终处于上轨与中轨之间小幅震荡，就表明这一时期这只股票是处于较强状态，后市发动快速上涨的概率较大，所以也是布林线选股的一种股票形态。

1．股价位于中轨与上轨之间小幅震荡的股票特征

（1）布林线波带必须是处于较窄状态小幅震荡的股票，因为只有这种波带形态的股票，才能证明震荡走势中的股价呈现略强势的特征。如图 4-21 博通集成（603068），在 A 区域，股价一直位于中轨与上轨之间小幅震荡，波带呈水平小幅震荡，所以符合股价位于中轨与上轨之间小幅震荡的选股要求，可将其放入自选股。

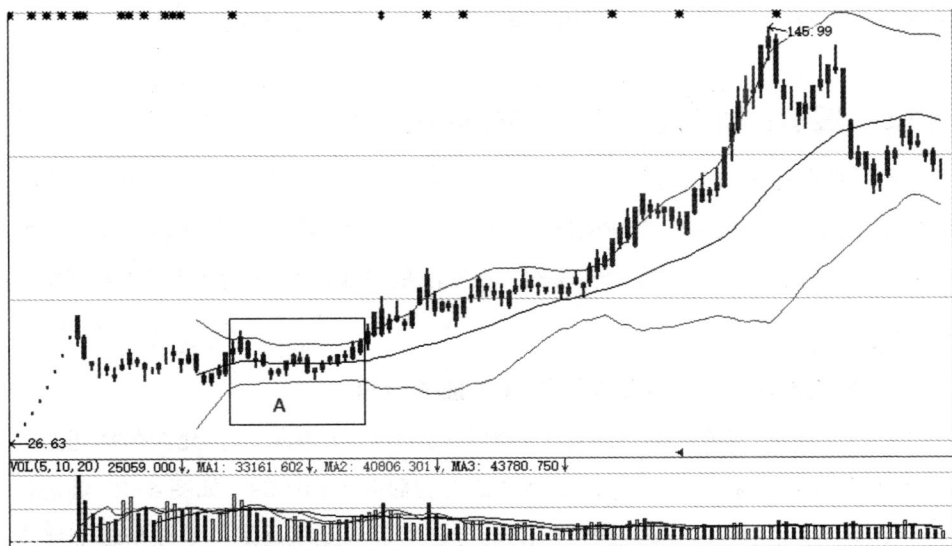

图 4-21　博通集成－日线图

（2）股价在中轨与上轨之间小幅震荡的股票，在大多数时间都处于这种状态，允许股价偶尔跌破中轨，但必须很快又回升到中轨之上，因为只有这样才能证明中轨对股价的支撑较强，后市快速转强的概率才更大。如图 4-21 中的 A 区域，股价一直位于中轨与上轨之间小幅震荡，波带呈较窄状态，期间虽然股价两次跌破中轨，但很快又回升到了中轨上，所以符合股价位于中轨与上轨之间小幅震荡的选股要求，可将其放入自选股。

2．注意事项

（1）当一只股票位于中轨与上轨之间小幅震荡时，是指这只股票的 K 线必须大多数时候位于上轨与中轨之间运行，但必须确保此期间的布林线波带处于较窄状态，方可放入自选股。

（2）如果一只股票在中轨与上轨之间小幅震荡期间，股价是偏于上轨附近，这类股票最容易在其后快速形成布林线突然转强的买入形态，但期间允许股价在偏于上轨时持续下行，但必须在快速跌破中轨后，快速回升到中轨上，以确保中轨对股价的支撑较强。

（3）如果一只股票在中轨与上轨之间的小幅震荡，是围绕中轨偏下位置或中轨附近小幅震荡，说明此期间中轨的支撑与压力均衡，但并不排除其后出现以量破价的快速转强的可能，所以也应将其放入自选股，继续观察。

4.4.5 股价长期在中轨与上轨之间运行的股票

股价长期在中轨与上轨之间运行的股票，就是一只股票的 K 线开盘与收盘长期是在布林线上轨与中轨之间运行。由于这种形态的股票长期处于较强状态，所以其后一旦发动上涨，往往是快速的，短期涨幅也较为可观，所以可作为根据布林线选股的一种形态。

1. 股价长期在中轨与上轨之间运行的股票特征

（1）布林线波带必须长期处于较窄状态的水平小幅震荡，允许布林通道的方向出现略向上运行，但不允许布林通道是明显向下运行的。如图 4-22 姚记科技（002605），在 A 区域，股价长期运行在中轨与上轨之间，呈波带较窄状态的水平小幅震荡。

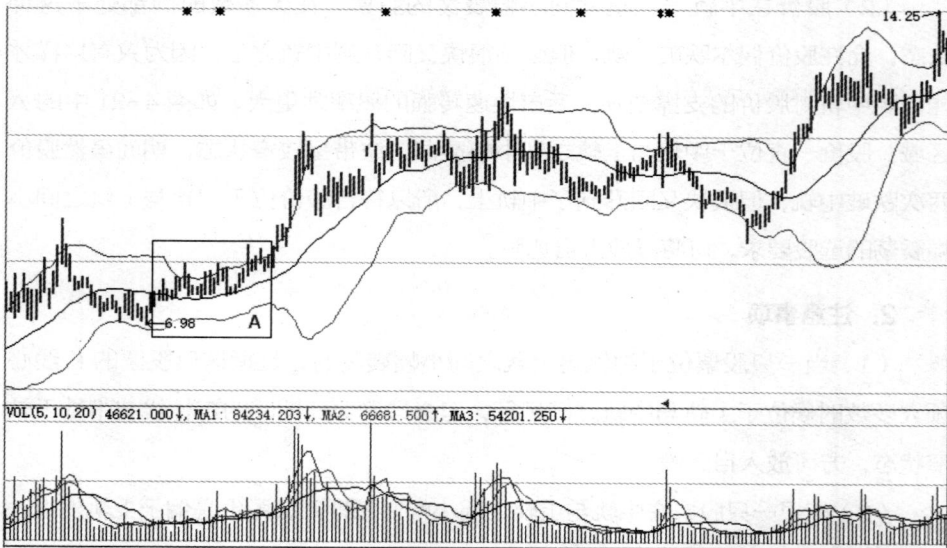

图 4-22　姚记科技 - 日线图

（2）股价在上轨与中轨之间运行时，是指 K 线始终处于中轨与上轨之间，允许 K 线短时的向上突破上轨，但回落后始终保持在中轨与上轨之间。如图 4-22 的 A 区域，期间股价多次向上突破上轨，但很快又回落到了上轨下中轨上，所以符合股价长期在中轨与上轨之间运行的股票特征。

（3）股价长期在中轨与上轨间运行时，布林线波带往往处于较窄的状态。如图 4-22 中的 A 区域，股价长期在中轨与上轨间运行，波带呈较窄的状态，水平小幅震荡，所以符合股价长期在中轨与上轨之间运行的股票特征。

综合（1）、（2）、（3）点的特征，说明姚记科技这只股票在 A 区域完全符合股价长期在中轨与上轨之间运行的选股要求，应将其放入自选股，留待继续观察。

2. 注意事项

（1）当一只股票的 K 线长期在上轨与中轨之间运行时，K 线越是向上靠近上轨位置，越能表明股价的强势特征。

（2）如果股价长期在上轨与中轨之间运行，布林线波带出现小幅的向外扩张，也就是向上的开口逐渐变大时，越能表明短线快速启动上涨的即将到来，但必须确保波带是震荡向上运行的状态。

（3）长期在中轨与上轨之间运行的股票，原则上是波带越窄越理想，且股价一直位于上轨与中轨之间运行，允许期间出现短时跌破中轨的情况发生，但位于中轨下的时间应越短越理想，也就是必须短时快速回升到中轨之上。

第 5 章

买股：布林线买入
形态及买点判断

当投资者买入一只股票时，同样有两个环节是至关重要的：买入形态和买点。因为即使布林线买入形态形成了，若没有构成买点要求，也是无法买入操作的。所以，在学会了选股后，买入其实就是从备选股中发现那些形成了买入形态的股票，并出现了形成买点的量价形态，这时方可进行买入操作。

5.1 买入形态与买点判断

5.1.1 翻山越岭

翻山越岭是根据布林线捕捉短期强势股的一个重要特征，是指当股价在中轨下方弱势运行时，突然在向上突破中轨后，再次向上运行突破了上轨。由于这种形态就像我们在爬山时，翻过了一座山后，突然加快脚步，很快又登上了一个新的山岭，所以叫作翻山越岭。

1. 形态要点

（1）翻山越岭形态出现前，股价必须是在布林线中轨下方或附近弱势运行。

（2）形成翻山越岭时，股价在向上突破布林线中轨后，应快速出现了继续向上突破上轨，中间即使停顿，时间也不能过长。

（3）股价突破中轨及上轨时，必须为有效突破，即 K 线收盘在中轨或上轨上，方为有效突破。

（4）在根据翻山越岭判断买点时，必须结合量价予以确认，只有量价形成了格外放量上涨、温和放量上涨、持续放量上涨三种形态中的任意一种时，方可构成买点。如图 5-1 天奇股份（002009），股价在弱势震荡行情中进入 A 区域，突然从中轨下方向上突破了中轨，并快速向上突破了上轨，中间仅隔了一个交易日，形成了翻山越岭，同时出现了持续阳量放大的上涨，说明弱势已快速转为强势，形成了买点，应果断买入股票。

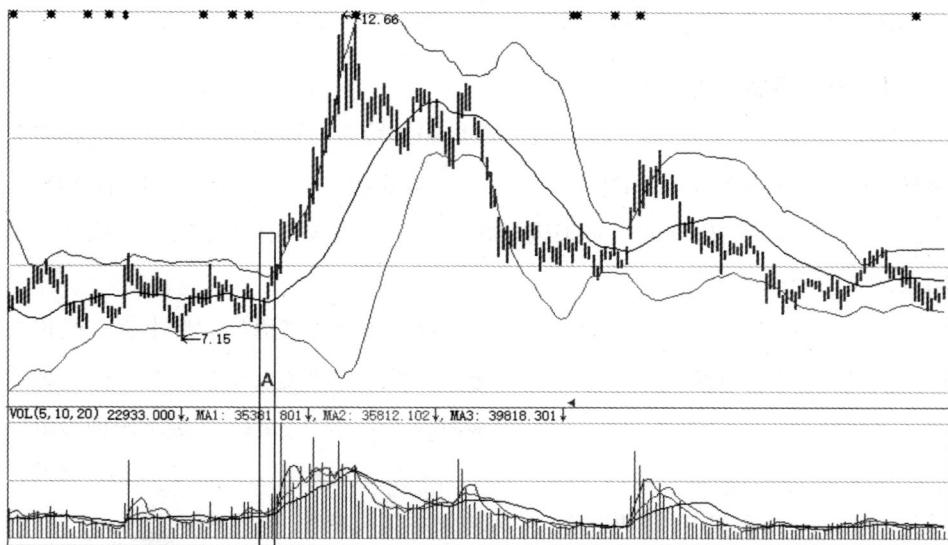

图 5-1　天奇股份－日线图

2. 注意事项

（1）翻山越岭形态在形成时，股价必须快速向上突破中轨后持续向上突破上轨，方可构成买入形态，期间不能间隔太长，通常以 3 ~ 5 根 K 线为准，原则上是时间越短，越能证明股价的快速转强。

（2）翻山越岭形成后，只是从布林线形态上形成了股价快速启动时的买入形态，只有买入形态形成了买点时，方可买入股票。

（3）在根据翻山越岭判断买点时，量价是判断买点的关键，只有形成了量价的格外放量上涨、温和放量上涨、持续放量上涨三种形态中的任意一种时，方可买入股票。否则，就应放弃买入。

5.1.2　鱼跃龙门

鱼跃龙门是股价快速上涨时的一种布林线买入形态，是指股价在向上运行的过程中，突然出现了向上突破布林线上轨后，持续在布林线上轨上方向上运行的形态。由于布林线上轨上方为极强区域，股价持续在上轨上沿上轨向上运行，这就说明股价保持了一种超强状态，所以是短线强势的特征。因为这种形态形成时，就像是一条鱼突然从水底下跳到了水面上，并继续向上方的龙门方向跳去，所以叫作鱼跃龙门。代表股价进入了强势状态，为买入股票的形态。

1. 形态要点

（1）鱼跃龙门形成前，股价处于布林线上轨下方运行，允许股价快速向上突破上轨后又回落到上轨下的情况出现，但必须确保此时的波带处于较窄状态。

（2）鱼跃龙门出现时，必须确保股价在向上突破布林线上轨后，能够在上轨上持续向上运行。

（3）在根据鱼跃龙门判断买点时，只有量能形成了格外放量上涨、温和放量上涨、持续放量上涨三种形态中的任意一种时，方可买入股票。如图 5-2 金螳螂（002081），股价在弱势运行中，布林线波带在较窄状态下，突然出现股价快速向上突破上轨并持续在上轨上向上运行，形成了鱼跃龙门，同时阳量明显放大、股价上涨，形成了买点，应果断在 A 区域末端买入股票。

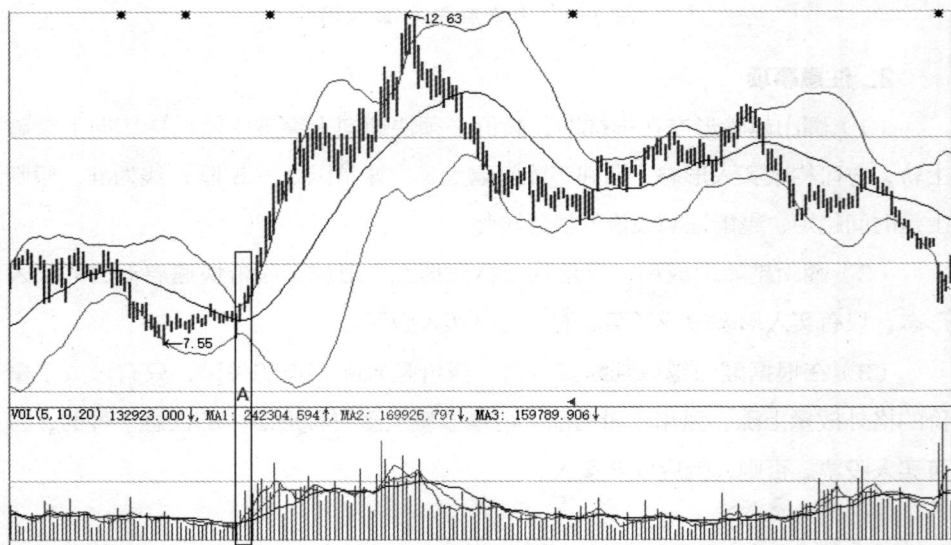

图 5-2　金螳螂－日线图

2. 注意事项

（1）鱼跃龙门出现时，必须确保股价出现向上突破布林线上轨，如果短期股价出现了突破上轨，应观察上次突破上轨时的布林线波带是否较宽，当波带呈较窄状态的震荡时，方可确认为鱼跃龙门，此时根据买点形成时的量价关系来判断是否买入即可，否则就不应买入。

（2）鱼跃龙门形成时，股价必须持续在布林线上轨上方向上运行方可确认，允许期间股价有瞬间跌破上轨的情况发生，但 K 线收盘必须在上轨上方，否则就不能以这种形态来操作。

（3）如果鱼跃龙门出现时，波带处于较窄状态，则是一种股价持续缓慢转强的征兆，只要向上开口依然在持续，并且保持着鱼跃龙门状态的股价持续在上轨上向上运行时，同样应买入。因为即使是股价短期未出现暴涨，但依然属于短期强势的特征，只不过相对持股时间略长而已，这类股票多数属于一种长牛特征的股票，持有到短期弱势时卖出，同样可以获得波段的收益。

5.1.3　小鸭凫水

小鸭凫水同样是一种股价短期强势的买入形态，是指股价在弱势运行中，在向上突破了布林线中轨后，出现了持续在上轨附近缓慢上行的情况，就像是一只在水面凫水的小鸭，时而低头没入水中，时而又将头露出了水面，所以叫小鸭凫水。因布林线上轨上方属于超强区域，而股价在上轨附近持续向上运行时，表明股价始终是处于偏强的特征，只是在不停向上触及上轨，在向上试探，所以这种形态往往是股价转强初期不断震荡上行的表现，也是短线捕捉暴涨前股票的一种方法，即使是短期未出现暴涨，也应及时买入，因为在波段操作中，这种股价会持续上涨，短期同样可以获得较高的收益。

1. 形态要点

（1）小鸭凫水形成时，股价是位于中轨与上轨之间向上运行，位置偏向上方的上轨，也就是必须接近上轨附近，远离下方的中轨。

（2）小鸭凫水形成时，布林线波带宽度不能过宽，同时波带的趋势必须是向上运行的状态。

（3）根据小鸭凫水判断买点时，量价关系保持一种温和放量上涨的状态时，方可买入。如图 5-3 永新股份（002014），布林线波带在较窄状态下，一直位于中轨上方运行，到 A 区域时，股价向上运行到了上轨附近，波带较窄，持续向上运行，形成了小鸭凫水，同时量价方面表现为持续阳量放量上涨后的格外放量上涨，形成买点，应及时买入股票。

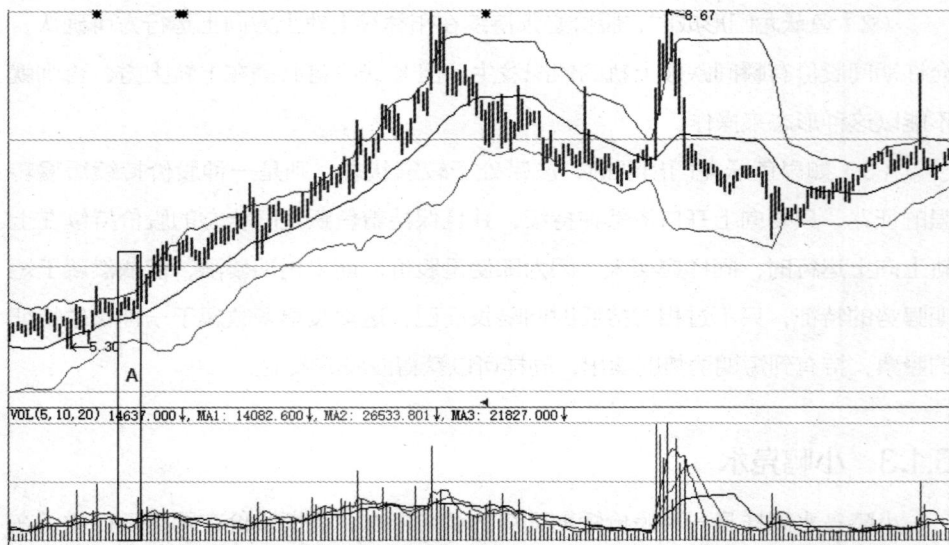

图 5-3 永新股份－日线图

2. 注意事项

（1）小鸭凫水是股价持续转强的一种形态，所以必须确保波带的宽度不会过宽，且呈明显的持续向上运行，如果波带向上运行的形态不明显，为震荡趋势，此时不可贸然买入。

（2）如果小鸭凫水形态形成时，出现了明显的向上开口，即使未形成开口型喇叭口，也应在形成量价买点时，果断买入。

（3）由于小鸭凫水出现时，是股价缓慢转强的征兆，所以应确保量能不能过小，也就是量柱不能小于近期较低状态，否则就应确认为震荡行情，这时是不应买入的。因此，小鸭凫水的买点是温和放量上涨的量价形态。

5.1.4 小鸭潜行

小鸭潜行属于一种股价转强初期的征兆，是指股价在运行过程中，出现了向上突破布林线中轨，并一直在中轨上方偏于中轨的位置持续向上运行，就像是一只凫水的小鸭在接近水面的位置潜水，时刻准备着浮出水面，所以叫小鸭潜行。因为股价在转强初期，首先是向上突破中轨，并沿中轨向上运行，所以小鸭潜行是股价转强初期捕捉即将快速上涨时的一种买入股票形态，通常是捕捉长牛股或潜伏短期快速上涨股的一种买入形态。

1. 形态要点

（1）小鸭潜行出现时，必须是股价向上突破中轨后，位于中轨上方附近向上运行。

（2）小鸭潜行形成后，必须是股价能够在布林线中轨上方持续向上运行，方可构成买入形态，也就是此期间的波带必须是处于明显向上运行，且不能过宽。

（3）根据小鸭潜行判断买点时，量价通常是处于温和放量上涨状态。如果是在温和放量上涨后出现明显放量或持续放量状态，则说明股价已出现快速转强，形成了小鸭凫水或翻山越岭，应果断买入。如图 5-4 罗平锌电（002114），在弱势震荡中进入 A 区域，股价突然向上突破了布林线中轨，并在中轨偏上位置持续震荡小幅上行，形成了小鸭潜行，同时量价在温和放量情况下出现了明显放量上涨，形成买点，应果断在 A 区域末端买入股票。

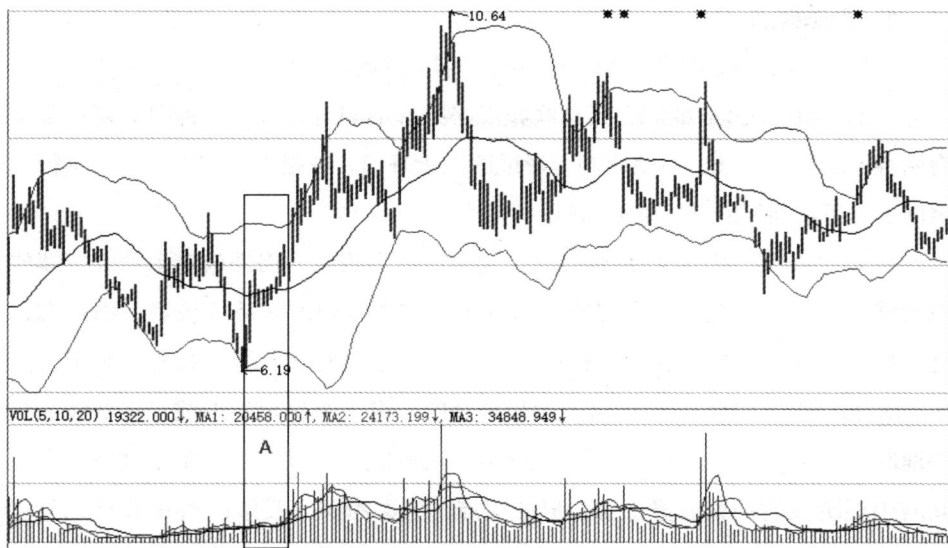

图 5-4　罗平锌电 - 日线图

2. 注意事项

（1）判断小鸭潜行时，必须确保整个布林线波带是处于相对较窄状态的，且整个波带是明显向上运行的，如果期间波带向上的状态不明显且为震荡行情，此时即使是出现持续小阳量，也不应贸然买入。

（2）小鸭潜行期间的量价关系，必须确保为明显的持续温和放量状态，方可买入股票。一旦买入后股价出现了跌破中轨，证明转强失败，应果断止损卖出，所以在根据小鸭潜行买入股票时，应控制好仓位。

（3）利用小鸭潜行买入股票时，通常是相对较大波段操作中的建仓买入时机，因此短线操作者应选择其后形成小鸭凫水时再买入。

5.1.5　猛虎扑食

猛虎扑食是股价快速启动时的一种布林线形态，是指股价在弱势运行过程中，波带突然出现向上开口，表明股价突然转为了强势特征。由于这种形态出现时，就像一头伺机观察猎物的猛虎突然发现了捕捉猎物的最佳时机，一头扑向了猎物，所以叫猛虎扑食。因为猛虎扑食出现后，意味着股价的快速上涨，所以是短期捕捉暴涨股的一种布林线买入形态。

1. 形态要点

（1）猛虎扑食出现前，股价往往处于弱势或震荡运行。

（2）猛虎扑食形成时，布林线波带必须形成向上开口，这种向上开口型态有两种：上轨、中轨、下轨均向上形成的向上开口；或是上轨向上、中轨平行或略向上、下轨向下的开口型喇叭口。

（3）根据猛虎扑食判断买点时，通常量价会表现为格外放量上涨或持续放量上涨两种情况，但大多数时候三轨向上的向上开口时为持续放量上涨形态，开口型喇叭口时为格外放量或持续大量阳量形态的股价上涨。如图5-5国轩高科（002074），股价在A区域的弱势震荡中，进入B区域，形成了布林线上轨快速向上扩张、中轨上行、下轨快速向下扩张的开口型喇叭口，形成猛虎扑食，同时出现明显的持续放量上涨，形成买点，应果断买入股票；图5-6鲁阳节能（002088），在A区域，布林线波带较窄状态的震荡后，出现了上轨、中轨、下轨三轨向上运行并开口不断向外扩张的向上开口，形成猛虎扑食，同时表现为持续大量阳量状态的放量上涨，形成买点，应果断在A区域末端买入股票。

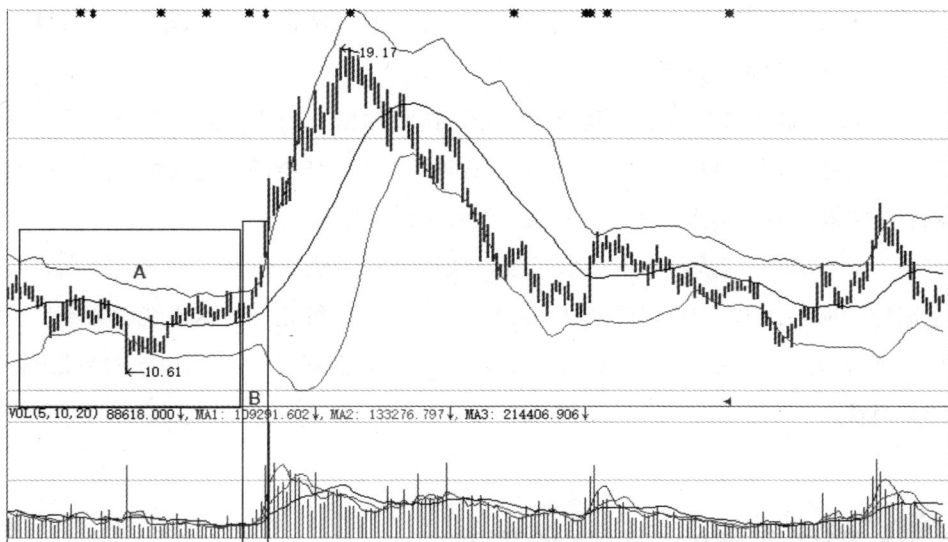

图 5-5　国轩高科－日线图

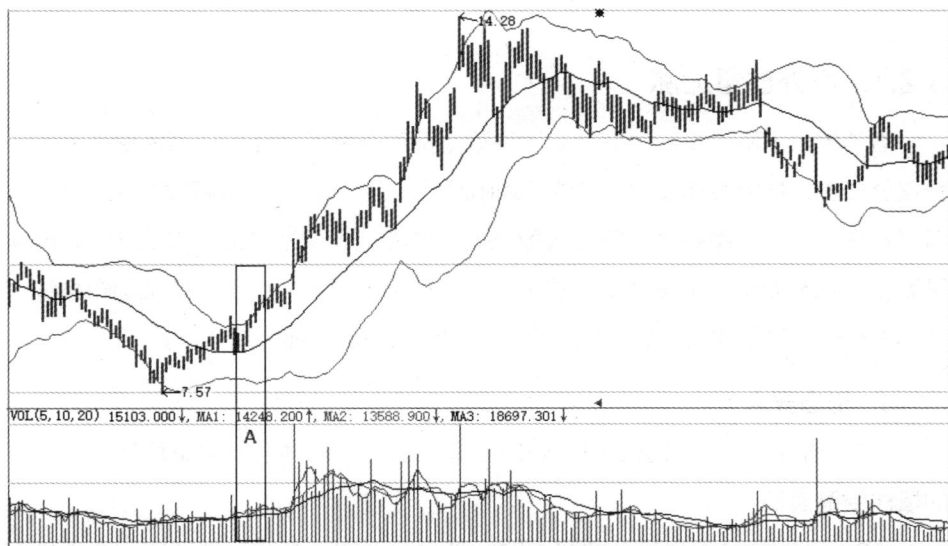

图 5-6　鲁阳节能－日线图

2. 注意事项

（1）猛虎扑食形成前，股价往往是处于弱势或震荡整理形态，弱势整理状态时间越长，猛虎扑食出现时的股价快速转强的爆发力越强。

（2）猛虎扑食形成期间，形成三轨向上的向上开口时，说明股价的强势特征要弱于开口型喇叭口，但同样是短线股价快速启动的征兆，所以无论是哪种开口型成，均应买入股票。

（3）根据猛虎扑食买入股票时，无论持续放量上涨还是格外放量上涨，哪种量价形态均可。此时若温和放量状态出现，表明强势特征相对较弱，如根据温和放量的向上开口买入，一定要注意短线股价的快速转弱。

（4）在判断猛虎扑食时，股价通常快速突破中轨或处于中轨与上轨之间向上运行的形态，这一点是确保股价短期强势的重要特征之一。这也就意味着，一旦向上开口型成，股价未突破中轨，应持续观察，直到突破中轨后能够持续上行时方可买入。

5.2 形成买点的三种量价形态

5.2.1 格外放量上涨

格外放量上涨，是股价突然启动快速上涨时布林线指标形成买入形态后的一种量价形态，是指布林线指标形成了翻山越岭、鱼跃龙门、小鸭凫水、小鸭潜行、猛虎扑食以及开口型喇叭口等买入形态后，量价上表现为股价上涨的同时，成交量为阳量状态的明显阳量柱变长的形态。这种量价形态一出现，即说明布林线上涨形态得到了量价的支持，所以就会形成明显的股价转强时的买点。

1. 形态要求

（1）格外放量上涨出现时，必须是股价在上涨的同时，阳量柱明显较之前的量柱变得很长。

（2）格外放量上涨是判断买点的一种量价形态，若要形成买点，必须确保在此期间形成了布林线买入形态，方可作为买入股票的依据。如图 5-7 天津普林（002134），在布林线波带长期较窄状态的震荡趋势中进入 B 区域，形成上轨向上、下轨向下快速扩张的开口型喇叭口后的 A 区域，出现了明显的格外放量上涨的量价形态，形成买点，应及时买入股票。

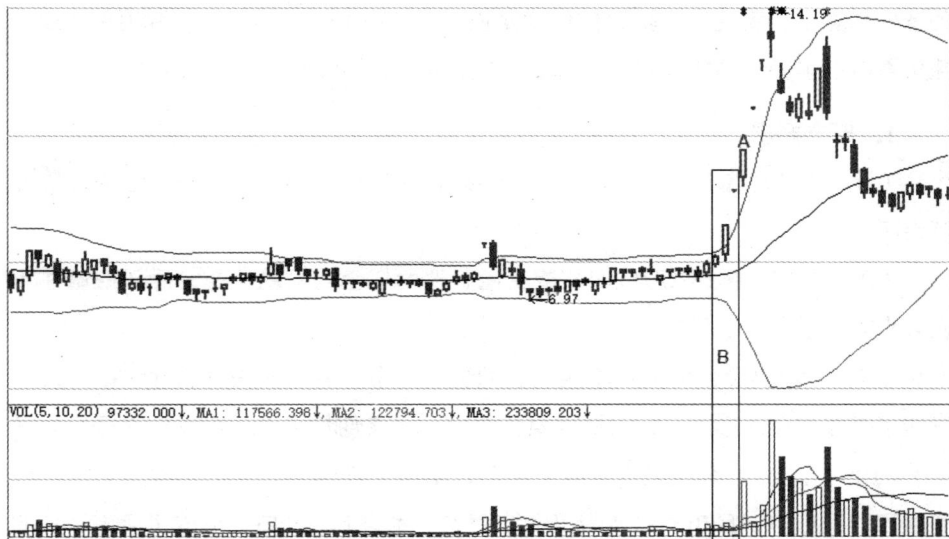

图 5-7　天津普林 - 日线图

2. 注意事项

（1）在判断格外放量上涨的量价形态时，必须确保股价上涨时，变长的量柱为红色的阳量柱，比较量柱变长时，应与之前的量柱长短进行对比，必须明显长于之前的量柱。

（2）在根据格外放量上涨判断放量状态时，之前的量价可以是阴量，也可以是阳量，但在通常情况下，因为是判断买点时的量价形态，所以之前的量能绝大多数情况下会表现为较小的阳量。如果是阴量时，通常为较小的阴量柱，不能是大阴量柱，否则其后股价震荡的概率会加大。

（3）格外放量上涨是判断买点的量价依据，是为了确保买入形态的可信度，也就是买入股票后的成功率，所以必须是布林线形成了买入形态，这种格外放量上涨才具有参考意义。

5.2.2　温和放量上涨

温和放量上涨是股价突然持续转强时布林线指标形成买入形态后的一种量价形态，是指布林线形成了翻山越岭、鱼跃龙门、小鸭凫水、小鸭潜行、猛虎扑食以及开口型喇叭口等买入形态后，量价上表现为股价持续上涨的同时，成交量为阳量柱状态下，表现为小幅量柱持续变长。这种量价形态的出现，说明布林线上涨形态得到了量价的持续支持，所以就会形成明显的股价转强时的买点。

1. 形态要求

（1）温和放量上涨出现时，股价必须表现为持续的上涨状态，上涨的幅度可大可小。

（2）温和放量上涨形成时，成交量表现为红色的阳量状态，后一根量柱明显会小幅长于前一根阳量柱。

（3）温和放量上涨是判断买点时的量价形态，所以前提是布林线指标必须形成了明显的买入形态，方可根据温和放量上涨来判断买点。如图 5-8 顺络电子（002138），在 A 区域股价持续上涨时，阳量柱表现为后一根小幅高于前一根的温和放量形态，且布林线波带呈紧缩后的三线向上的开口，形成了猛虎扑食的量价买点要求，应果断买入股票。

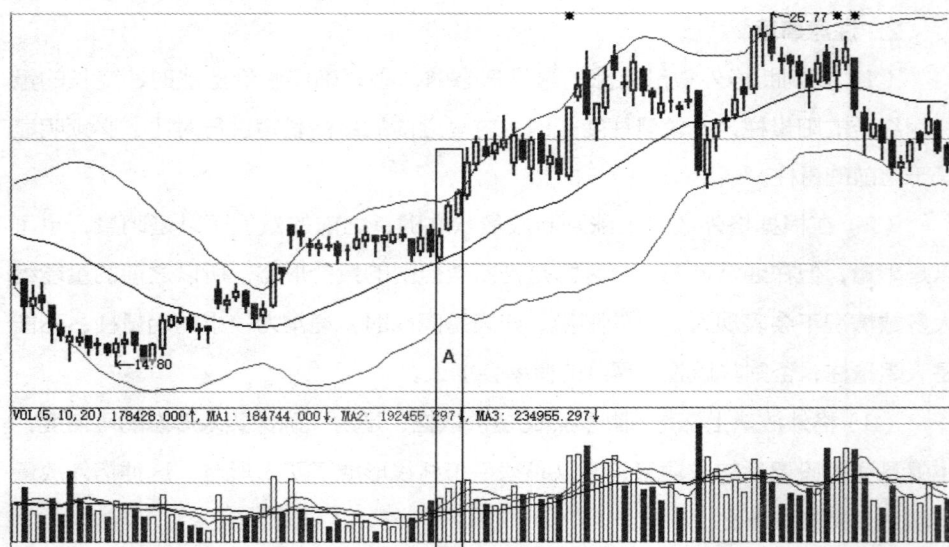

图 5-8　顺络电子－日线图

2. 注意事项

（1）温和放量上涨形成期间，至少应有三根量柱呈后一根长于前一根量柱，方可确认，若量柱太少，尤其是在近期小量状态下出现的温和放量上涨，只能表明股价短期的震荡走强，无法确保后期上涨行情的持续。

（2）温和放量上涨时，量柱必须为持续变长的阳量柱，中间允许有阴量柱出现，但在判断买点时，一般情况下不会出现阴量柱，即使出现也会表现为极短。

（3）温和放量上涨是判断买点时的量价形态，使用的前提是布林线买入形态期间必须形成了温和放量上涨，才具有参考意义。

5.2.3 持续放量上涨

持续放量上涨是股价突然持续转强时布林线指标形成买入形态时的一种量价形态，是指布林线形成了翻山越岭、鱼跃龙门、小鸭凫水、小鸭潜行、猛虎扑食以及开口型喇叭口等买入形态后，量价上表现为股价持续上涨的同时，成交量在阳量柱状态下，表现为与前期的量能相较，于放大情况下持续在同一水平的阳量。这种量价形态的出现，说明布林线上涨形态得到了量价的持续支持，所以就会形成明显的股价转强时的买点。

1. 形态要点

（1）持续放量上涨形成时，股价表现为持续上涨，必须至少有三根 K 线表现为持续上涨状态。

（2）持续放量上涨形成时，成交量必须确保为阳量，至少有三根阳量柱，长度必须是高于之前的小量状态，三根量柱为略放大状态，但保持在相近水平的阳量柱。

（3）持续放量上涨是判断买点时的量价形态，所以必须是布林线形成了买入形态时的持续放量上涨状态，才会形成买点。如图 5-9 石基信息（002153），在 A 区域，股价持续向上突破上轨时，形成了上轨向上、下轨向下的快速扩张的开口型喇叭口，期间的量柱保持在当前的大量水平，三根阳量柱的长短相近，与之前整个 B 区域的量柱水平比较，明显要高很多，为持续放量上涨的开口型喇叭口，符合买点时的量价要求，应果断买入股票。

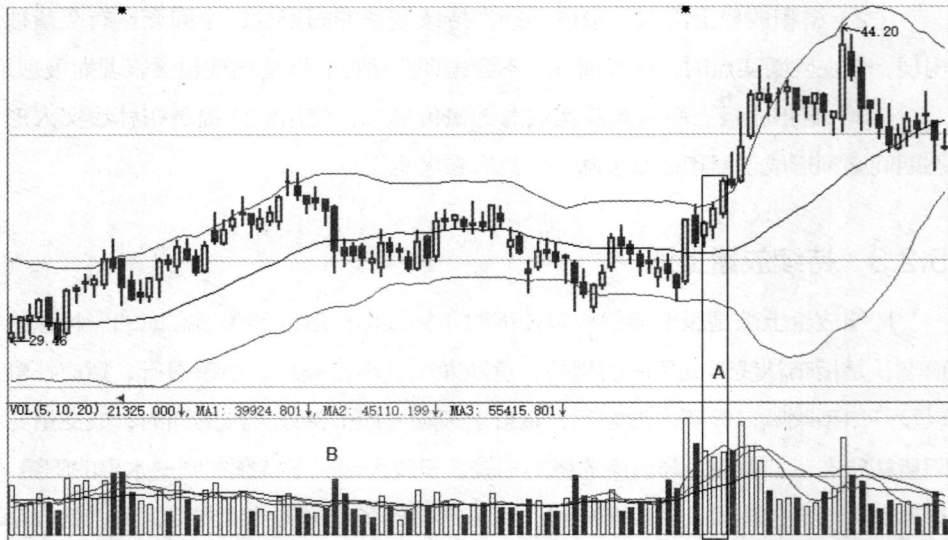

图 5-9　石基信息－日线图

2. 注意事项

（1）持续放量上涨形成期间，必须至少有三根阳量柱和 K 线，且阳量柱表现为明显高于之前的小量状态下，这三根阳量柱保持在同一水平状态时，方可确认。

（2）持续放量上涨形态出现时，通常是不会出现阴量柱的，如果出现也会表现为极小的缩量状态的小阴量柱。否则，如果阴量柱过长，说明盘中上涨的压力较大，后市震荡的可能性也就较大，此时应谨慎买入。

（3）持续放量上涨是判断买点时重要的量价依据，所以只有布林线形成了明显的买入形态，方可根据持续放量上涨的量价形态来判断买点。虽然单纯地以持续放量上涨同样可以判断买点，但如果是对量价关系理解不够全面的投资者，很容易出现失误。

5.3 四个注意事项

5.3.1 不要提前买入

投资者在根据布林线买入形态买入股票时，一定要注意不要提前买入。很多投资者在买入股票时，都会有一种急迫的心情。在涨停板制度之下，布林线买入形态形成时，大多时候是股价短期快速转强的特征，很多投资者一旦看到股价表现出来短期强势特征，就担心稍一迟疑错过行情，所以容易出现提前买入的操作，这一点在买入股票时一定要引起注意，以免过早买入造成投资失败。

1. 提前买入的要求

提前买入股票，通常是在日线图结合分时图的操作中最为明显，比如日线上形成了布林线买入形态时，如果分时图上出现了强势特征：股价高开后快速放量高走时，可在涨幅超过 3% 后依然保持着这种强势特征时，果断提前买入。如图 5-10 通富微电（002156），在 A 区域形成了开口型喇叭口，股价持续放量上涨突破上轨，买入时通常是在 A 区域形成的下一个交易日。因开口型喇叭口表现为强势，有两根 K 线持续在上轨附近上行，这时就可以观察 A 区域右侧最后一根 K 线的分时图了，也就是图 5-11 通富微电 2019 年 9 月 4 日分时图，可以看出，图 5-11 中开盘后出现了明显的股价线快速放量上行，至 B 区域时涨幅已达到了 3%，表明当日的强势，可以在 B 区域提前买入。但是，在图 5-11 中如果开盘后股价未表现为持续快速放量上涨，涨幅快速达到 3% 后依然放量上涨，则不应提前买入。

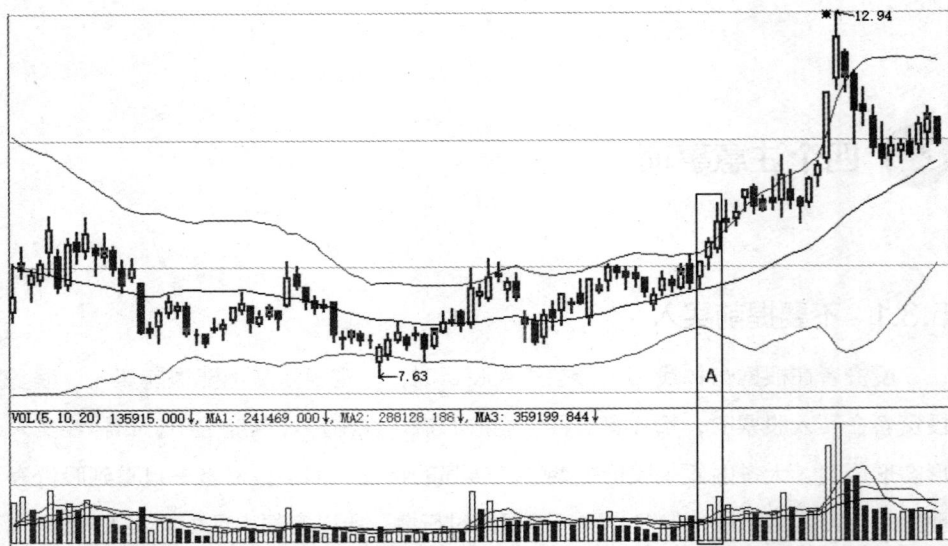

图 5-10　通富微电－日线图

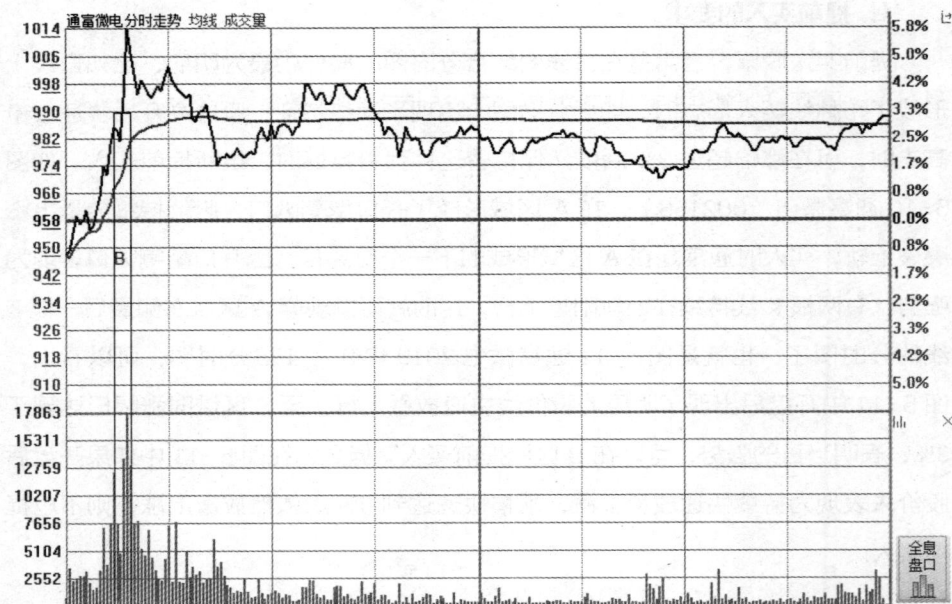

图 5-11　通富微电－2019 年 9 月 4 日分时图

2. 正确买入股票的方式

（1）根据选股要求选择出目标股后，在其后的持续观察中，一旦发现布林线形成了翻山越岭、鱼跃龙门、小鸭凫水、小鸭潜行、猛虎扑食以及开口型喇叭口等买入形态中的任意一种形态，不可直接买入，而应再根据买点要求进行观察。

（2）布林线买入形态成立后，只有达到了量价关系的三种买入形态：格外放量上涨、温和放量上涨、持续放量上涨中的任意一种形态时，才会构成买点，这时方可买入股票。

（3）提前买入股票时，必须符合分时图强势要求，方可提前买入股票。

5.3.2　买入形态勉强时坚决不买入

买入形态勉强，就是指布林线买入形态不明显时，比如小鸭潜行买入形态中，要求是股价在中轨上方向上运行的形态，波带较窄。如果此时出现了股价不是在中轨上方向上运行，而是出现了股价在中轨附近震荡；或是股价上行的趋势不明显，呈现出震荡的走势，甚至是股价围绕中轨忽上忽下震荡时，哪怕只是出现了其中的任意一种情况，都属于买入形态不明显，只要这种形态在其后不能明晰至完全符合买入形态的要求，就不会形成买入形态，自然不能够判断买点。如果勉强买入，就难以保证其后的趋势走强，容易引发投资失败。

1．造成买入形态不明显的原因

（1）对买入形态的要求掌握得不够全面，这样就会使自己在判断买入形态时不够仔细，只要看到布林线形态符合了一点要求，而不是全部要求，就认为形成了买入形态，然后根据买点要求急切买入，最终导致操作失败，亏损。如图 5-12 紫鑫药业（002118），B 区域满足选股条件的"波带短期大幅收缩的股票"，A 区域出现了股价快速由中轨下突破中轨后快速突破上轨，上轨出现略向上、下轨略向下的扩张，看似形成了开口型喇叭口的猛虎扑食买入形态，并形成持续放量上涨的买点要求。但事实上这种上轨出现略向上、下轨略向下的扩张并不是开口型喇叭口的初期形态，因为开口型喇叭口即使在形成初期，上轨向上与下轨向下时的程度也是极度向外扩张的，也就是上轨向上与下轨向下时的角度一定要明显张开。所以，如果是按照这种看似符合买入形态和买点要求的买入行为，就属于一种买入形态勉强状态下的操作，必然会导致其后的操作失败。

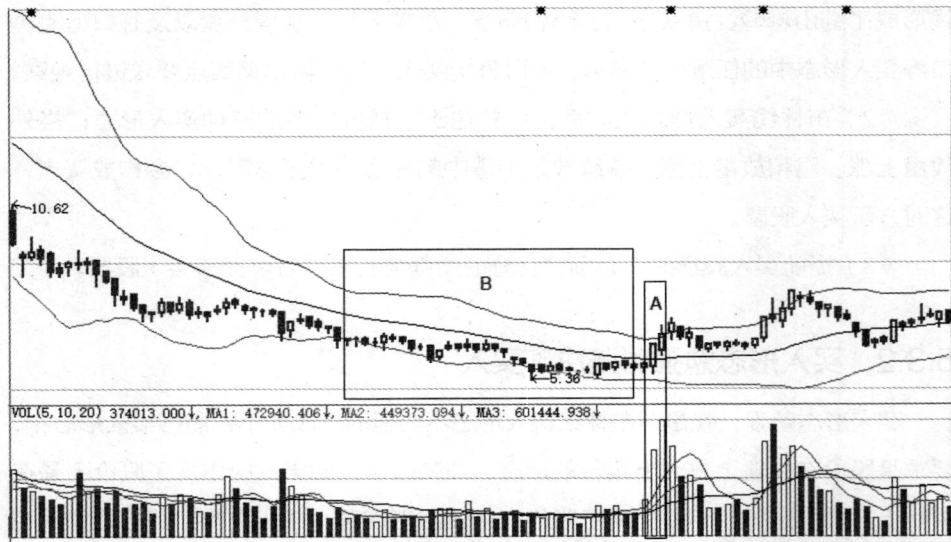

图 5-12　紫鑫药业－日线图

（2）没有严格按照选股要求选股，认为选股不重要，只是通过布林线指标直接观察是否形成了买入形态。这种情况出现在很多投资者身上，由于买入股票时只是通过布林线短期形态进行观察，所以很容易造成买入形态的不规范，形态似是而非，也就是买入形态勉强。一定要明白，选股就是通过布林线的方式筛选出那些短期上涨概率较大的股票，是为了日后的买入。所以，买入前必须经过严格地选股，然后再从目标股中寻找那些形成布林线买入形态的股票，这类买入形态的股票才更符合买入要求。这样选股后再选择买入形态的操作方式，才能规避买入形态不规范的情况发生。如图 5-13 中国海诚（002116），在 A 区域，股价突破中轨后于中轨上与上轨下之间持续向上运行，且量价表现为持续放量上涨，看似形成了小鸭潜行和买点要求，但事实上这种形态就属于勉强，因为这种按照买入形态买股的要求看似符合要求，但是并非在选股的基础上进行买入形态的判断，所以看似形成了符合小鸭潜行的买入形态，事实上却没有经过前期选股的过滤，也就是在买入形态形成时，前期股价一直处于明显的震荡下跌状态，所以 A 区域的波带收窄后出现的买入形态只是股价跌幅收窄的表现，并且量价形态中，量能与前期下跌时的量能水平比较，放大并不明显。所以此时的买入行为就属于形态不明显时的勉强操作，会导致其后的失败。

图 5-13　中国海诚 - 日线图

2. 克服买入形态勉强操作的方法

（1）要严格按照选股标准来选股，因为选股是用布林线的方法规避掉那些短线不容易出现快速上涨的股票，也就是为了其后的快速启动上涨时的买入形态做准备，所以只有那些符合选股要求的股票，才是后市出现快速启动概率较大的股票，这样在选股基础上的寻找布林线买入形态的行为，才更符合短线快速上涨的标准。

（2）认真学习布林线各种买入形态，并严格按照各种买入形态的形态要求来观察，只有那些完全符合某一买入形态要求的股票，才是最标准的买入形态，后市的上涨概率才会大，才不至于出现形态不符合买入形态的情况发生。

（3）选股和买入形态的判断只是买入股票前的两步准备工作，工作量较大，占用股票投资的大部分时间和精力，目的是完成其后的买入。所以，符合买入形态只是基础，还必须满足买点要求方可进行买入操作。

5.3.3　买点量能不明晰时不买入

买点不明晰，就是指买入形态形成后的量价齐升状态不明显，也就是格外放量上涨、温和放量上涨、持续放量上涨中的放量程度不明显。这种情况一旦出现，就表明虽然布林线买入形态符合要求，但是买入的资金量不支持其后的快速上涨，所以这种买点量能不明晰的买入形态的股票，同样不应买入。

1. 买点不明晰的具体表现

当布林线形成了买入形态后，买点不明晰的表现就是阳量的放大力度较小，主要表现为阳量柱的整体水平，与之前的量柱水平接近，或是略有放大，同时股价的上涨也会表现为持续小幅上涨。如图 5-14 湘潭电化（002125），股价在下跌后的弱势运行中，A 区域出现了布林线上轨、中轨、下轨向上运行的向上开口，形成了猛虎扑食的买入形态，观察买点的量价形态时发现，在 A 区域买入形态形成期间，均为阳量，看似阳量呈持续温和放量上涨的情况，符合买点要求。但与前期弱势运行的 A 区域量能比较之后就会发现，A 区域的整体量能并不大，只能看作持续小阳量的温和放大，虽然说明主力资金在持续流入，但并未说明已发动快速上涨，后期震仓、洗盘仍会出现，所以属于买点量能不明晰状态，不应买入股票。

图 5-14　湘潭电化 - 日线图

2. 买点形成时的正确量价形态

（1）正确的买点形成时的量价形态只有三种：格外放量上涨、温和放量上涨、持续放量上涨。

（2）在判断买点的量价形态时，无论哪种量价形态形成时，都不能只局限于买入形态形成期间的几根量柱观察，必须与之前的整理量能大小进行对比，方可确认买入形态期间的量价形态是否达到了三种放量上涨的状态。也就是说，买点形成时的量价形态中，量柱必须明显高于前期弱势状态的平均量能水平。

（3）在判断买点的量价形态时，量能水平的放大是一方面，另外还有股价的上涨程度，通常情况下，形成买点时的量能放大的同时，股价（K 线）上涨的力度也是较大的。但若是量能放得过大，如不能持续保持大量，同样意味着行情仍然只是震荡。

5.3.4　买股是在买入形态成立的基础上进行

我们在买股时，很多投资者的习惯是直接根据买入形态来判断买点，这种操作就等于直接跨过了选股这一道程序。所以这种直接根据买入形态和买点要求的买股行为虽然是正确的操作，但忽略了一个重要环节，无形中会加大买入股票的风险。因此，买股应在选股的基础上，寻找那些形成了买入形态的股票，符合买点要求时再买入。

1. 错误的买股方式

（1）根据买点形成时的量价形态直接买股。很多人买股之所以经常失败，就是只看股价涨跌时的量价，不参考布林线或其他指标，这样的买股行为是片面的，因为如果对量价关系研究得不够透彻，比如不与前期的量价形态进行比较，就很难判断出当前的量能水平，或是仅仅与近期的一两根量柱进行比较，这都是引发失败的原因。因为技术，尤其是布林线技术，都是往期数据平均后表现出的一些形态，没有技术指标参考的一切买入行为，都是盲目、不全面的，所以买股应在布林线买入形态成立的基础上进行。如图 5-15 银轮股份（002126），在 A 区域明显形成了两根 K 线和阳量柱的格外放量上涨形态，B 区域形成了三根 K 线和阳量柱的持续放量上涨，如果只根据这种量价形态买入了股票，则必然会出现失误，因为此期间并未形成布林线买入形态，布林线形态此时为波带较窄状态的水平小幅震荡，明显为震荡行情，是不宜操作的。

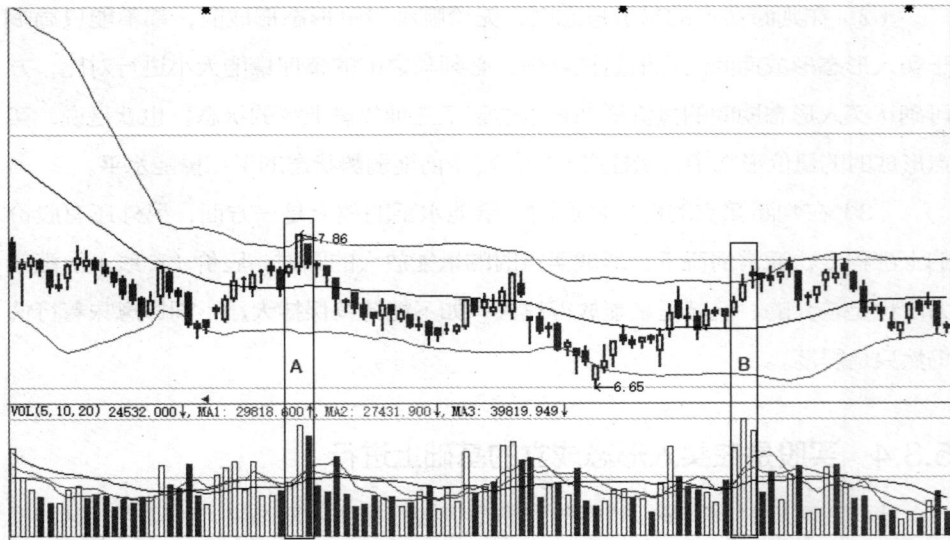

图 5-15　银轮股份－日线图

（2）忽略布林线选股形态和买入形态。忽略买入形态和选股形态，也是短线操盘者买入失败的原因之一，因为买股的顺序是选股、发现买入形态、符合买点要求这三个步骤，直接跳过前两个步骤的买股行为，会大大降低股价短线启动上涨的概率，所以买点必须是在买入形态形成的基础上进行，而买入形态必须是在选股的基础上进行，这样才能保证买点形成时股价的快速启动。如图 5-16 露天煤业（002128），在 A 区域，股价震荡上涨，成交量为较高水平的阳量大量，如果只看到了之前波带较窄的水平震荡，感觉符合了选股条件，就直接以量价形态买入股票的话，就忽略了买入形态是否成立，也不会发现 A 区域末端已出现上轨向下、下轨向上的紧缩状态，说明震荡行情依然在持续，买入后必然不会出现快速上涨。再如图 6-17 中环股份（002129），A 区域为"波带短期大幅收缩"，符合选股标准；B 区域出现股价在上轨附近震荡，上轨快速向上、下轨快速向下扩张的开口型喇叭口，形成买入形态；C 区域表现为股价突破上轨时的格外放量上涨，符合买点要求，这种操作方为正确的买股方式。

图 5-16　露天煤业 - 日线图

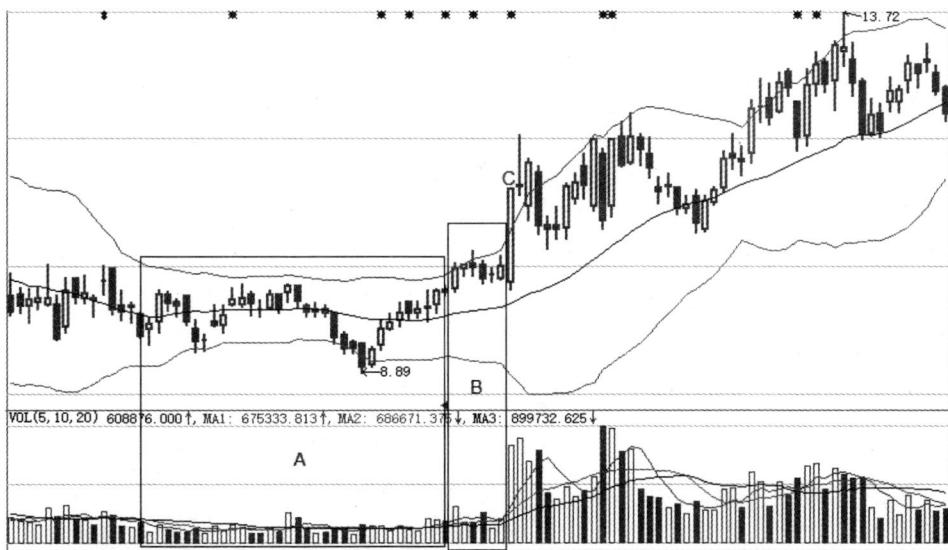

图 5-17　中环股份 - 日线图

2. 正确的买股方法

（1）第一步是选股。我们在买入一只股票前，首先必须按照选股标准进行选股，这样做就是为了将那些未来转强概率不大的股票去除，选出那些未来快速上涨潜力巨大的股票。

（2）第二步是寻找买入形态。在选好的股票中，要通过不停地观察来寻找那些符合买入形态要求的股票。所以，在完成选股后，看盘的内容不是看即时行情，而是按照各种买入形态的要求来选择符合买入形态的股票，将众多目标股的范围再次缩小，集中到几只股票上面。

（3）第三步才是买点判断。完成了选股时的寻找买入形态的股票后，才是按照相应的买入形态的买点要求来捕捉买入时机。此时，只有那些符合买点要求的股票，方可执行买入操作。如果符合买入形态和买点要求的股票较多，可选择其中放量上涨形态标准和明显的股票来操作，即使资金大，也应控制好买入的股票的种类、数量，不可过多，否则难以兼顾。

第6章

卖股：布林线卖出
形态及卖点判断

　　卖股在短线操盘中同样重要，如果你只会买而不会卖，同样是难以获得收益的。所以，一定要明白布林线卖出股票时的指标形态，以及量价卖点要求。但是，卖股与买股略有不同，这是由布林线的缺点造成的，所以学会卖出形态和卖点要求还不够，还要明白卖股时的四个注意事项，这样才不会卖早或卖迟，要卖在趋势转弱的最初，使投资收益最大化。

6.1 卖出形态

6.1.1 二进宫

二进宫，就是当股价在布林线上轨上方向上运行时，如果跌破了上轨，很快又回升到了上轨上方，但在上轨上短暂运行后，再次跌破了上轨。由于这种形态出现时，就像是一个刚刚从监狱中放出来的人，出现了二次违法犯罪被抓住后又一次进了监狱的情况，所以叫作二进宫。因为上轨对股价有着一定支撑，当股价二次跌破上轨后，才能够真正改变上轨的上行，所以二进宫是一种典型的趋势转弱的布林线卖出形态。

1. 形态要点

（1）在形态出现前，股价是处于上轨附近向上运行的强势形态，必须出现起码短时站在上轨上，然后明显跌破上轨，位于上轨与中轨之间运行，其后再次快速向上突破上轨，站在上轨上后，出现了第二次跌破上轨时，方可确认形态。如图 6-1 值得买（300785），在 D 段震荡上涨走势中，进入 A 区域，股价出现了首次向上突破上轨又跌破上轨的情况，其后的 B 区域，再次出现了股价向上突破上轨后又跌破上轨的情况，形成了股价二次跌破上轨的二进宫形态。

（2）股价在两次跌破上轨期间，不能间隔太久，否则非二进宫形态。如图 6-1 中 A 区域与 B 区域，股价在两次向上突破上轨后跌破上轨之间只间隔了三根 K 线，时间短，符合二进宫形态要求。

（3）二进宫形成后，判断卖点时，必须出现放量下跌、持续阴量下跌、放量滞涨三种量价形态时，方可确认。如图 6-1 中的 C 区域，股价在 A 区域和 B 区域形成了二进宫后，C 区域明显出现了放量滞涨，说明短期上涨受阻，应果断在 C 区域卖出股票。

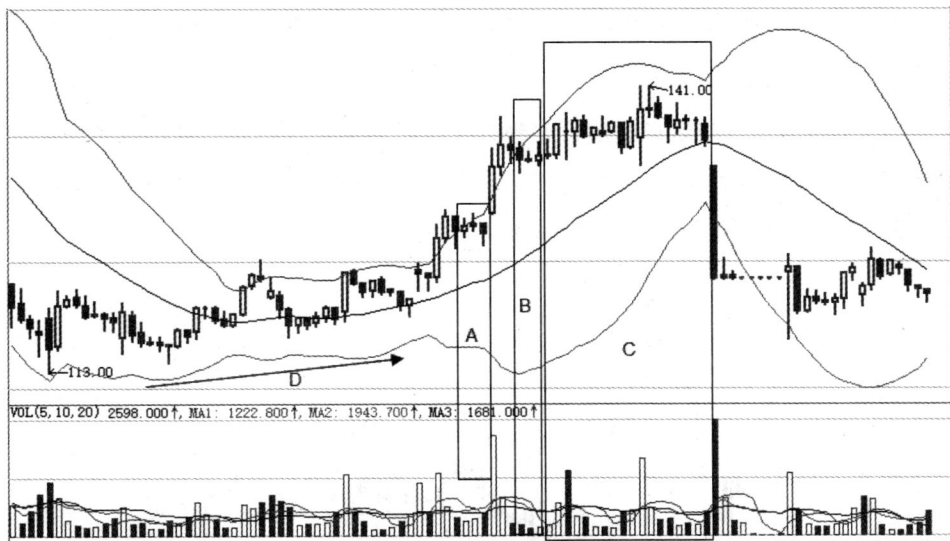

图 6-1　值得买 −30 分钟图

2. 注意事项

（1）二进宫通常出现在股价宽幅震荡中的上涨末端，或是短期股价快速上涨后的转跌时期，是股价短期见顶的信号，判断卖点时，应结合量价卖出形态来判断。

（2）长牛行情的股票，同样会经常出现二进宫，此时多为波段高点的出现，并不会影响中长期趋势的转弱，所以这种情况出现时，往往意味着股价出现了短期的调整。对这类股票，可采取大波段操作的小波段卖出策略，其后止跌回升时再买回股票。

（3）二进宫出现后，若是股价两次跌破上轨中间的时间间隔太久，则不能以卖出形态来对待，而应观察当时的布林线波带形态等来判断行情。

6.1.2　鱼沉水底

鱼沉水底，就是股价在上轨附近或上方运行时，当跌至上轨与中轨之间后，一旦出现阴量放大、股价跌破中轨，就说明短时中轨对股价的支撑变弱，所以会跌破中轨在中轨下寻找支撑，或整理。因此，一旦出现后，即表明股价的短期趋势已经变弱，所以是卖出股票的形态。由于这种形态出现时，就像是一条在浅水游动的鱼，突然感觉到水面附近不安全，而一头钻进了水底，所以叫作鱼沉水底。

1. 形态要点

（1）鱼沉水底出现前，股价必然处于一种强势上涨状态，并出现了短线的调整。如图 6-2 帝尔激光（300776），股价在 A 区域形成鱼沉水底前，表现为持续的震荡上涨，符合形态出现的要求。

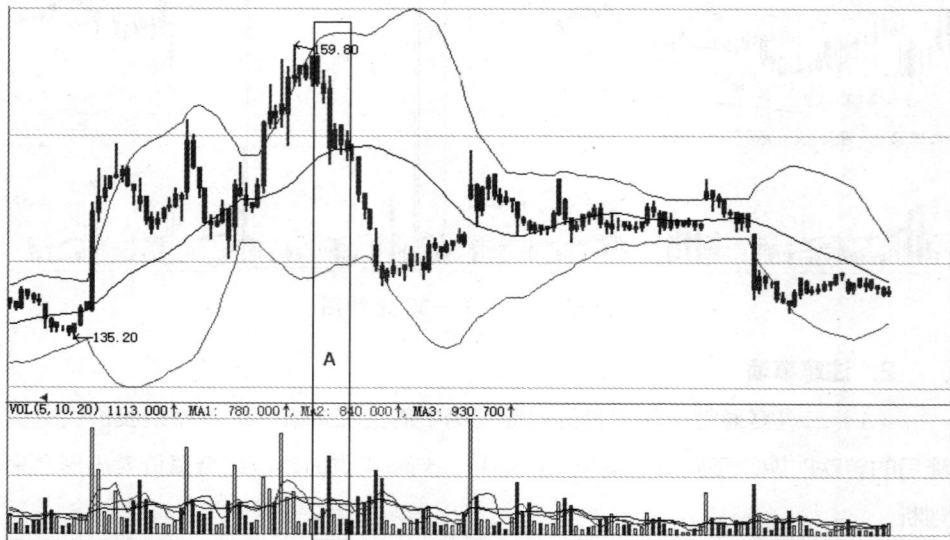

图 6-2　帝尔激光 -30 分钟图

（2）鱼沉水底形成时，股价在中轨上跌破中轨时，必须形成了明显的量价齐跌，K 线收盘在中轨下。如图 6-2 中 A 区域，鱼沉水底形成时，形成了明显的持续阴线阴量式的量价齐跌。

（3）鱼沉水底出现后判断卖点时，必须在股价跌破中轨后依然呈放量下跌状态时，方可卖出股票。如果是短周期图，必须在形态期间形成了至少三根阴量下跌时，方可确认。如图 6-2 中 A 区域，共有五根阴量阴线下跌，其中一根为明显的格外放量，且 A 区域后依然保持着这种阴量下跌，形成卖点，应果断卖出股票。

2. 注意事项

（1）鱼沉水底出现时，多数情况下是出现在布林线开口放大到无法继续扩张，形成收口型喇叭口初期时，往往上轨有迟缓的表现，只有下轨形成了快速上向收缩，所以通常会在收口型喇叭口形成初期时为辅助判断的一种提前卖出形态，尤其经常出现在以日线图操作时。

（2）鱼沉水底如果是出现在股价震荡上涨过程中，即使布林线波带开口的状态不明显，也是短线出现回调的象征，此时即使不卖出股票，也应时刻注意波带的变化，一旦形成了向下开口，就证明趋势已震荡转弱，应果断卖出股票。

（3）如果投资者观察的是短周期图，鱼沉水底出现时，必须在形态期间形成了至少三根阴量下跌，方可确认为卖出形态。

6.1.3　金牛低头

金牛低头，是指股价在上涨趋势中，布林线波带在不断向外扩张期间，一旦出现了上轨快速向内收缩，也就是上轨大角度向下运行，就像是一头上坡的金牛突然低下了头，所以叫金牛低头。这种形态出现时，说明上轨已无力支撑股价继续上涨，转为了下行，证明股价上方的压力突然变得极强，所以是短线卖出股票的时机。

1. 形态要点

（1）形态形成前，布林线波带必须处于持续向外扩张的状态，也就是上轨向上与下轨向上的状态在保持持续。如图 6-3 运达股份（300772），在 A 区域形成金牛低头之前的 B 区域，布林线上轨与下轨呈向外扩张状态，所以此期间就要时刻留意布林线形态了。

（2）形态出现时，往往上轨会出现明显的向下运行，此时观察下轨时会发现，下轨呈向上运行状态的向内紧缩，也就是波带中上轨与下轨的间距在明显变窄。如图 6-3 中 A 区域，布林线上轨明显出现了快速向下、下轨加速向上运行的波带向内紧缩的状态，波带明显变窄，符合金牛低头形态。

（3）在根据金牛低头判断卖点时，最明显的就是放量下跌，或是持续阴量下跌、放量滞涨，也就是卖出形态符合量价卖点要求时。如图 6-3 中 A 区域，形成了三根阴线和三根阴量柱的持续阴量下跌，所以构成买点，应及时卖出股票。

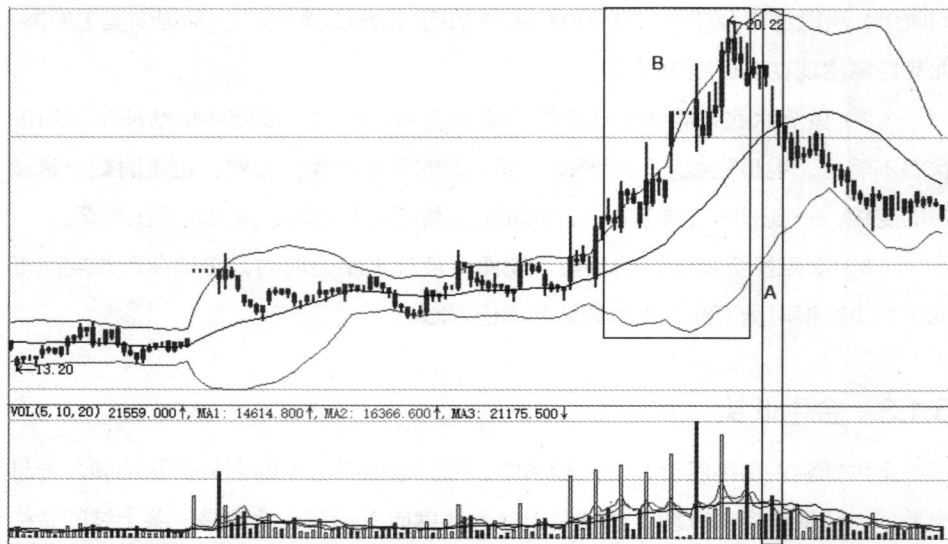

图 6-3　运达股份 -60 分钟图

2. 注意事项

（1）金牛低头出现前，布林线波带往往处于较宽的状态，如果是开口型喇叭口的上涨，形态形成时往往会形成快速下跌的收口型喇叭口。

（2）金牛低头形成时，如果此期间的波带张开程度并不大，说明这种波带紧缩的收口，只是上涨趋势中调整行情的开始，所以中长线投资者可忽略这种形态，但必须确保整个布林通道为明显的震荡上行状态时，方可继续持股。一旦股价跌破中轨期间，明显的持续放下跌时，短期仍然需要卖出回避，以免调整加剧后形成趋势的突然变弱。即使是中长线看好这只股票，也应先卖出，可在其后放量形成向上开口时，再买回来。

（3）如果金牛低头出现后，布林线波带呈明显的较窄状态的水平小幅震荡形态，通常会形成放量滞涨的量价形态，这时同样需要卖出股票，因这种波带水平小幅震荡的放量滞涨后，往往会形成向下开口式的下跌。

6.1.4　乌龟缩头

乌龟缩头，是指股价在明显的上涨趋势中，布林线波带在并不太宽的情况下，突然形成了向下收口，这说明阶段性高点已经到来，应及时卖出股票。由于这种形态的出现，就像是一只乌龟原本是向上伸出头的状态，却突然发现了某些异常，快速将头缩回了壳内，所以叫作乌龟缩头。

1. 形态要点

（1）乌龟缩头出现前，股价必须处于明显的上涨趋势。如图 6-4 智莱科技（300771）在 A 区域形成乌龟缩头前，股价一直处于快速上涨走势，这时就应关注布林线指标的变化了。

（2）乌龟缩头形成时，布林线波带向外的扩张程度并不大，也就是上轨与下轨向上开口的程度并不十分明显，形成了布林线上轨与中轨向下、下轨向上的向下收口，或是三轨向下的波带向内紧缩的向下收口。如图 6-4 中的 A 区域，布林线上轨明显出现大角度向下运行、下轨加速上行的波带向内紧缩的向下收口，所以符合乌龟缩头形态的要求。

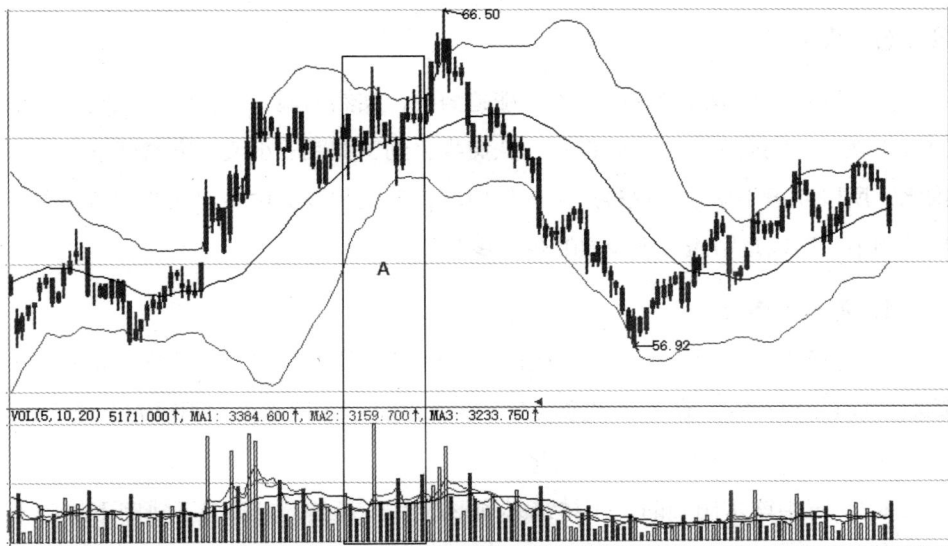

图 6-4　智莱科技 -60 分钟图

（3）根据乌龟缩头判断卖点时，必须形成量价齐跌的放量下跌、持续阴量下跌、放量滞涨三种形态中的任意一种时，方可卖出股票。如图 6-4 中 A 区域，布林线在形成乌龟缩头形态期间，量价形成了明显的高位放量滞涨，且成交量柱中阴量居多，所以应及时卖出股票。

2. 注意事项

（1）乌龟缩头出现时，多数时候股价会呈现出一种慢牛式的持续震荡上涨走势，或是高位滞涨的末端，是股价短期快速转跌的征兆，一经发现，即应短线快速卖出股票。

（2）如果股价是慢牛式的持续震荡上涨走势中出现的乌龟缩头，往往是阶段性高点形成时的征兆，其后即使中长期趋势依然保持上涨，也是调整的开始，所以短线上应回避，以防止中长期趋势的转弱，尤其是形成了布林线轨向下的乌龟缩头时。

（3）如果股价是高位放量滞涨形成的乌龟缩头，往往布林线波带会呈现较窄状态的高位水平小幅震荡，这时要时刻提防向下开口的形成，所以短期仍然以卖出股票的落袋为安为主来操作。

6.1.5 黄牛饮水

黄牛饮水，是指股价在明显的上涨趋势中，突然出现了布林线上轨向上、中轨与下轨向下的向下开口，就像是一头黄牛见到了脚底的小溪，突然低下了头去饮水，所以叫黄牛饮水。这种形态一旦出现，就说明股价短期向上的趋势出现了反转向下，所以是短线卖出股票的布林线形态。

1. 形态要点

（1）黄牛饮水形成前，股价往往会呈现出一段明显的上涨行情。如图 6-5 锦浪科技（300763），在 B 区域形成黄牛饮水之前的 A 段走势为明显的上涨行情，这时就要时刻注意布林线形态的变化了。

（2）黄牛饮水出现时，布林线必须形成上轨向上、中轨与下轨向下的向下开口，或是三轨向下的波带向外扩张的向下开口时，方可确认。如图 6-5 中 A 区域，布林线上轨出现快速向上、中轨与下轨呈快速向下的向下开口，形成了黄牛饮水。

（3）根据黄牛饮水判断卖点时，必须形成量价卖点的放量下跌、持续阴量下跌、放量滞涨三种情况中的任意一种时，方可卖出股票。如图 6-5 中 A 区域，布林线形成了黄牛饮水期间，成交量在保持当前量能较高水平下，出现了阴量格外放量的放量下跌，形成卖点，应果断卖出股票。

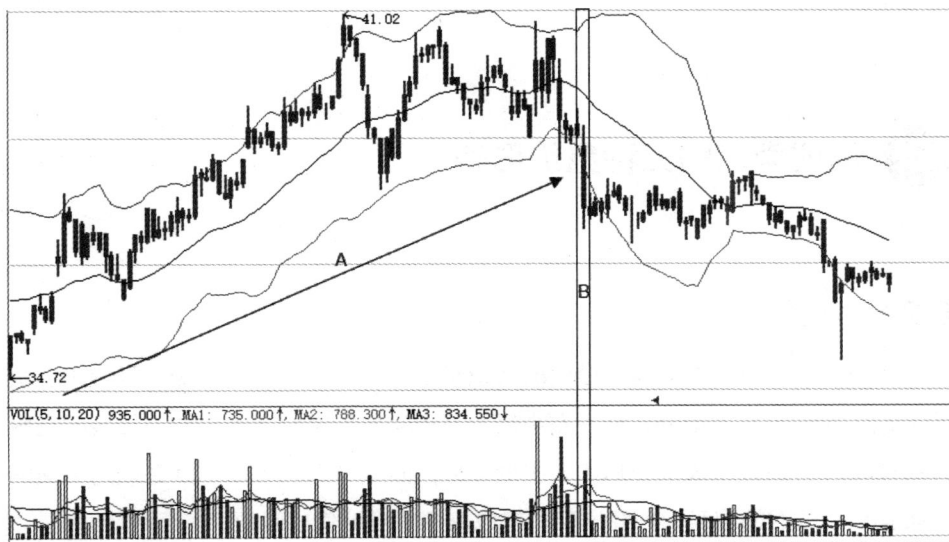

图 6-5　锦浪科技 −60 分钟图

2. 注意事项

（1）如果黄牛饮水出现时，布林线形成了上轨向上、中轨与下轨向下的向下开口，多数情况下，为股价高位滞涨形态下出现的突然向下破位，此时布林线波带通常会呈高位较窄状态的水平小幅震荡。

（2）如果股价在上涨趋势中出现的是三轨向下中的波带向外扩张的向下开口的黄牛饮水形态，往往是波带并不宽的情况下形成的突然转下行趋势。此时若是整个布林通道呈震荡上行的走势，往往是慢牛股调整的征兆，短线也应卖出回避，以免趋势的持续转弱带来的亏损，只有其后布林线再次转强，方可再买回来。

（3）在判断黄牛饮水形态时，关键是对两种布林线向下开口的判断：三轨向下的向下开口，或是上轨向上、中轨与下轨向下的向下开口。但如果转跌行情缓慢，往往上轨向上、中轨与下轨向下的向下开口中，中轨会呈现出平行略向下的状态。

6.2 形成卖点的三种量价形态

6.2.1 放量下跌

放量下跌，是指成交量为绿色的阴量状态，量柱突然变得很长，股价出现快速下跌。这种形态是量价齐跌状态中最为严重的一种量价齐跌形态，代表的是股价短期快速转弱。在根据布林线卖出形态来判断卖点时，放量下跌是最为经典的一类卖点形成时的信号，一经出现，就应毫不犹豫地卖出股票。

1. 形态要点

（1）成交量为绿色的阴量柱，阴量柱的长度要明显比之前的量柱高时，股价阴线下跌才能形成放量下跌状态。如图 6-6 康龙化成（300759），在 A 区域，右侧绿色的阴量柱明显要高于左侧的阳量柱，形成了放量下跌。

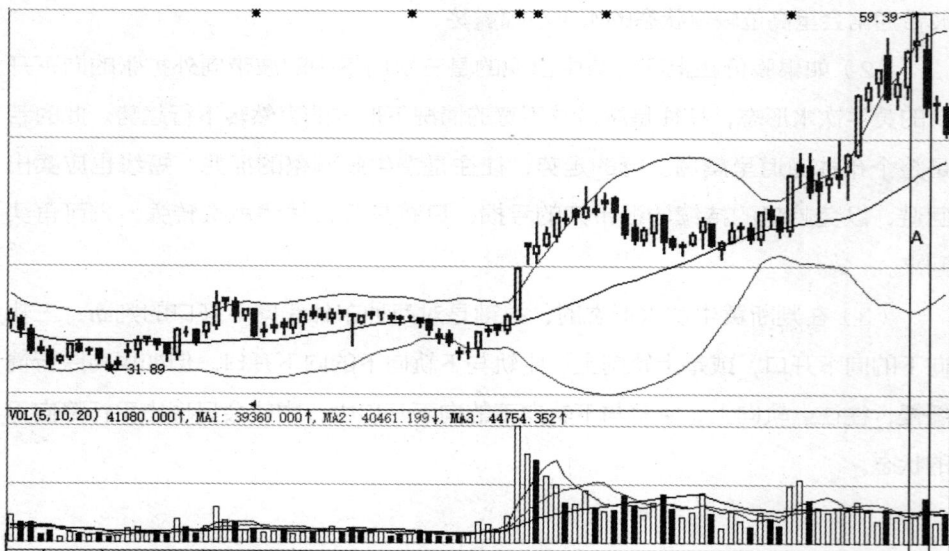

图 6-6　康龙化成－日线图

（2）股价处于明显的阴线下跌，或是上影线极长的阴线下跌。如图 6-6 中

A 区域右侧阴量放大时，K 线表现为一根较长的阴线，所以为放量下跌。

（3）放量下跌形成卖点时，必须是当前的整体水平为较高水平的量能情况下，出现明显的阴量放大状态时，股价快速下跌，才能形成卖点。如图 6-6 中 A 区域，当前整体的量能柱明显要高于之前弱势震荡时的量能，为当前较高水平的量能，所以为短线转跌时放量下跌的卖点。

2．注意事项

（1）在判断放量下跌时，只要成交量柱表现为明显高于之前的上涨阳量的水平时，股价即会下跌。但只有股价在上涨趋势中的高位区形成了明显的放量下跌时，方是卖出股票的最佳时机。

（2）在根据放量下跌判断卖点时，即使布林线未形成卖出形态，只要股价在高位区出现了明显的单根阴线阴量下跌时的阴量柱格外放量，即可卖出股票。

（3）在利用短周期图交易时，除非放量下跌中出现了格外阴量放大，否则就只有这种放量下跌持续至少大量状态的 3 根阴量柱阴线下跌时，才能构成卖点，如 5 分钟图。但如果是在布林线卖出形态形成期间，若放量下跌时股价跌破了中轨，就应果断卖出股票了。

6.2.2　持续阴量下跌

持续阴量下跌，是指股价在持续下跌过程中，持续出现了绿色的阴量柱。这种形态形成属于一种累积的阴量下跌，如果将这种持续阴量下跌的量与价累积起来的话，同样是一种放量下跌的拉长形态，因此也是判断卖点时一种重要的量价形态。

1．形态要点

（1）股价形成持续阴量下跌时，至少要有两根阴线和两根阴量柱，方可确定为持续阴量下跌。如图 6-7 中山金马（300756），在 A 区域，连续出现两根中阴线下跌和阴量柱，形成持续阴量下跌。

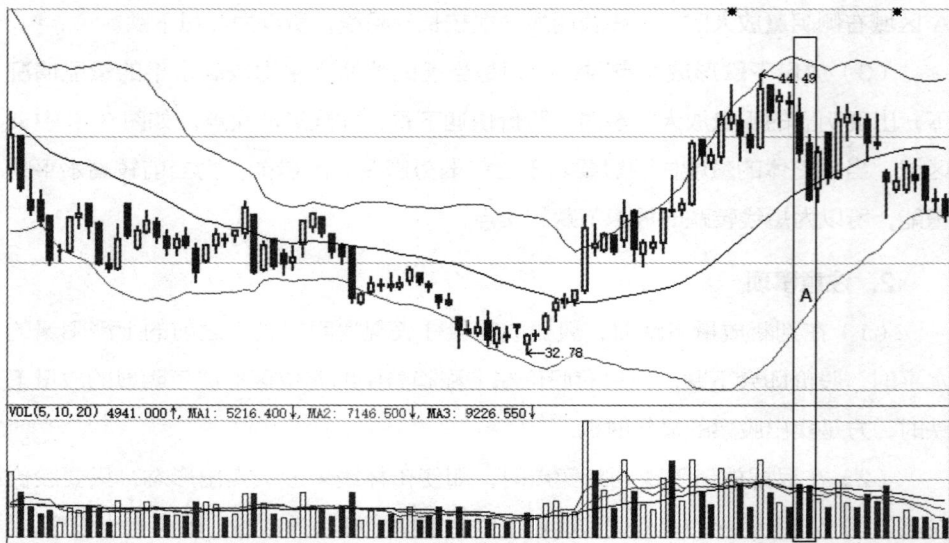

图 6-7　中山金马 – 日线图

（2）如果持续阴量下跌成为卖点，必须是在上涨过程中的高位，绝大多数情况下，布林线必须形成卖出形态时，持续阴量下跌才会构成卖点。如图 6-7 中 A 区域之前，股价出现了短期持续上涨，且 A 区域形成了明显的上轨快速向下、下轨快速向上的收口型喇叭口卖出形态，所以 A 区域的持续阴量下跌可确认为卖点。

（3）在利用持续阴量下跌判断卖点时，如果是日线图为主的操作，持续阴量下跌必须至少为两根量能水平较高状态下的持续阴量阴线下跌，方可确认为卖点。如果是其他短周期图，必须有至少三根持续阴量下跌，方可确认为卖点。如图 6-7 为日线图，A 区域形成收口型喇叭口的持续阴量下跌有两根阴线和阳量柱，所以可以确认为卖点。而图 6-8 华致酒行（300755）为 60 分钟图，在 A 区域出现收口型喇叭口时，出现了四根阴线和四根阴量柱的持续阴量下跌，超过了三根，所以同样可确认为卖点。

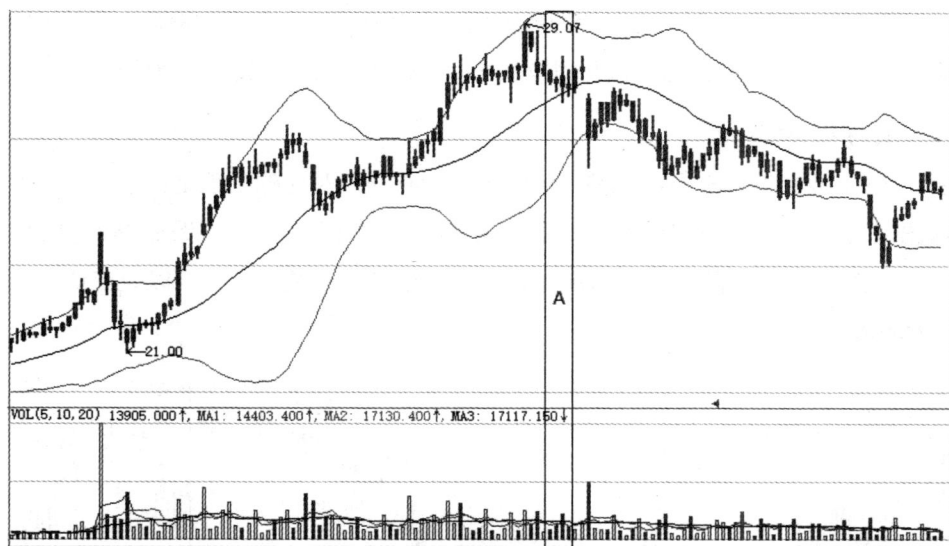

图 6-8　华致酒行 −60 分钟图

2. 注意事项

（1）持续阴量下跌形成卖点时，必须是股价在上涨趋势中的高位区出现时，方为趋势转跌时的卖点，如果股价下跌中的阴量呈缩量状态，股价下跌幅度又不大时，往往为盘中的震荡，这时即使形成了不明显的收口，也不能确认为卖点，只是盘中的短时震荡走弱，但如果持续时间较长，应果断卖出股票。

（2）如果持续阴量下跌出现时，阴量虽然在当前较高水平下，放量不明显，甚至是形成了小幅缩量时，只要股价此期间跌破了中轨，依然呈阴量下跌状态，即应果断卖出股票。这一点，无论哪个周期图，同样适用。

（3）如果是观察的 5 分钟或 15 分钟等短周期图时，一旦持续两根阴量下跌，若是再次转为放量上涨时，说明只是短线的震荡，此时应继续持股。直到涨势终止，布林线卖出形态依然不明显时，此次股价的止跌回升过程中，若是股价未刷新前期高点，方证明趋势已转弱，应果断卖出股票。

6.2.3　放量滞涨

放量滞涨，是指股价在上涨过程中的高位区，当量能水平出现了持续放大后，在高量水平下，股价出现了震荡滞涨，成交量或阴或阳保持着持续大量的状态。

这种形态的出现，说明主力资金为维持股价在高位区而大举卖出股票，所以才导致了股价在高位区的滞涨，因此同样是一种形成卖点时卖出股票的量价形态。

1. 形态要点

（1）放量滞涨形态出现前，股价通常会有一段明显的上涨走势，是在高位区出现的量能保持当前大量状态的股价震荡滞涨。如图 6-9 华宝股份（300741），在 A 区域形成收口的放量滞涨前，有过 B 段走势的持续上涨，所以应密切关注布林线及量价状态。

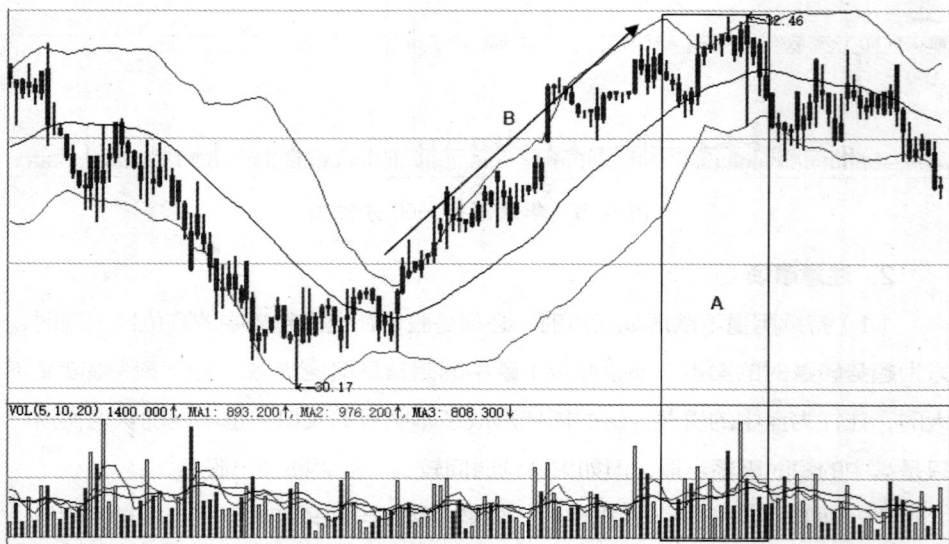

图 6-9　华宝股份 -30 分钟图

（2）放量滞涨出现时，布林线波带往往形成了卖出形态，或是卖出形态不明显时，布林线状态为开口较大状态。如图 6-9 中，布林线波段形成了明显的收口及波带较窄的小幅震荡，所以应及时观察量价是否形成了卖点。

（3）放量滞涨形成卖点时，往往是股价在短期大幅上涨后于高位区出现，此时即使未形成布林线卖出形态，只要观察下轨出现了明显的持续上行的向内紧缩，波带宽度变窄即可确认。如图 6-9 中左侧，上轨明显出现快速向下、下轨也出现加速上行，波带呈向内紧缩的收口形态，股价出现了小幅持续震荡，成交量却总体保持在当前较高水平的放量滞涨形态，所以 A 区域为卖点。

2. 注意事项

（1）放量滞涨形态只有出现在股价高位区时，才会形成卖点时的量价状态，其后股价可能会出现小幅的震荡再走高，但往往是短期震荡的结果，这也就意味着，放量滞涨只是股价趋势转跌前的一种量价分歧信号，大多数情况下，未来股价转跌的概率极高，但不排除其后股价继续重拾升势的可能。

（2）放量滞涨形态形成卖点时，往往是收口型喇叭口即将形成的一种状态，也就是收口型喇叭口形态形成时上轨向下紧缩尚不明显时，所以往往是收口型喇叭口提前卖出股票的一种量价卖点。

（3）要确保放量滞涨为卖点时，除了要确保量能为当前较高水平的情况外，若在短期大幅上涨后出现，其后股价转跌的概率越高。如果布林线波带出现收窄，呈水平震荡，则意味着高位震荡调整的开始，所以卖出股票后不可再短期买回来。

6.3 四个注意事项

6.3.1 卖出形态勉强时不操作

卖出形态勉强，是指布林线卖出形态形成时，上轨只出现了轻微的向内收缩，而并没有出现波带向内的快速收缩。这种情况的出现，说明上涨趋势依然在持续，只不过加速上涨的趋势出现了略微的缓和，也就是涨幅出现了缩小甚至是盘中的小幅震荡，所以卖出形态勉强时，应保持继续持股，而不应卖出股票。

1. 卖出形态勉强的具体表现

（1）布林线上轨未出现快速的转向下的开口，或向内紧缩形成的收口。

（2）波带的宽度并不太宽的情况下，上轨与下轨表现为波浪式的小幅震荡。

（3）股价依然在上轨与中轨之间运行，只是由极强状态的股价转为于上轨上或上轨附近的小幅回落。

如图 6-10 科顺股份（300737），在 A 区域，虽然布林线上轨出现向下运行，下轨出现加速上行，看起来似乎形成了开口，但事实上上轨下行的角度并不大，且波带并不太宽，尤其是上轨明显呈波浪式的向上震荡状态，很快上轨恢复了继续上行，并且股价也一直是处于上轨附近震荡上行，只不过出现了短时的向下方中轨附近的回落，所以可确认此时的布林线卖出形态尚未形成，如果卖出股票即为过早的勉强操作。

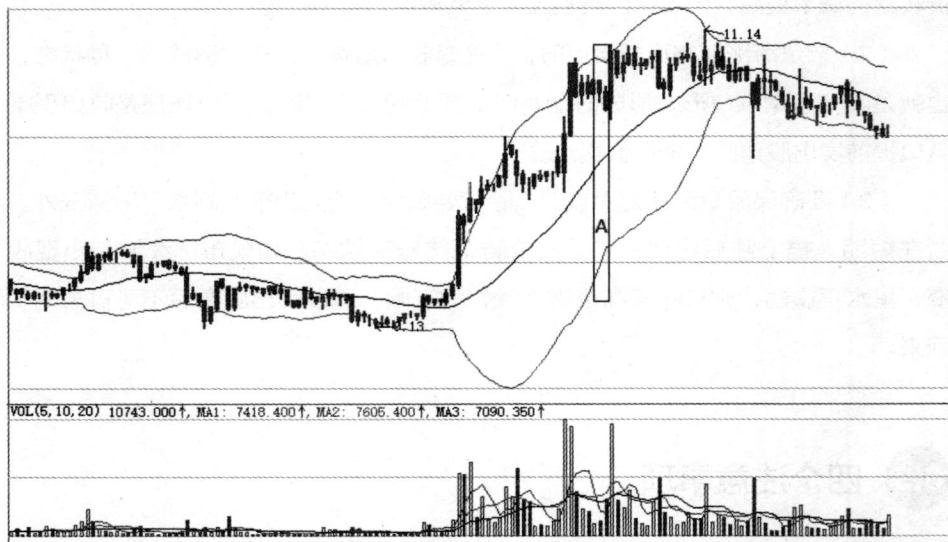

图 6-10　科顺股份 -30 分钟图

2. 注意事项

（1）卖出形态勉强，是指布林线波带尚未形成卖出形态，或是股价的强势特征尚未出现明显走弱。卖出形态勉强的股票，只是盘中股价上涨速度的渐缓，而不是上涨趋势已经终结，所以应继续持股。

（2）当布林线卖出形态勉强时，不仅要观察波带的形态是否勉强，还要观察 K 线在布林线三轨中的位置，来进行确认是否卖出形态勉强。

（3）当布林线卖出形态勉强时，股价弱势不明显，表现为依然保持在上轨附近或中轨上、上轨上的靠近上轨的位置，且整个中轨的方向依然是向上运行的。

6.3.2　卖点不明显时继续持股

卖点不明显，是指当布林线卖出形态形成后，量价形态形成的卖点却没有出现明显的放量下跌、持续阴量下跌或是放量滞涨的情况。这也就意味着，当布林线卖出形态形成时，量价的表现没有形成明显的卖出筹码远远大于买入的情况。就说明量价不配合布林线卖出形态，未能造成股价短期的由强转弱。这种时候就不应卖出股票，要保持继续持股不动。

1. 卖点不明显的具体情况

（1）当布林线卖出形态形成出现放量下跌时，阴量放大迹象并不明显，只出现了小幅的量能放大，整体的阴量程度不是当前较高的量能水平，比如阳量大幅缩减后的小幅阴量放量甚至是缩量，这时应继续持股观望，只有格外阴量放大，或是持续大量阴量放量下跌，才会形成卖点，否则只能以上涨中继中的震荡对待。如图 6-11 盛天网络（300494）在 A 区域形成了一个收口型喇叭口，但此期间股价阴线下跌的幅度并不大，持续三个交易日中的阴量呈现缩量，所以为卖出形态出现后的卖点不明显，此时不应卖出股票。

图 6-11　盛天网络 – 日线图

（2）当布林线卖出形态形成出现持续阴量下跌时，如果持续出现的阴量下跌中阴量的量能水平过小，也就是阴量柱在极短情况下出现的持续阴量下跌。就会形成一种缩量调整的状态，并不能确认趋势转弱，应持续持股。只有小阴量持续出现放大，或是格外放大时，才能构成卖点。如图 6-12 华信新材（300717），持续上涨中在 A 区域形成了一个明显的布林线收口，而 A 区域下方 B 区域虽然为持续阴量，但整体量能极小，这种情况不能确认为卖点，而是上涨趋势中的短期调整行情，应继续持股。

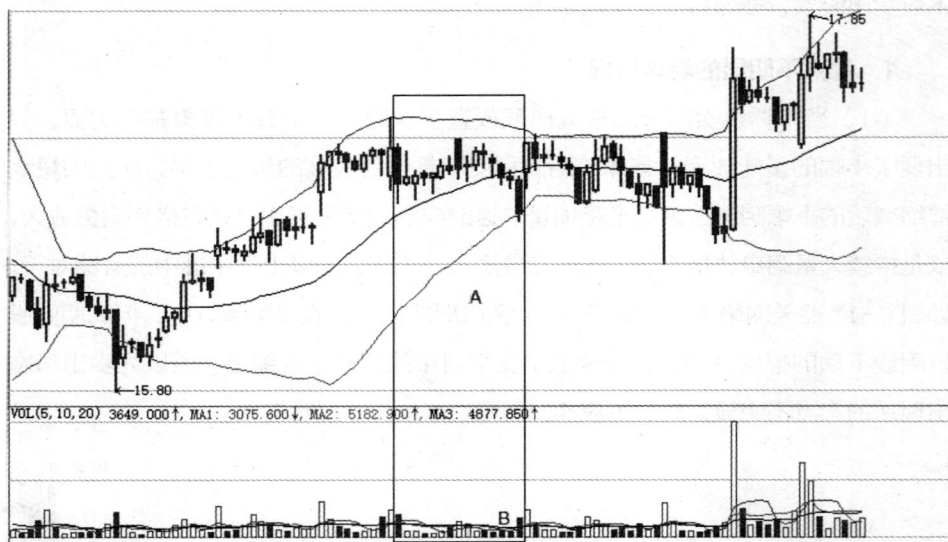

图 6-12　华信新材 -30 分钟图

（3）当布林线卖出形态形成出现放量滞涨时，如果量能放大不明显，也就是股价在滞涨期间的整体量能水平并非近期较高水平，而是量能在此期间出现了明显缩减，这往往说明只是快速上涨的幅度出现了渐缓，应继续持股。如图 6-13 兆丰股份（300695），在上涨趋势的 B 区域形成了一个收口型喇叭口，其后的 B 区域波带出现较窄状态的水平震荡，股价小幅震荡滞涨，A 区域对应的下方 C 区域的成交量看似形成了放量，但整体量能并不高，远低于 B 区域前股价上涨的量能水平。这种放量滞涨虽然出现在股价高位区，布林线形成了卖出形态，且量能在 C 区域呈现出持续放量后的大举缩量，但属于放量滞涨不明显的量价卖点，只是盘中的中继震荡调整，应继续持股。

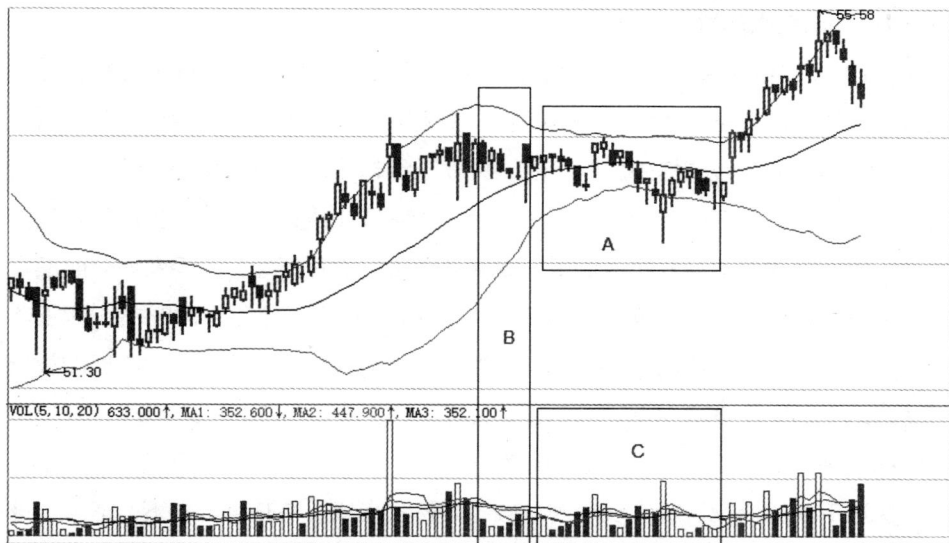

图 6-13　兆丰股份 -30 分钟图

2. 注意事项

（1）卖点不明显，主要是放量下跌、持续阴量下跌、放量滞涨三种量价卖点形态形成时形态不明显，这种情况多数只是说明上涨行情出现了渐缓，而非短期趋势发生了快速向下的变化，所以应继续持股。

（2）当布林线形成了卖出形态时，如果卖点不明显，就说明并没有形成卖点，布林线的卖出形态的变化只是轻微的，其后会很快恢复上涨状态的布林线形态。

（3）当一只股票表现为波带较窄状态的震荡向上的长牛或慢牛走势时，这种布林线卖出形态的卖点不明显最容易出现，此时观察是否形成趋势反转的方法，就是观察整个布林线波带向上震荡上行的趋势，很容易就可以判断出来。

6.3.3　提前卖出必须符合要求

提前卖出股票，是趋势突然快速转跌时的一种特殊情况，由于操作的 K 线图周期不同，所以提前卖出股票的方法也不尽相同。因此，在提前卖出股票时，应注意具体操作股票的周期图，然后按照要求提前卖出，否则就应继续持股。

1. 提前卖出的具体要求

（1）在日线图和分时图操盘时，当日线在形成布林线卖出形态之初，比如上轨突然转平行或是上轨加速向上的收口型喇叭口向内缩之初，量价一旦在日线上出现大阴量大阴线的格外放量下跌，只要这种趋势在收盘前持续，就应提前卖出。或是分时图上形成了明显的区间放量式的股价线快速下跌时，也应提前卖出股票，如区间放量的高开快速低走，或平开低走、低开低走，只要发现分时图上的放量下跌格外明显就应提前卖出股票。如图 6-14 澄天伟业（300689），上轨尚未出现平行，但下轨出现了继续向下扩张的小幅内缩，量价表现为明显的放量下跌，这时就应观察 A 区域的分时图，即图 6-15 澄天伟业 2019 年 9 月 16 日的分时图，来确定是否提前卖出。通过对图 6-15 的观察，A 区域明显出现大幅高开后快速下跌的情况，股价线瞬间跌破了昨日收盘线，在开盘价之下，形成了区间放量，所以应提前卖出股票，而不要等待图 6-14 中形成了明显的布林线卖出形态后再卖出了。

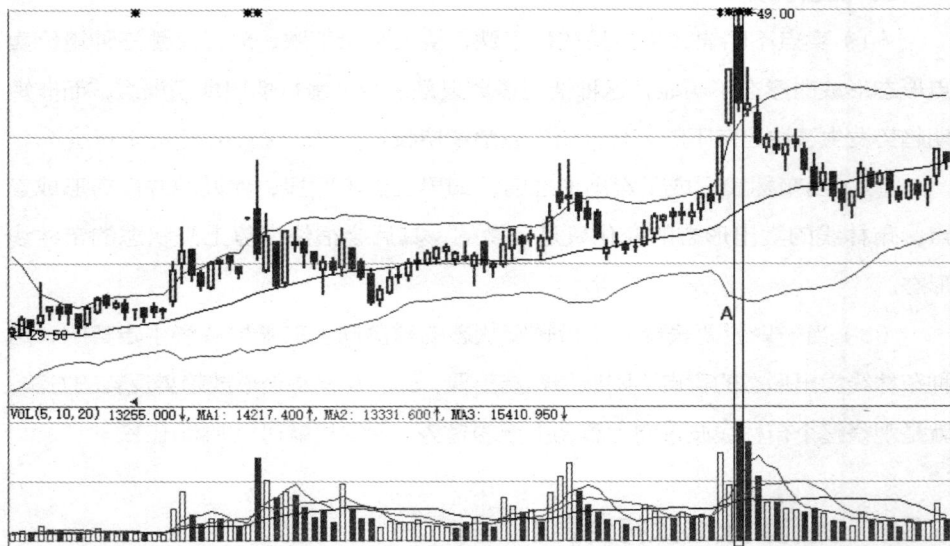

图 6-14　澄天伟业 - 日线图

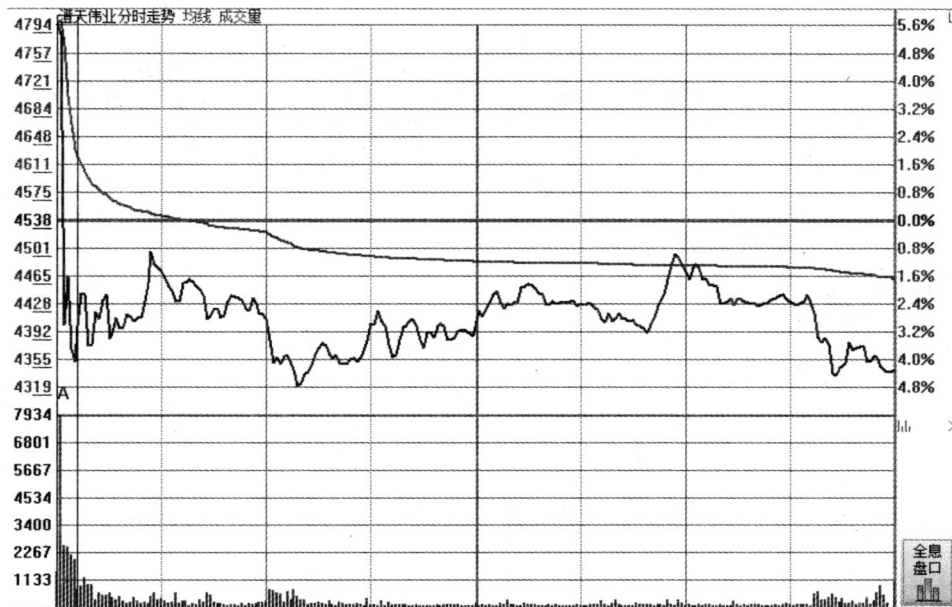

图 6-15　澄天伟业 -2019 年 9 月 16 日分时图

（2）短周期图上，如果形成了布林线卖出形态之初时，要求放量下跌、放量滞涨，至少要有三根或三根以上的持续阴量下跌，才是形成了卖点。但如果是持续阴量下跌，阴量相对较大；或是放量下跌中出现阴量格外放大，形成大量阴量；或是放量滞涨期间，明显大阴量柱出现较多，股价在震荡滞涨中有偏向下的趋向。只要出现以上三种情况中的任意一种，就可以提前卖出股票。如图 6-16 盛弘股份（300693），在 A 区域，布林线波带在极度向外扩张的情况下，上轨尚未转向，只是下轨出现了明显的向上加速运行，也就是即将形成收口型喇叭口，但量能表现为三根阴线的持续明显放量下跌，这时同样应提前卖出股票，而不用等到收口型喇叭口完全形成时再卖出。

（3）布林线卖出形态形成初期，如果股价在放量下跌、放量滞涨、持续阴量下跌的过程中，带量跌破了中轨后，依然保持着这种阴量下跌时，即可提前卖出股票。如图 6-17 艾德生物（300685），在上涨趋势的 A 区域，布林线形成了上轨上行、下轨上行的收口型喇叭口初期形态，K 线表现为阴线持续下跌，量柱表现为持续格外放量的阴量，所以，应在 B 区域，即 A 区域第二根阴线跌破中轨时依然放量下跌时提早卖出股票，而不用等到收口型喇叭口明确形成时再卖出。

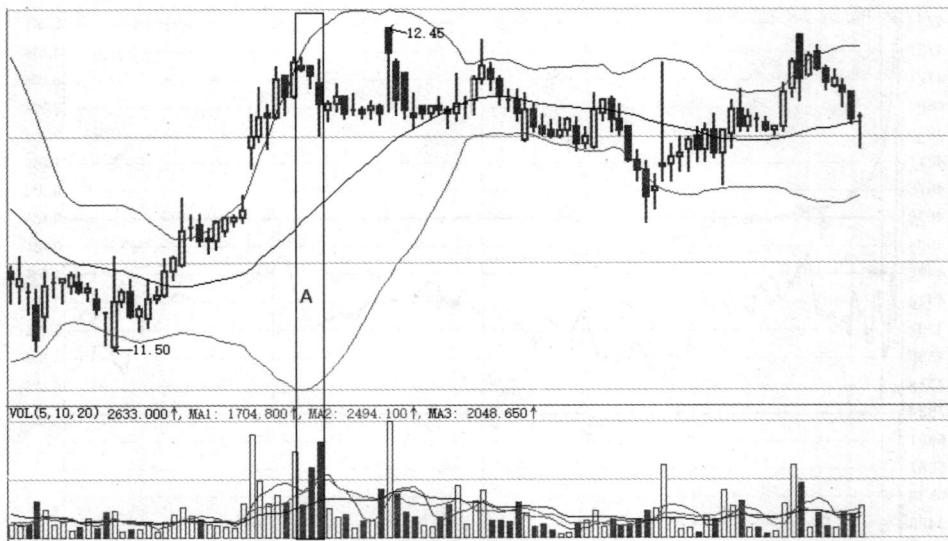

图 6-16　盛弘股份 -30 分钟图

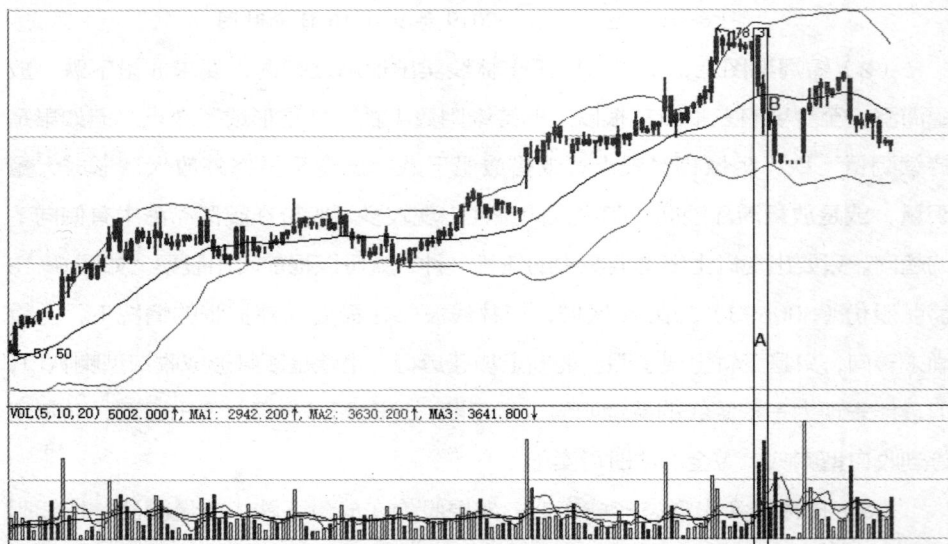

图 6-17　艾德生物 -30 分钟图

2. 注意事项

（1）卖出股票时，多数情况是布林线上轨与下轨在向外极度扩张的情况下，喇叭口卖出形态不明显时，甚至是形成初期，只是出现了上轨平行或是下轨的向内紧缩，如果量价达到了明显的卖点要求，即应提前卖出股票。

（2）在提前卖出股票时，只有放量下跌或持续阴量下跌中阴量放大迹象明显，股价持续下跌，或跌破中轨时，才是提前卖出的时机。

（3）如果是在根据日线图加分时图的操作中，只要布林线在上轨与下轨向外极度扩张中形成了日线图放量下跌，分时图出现明显的区间放量中的极弱形态，即股价线跌破开盘价和昨日收盘价，哪怕日线上股价仍然未跌破上轨，也应提前卖出。

6.3.4　卖出后短期不可再买回

卖出后短期不可再买回，是指投资者在根据布林线卖出形态期间形成卖点时卖出了股票后，短期内就不要再买回这只股票了。这是短线操盘中一条重要的纪律，但具体到实际情况时，这种卖出股票有着多种情况，必须事先了解这些卖出情况，才能更为准确地了解卖出后短期不可再买回的规定。

1. 卖出后短期不可再买回的具体情况

（1）形态判断错误，或是卖点出现不明显时，错误地提前卖出了股票。出现这种情况是正常的，尤其是初学者经常出现，但卖早了并不可怕，可怕的是又及时买了回来。因为这样操作是最容易造成亏损的，主要是成本高了，再有就是卖出股票时必然出现了短线的波动，才会形成似是而非的卖出形态或卖点，但既然是获利卖出了，就没必要在高位接盘。如图 6-18 延江股份（300658），如果是在 A 区域的开口型喇叭口买入了股票，在其后的 B 区域出现了上轨向下、下轨向上的收口型喇叭口，但 B 区域右侧的持续阴量下跌中阴量放大不明显，这说明只是盘中的震荡，卖点不明显。如果投资者在确认阴量持续下跌中的收口型喇叭口后，错误地忽略了卖点形成时的持续阴量下跌形态不明显，即卖出了股票，那么其后短期内就不要再买回这只股票了，因其已经历了 A 区域到 B 区域的持续上涨，其后的买入风险会相对高，只有再次形成了明显的开口型喇叭口时，方可在确认买点后买入，否则就不应再买回。

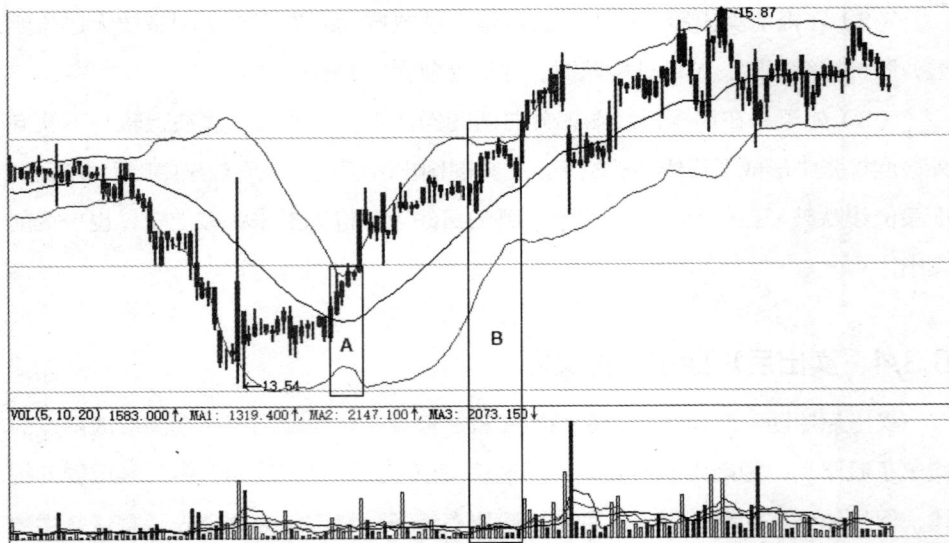

图 6-18　延江股份 -30 分钟图

（2）卖出形态明显，卖点明晰后卖出了股票，一旦发现在卖出后股价出现了震荡回升，也是最容易引发投资者再买回股票的原因和情形。这种情况大多出现在根据布林线卖出形态期间形成了量价的放量滞涨卖点，或高位波带较窄状态的震荡滞涨时，是股价短期震荡走高的表现。因为此期间是主力资金出货时期，所以股价最容易出现反复，以吸引短线跟风资金的高位接盘，所以卖出后千万不可再买回。如图 6-19 朗新科技（300682），在上涨趋势中进入 A 区域，布林线形成了明显的收口型喇叭口，A 区域下方 B 区域的成交量区域，显示为一根格外放大的阴量柱，并持续阴量，股价持续下跌，形成了明显的卖点。如果投资者此时卖出了股票，却发现 A 区域后布林线又呈现出三轨向上的强势，股价震荡上涨时，短期内就不要再买回这只股票了，因为股价已实现了短期的大幅上涨，此时的卖出已实现较大幅度的获利。这种情况的出现，很多时候都是高位放量滞涨中一种略偏强的走势，但维持的时间往往不长，其后的涨幅也较小，也就是买入的风险相对较高。

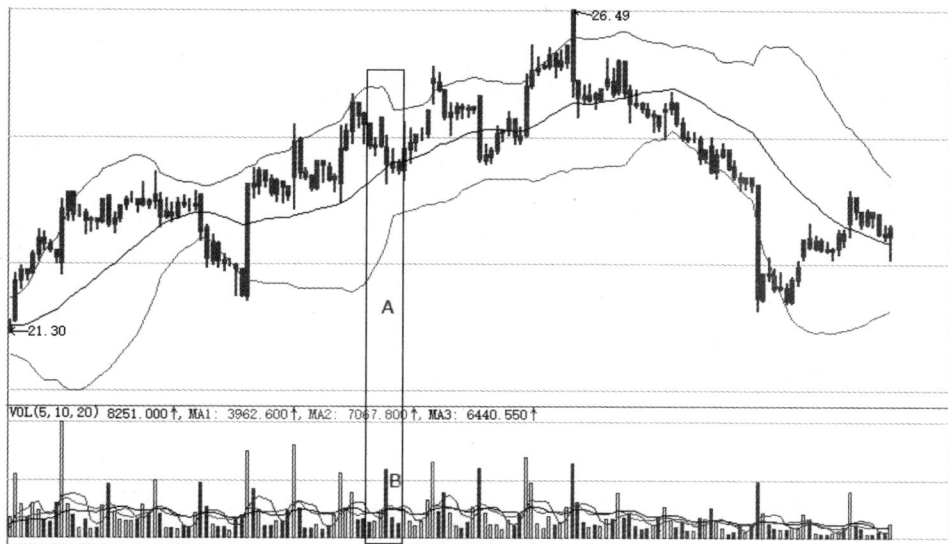

图 6-19　朗新科技 -30 分钟图

2. 注意事项

（1）如果投资者是在布林线卖出形态和卖点明晰的情况下卖出了股票，哪怕是其后股价出现了震荡走强，也不要再买回来了。因为这种情况往往是股价在高位区震荡滞涨中震荡加剧的结果，其涨幅往往不会太大。

（2）只有在布林线卖出形态及卖点明晰后卖出了股票时，布林线波带并未表现为喇叭口极度扩张的情况下，股价在高位震荡滞涨中波带处于较窄状态的小幅水平震荡或略向上震荡，再次形成了明显的向上开口或开口型喇叭口时，方可再买回股票。这种情况的出现，往往说明这只股票是一只长牛股。

（3）初学者由于对布林线买入与卖出的形态不够熟悉，经验又缺乏，所以即使是卖出时判断失误了，也不要再买回来，可操作其他短线启涨形态的股票，慢慢熟悉操盘技巧后，方可根据当时的强势特征，卖出后再进行买回操作。

（4）如果是布林线上轨与下轨在极度向外扩张时形成了卖点不明晰的放量下跌卖点，卖出后坚决不能短线再买回来。因即使这只股票再强，也必须在经历了短期的快速上涨后进行充分的调整，才会发动上涨。这是长牛股阶段性上涨中表现出来的一条规律。

第7章

喇叭口：暴涨暴跌的布林线特殊形态

喇叭口是布林线指标所特有的一种形态，当股价短期出现暴涨或暴跌时，会形成明显的喇叭口形态，所以在利用布林短线操盘时，有效识别出三种喇叭口形态，也就等于掌握了短期如何选择具有暴涨潜力股的方法，以及准确捕捉股价暴涨和暴跌的时机。

7.1 喇叭口种类

7.1.1 开口型喇叭口

当股价在长期弱势运行中，布林线波带收缩到极窄状态时，上轨突然快速向上运行，下轨快速向下运行，波带形成了一个向外极度扩张的形似喇叭口的形态，就形成了向上高度张开的开口型喇叭口。开口型喇叭的出现，意味着弱势行情出现了快速启动上涨，是短线操盘中捕捉短线牛股的买入形态。

1. 形态要点

（1）开口型喇叭口出现前，股价往往有过明显的弱势下跌，且布林线波带处于较窄状态的水平小幅震荡。如图 7-1 华大基因（300676），在 B 区域出现开口型喇叭口前，股价经过了 A 区域长期的弱势震荡。

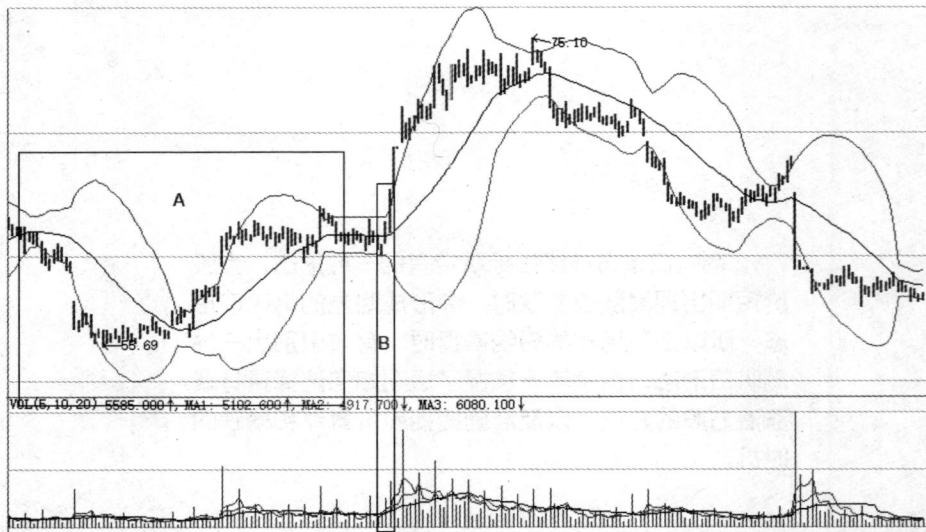

图 7-1　华大基因 -60 分钟图

（2）开口型喇叭口形成时，上轨会出现明显的大角度向上运行，下轨会出现明显的大角度向下运行，中轨起码呈平行略向上运行，或是向上运行。如图 7-1 中的 B 区域，开口型喇叭口形成时，上轨向上与下轨向下明显以 70° 左右的角度向外扩张，所以可确认为短线较为强势的开口型喇叭口形态。

（3）开口型喇叭口形成突然启动上涨时，股价必须起码向上突破了中轨，且中轨呈平行略向上或明显向上的迹象。如图 7-1 中开口型喇叭口形成时，股价明显出现阴线向上突破了中轨和中轨，中轨也出现了明显的平行向上翘起的向上加速运行，所以符合股价快速启动时的开口型喇叭口。

（4）判断开口型喇叭口的买点时，除了股价必须至少向上突破中轨外，还必须形成明显的放量上涨、持续放量上涨、温和放量上涨三种买点量价形态中的任意一种，方可确认为买点。如图 7-1 中 B 区域，开口型喇叭口形成期间，股价在持续向上突破中轨与上轨期间，成交量表现为阳量的持续明显放大，形成了持续放量上涨的买点，应及时买入股票。

2. 注意事项

（1）开口型喇叭口形成前，股价越是弱势运行的时间久，也就是波带的宽度越窄的震荡时间越长，后市启动上涨时短期的涨幅越可观。

（2）判断开口型喇叭口是否成为突然启动上涨的重要依据是，股价必须向上突破中轨，因为在向下开口中，多数时候也会呈开口型喇叭口形态，不同的是，向下开口型成时的中轨是平行略向下或向下运行的。

（3）不同周期图上出现的开口型喇叭口，在判断买点时有着不同要求：日线图上如果是持续放量或温和放量时，必须至少有两根 K 线与阳量柱；格外放量时只需要一根阳线与阳量柱即可。如果是短周期图，必须确保有至少三根阳线和阳量柱时，方可确认买点。

7.1.2 收口型喇叭口

股价在短期持续快速上涨过程中，当涨势终结时，也就是股价出现下跌时，布林线上轨出现了快速向下，下轨出现加速上行，形成了一个波带快速向内收缩的向左侧敞开的喇叭口，由于由左至右看，像是一个向左敞开的喇叭口，所以叫收口型喇叭口。收口型喇叭口的出现，意味着股价出现了快速转跌，因此是一种卖出股票的布林线特殊形态。

1. 形态要点

（1）收口型喇叭口出现前，通常有过一段明显的快速上涨行情，布林线波带也出现了明显的向外扩张。如图 7-2 杰恩设计（300668），在 A 区域形成了收口型喇叭口前，股价出现了短期明显的持续快速上涨，布林线波带也出现了极度的向外扩张。

（2）收口型喇叭口形成期间，上轨通常已中止继续上行，转为明显的快速向下紧缩，下轨向上运行的角度也出现加速，整个布林线波带明显出现了向内的紧缩。如图 7-2 中的 B 区域，上轨已中止继续上行，转为明显的快速向下的紧缩，下轨也出现快速上行中加速向内紧缩，波带形成明显的向内紧缩，所以可确认 B 区域的布林线形态为收口型喇叭口。

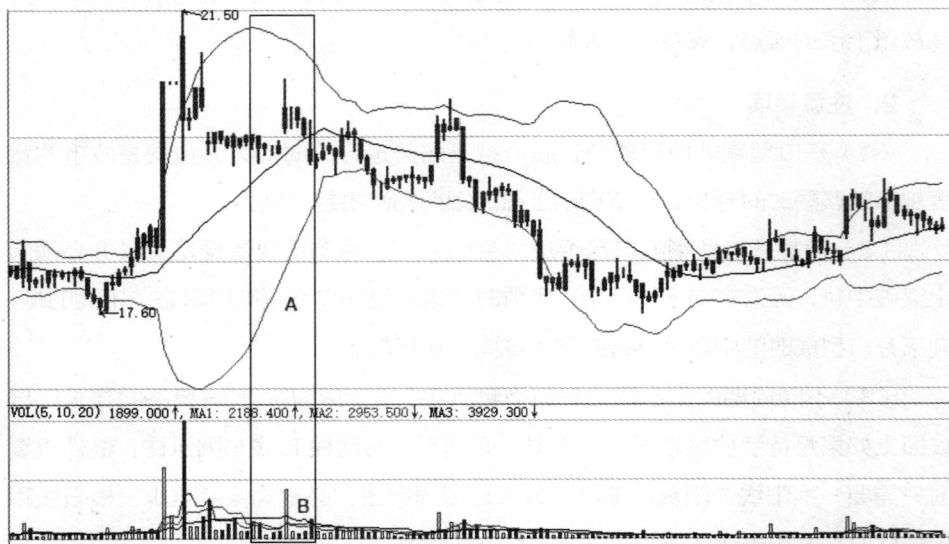

图 7-2　杰恩设计 -60 分钟图

（3）通常情况下，根据开口型喇叭口判断卖点时，只要形成收口型喇叭口，量价表现为放量下跌、持续阴量下跌、放量滞涨三种形态中的任意一种时，即可确认为趋势快速转跌时的卖点。如图 7-2 中 A 区域，在布林线形成了收口型喇叭口的同时，B 区域的量能表现为持续放大的阴量，K 线表现为持续阴线下跌，所以为卖点形成时的持续阴量下跌，应果断卖出股票。

2. 注意事项

（1）在常态下，收口型喇叭口形成时，往往上轨呈向下的状态，中轨也会呈平行略向下或向下的状态，中轨越是向下时，越能证明股价快速转跌的趋势。

（2）如果收口型喇叭口出现前，短期行情出现了极度快速上涨，往往上轨向上扩张得过大，此期间上轨转向向下的情况会不明显，此时中轨与下轨依然保持向上运行的状态，此时就应依照暴涨后暴跌形成的喇叭口来判断卖点了。

（3）根据收口型喇叭口判断卖点时，应注意不同周期形成的收口型喇叭口，具体的卖点要求是不一样的：日线图是除了格外放量下跌时只需要一根 K 线和阴量柱即可，其他持续阴量下跌或放量滞涨时，必须至少有两根 K 线和阴量柱方可；若是短周期图，必须至少有三根阴线阴量柱时方可确认，除非是出现了一根格外放量下跌的阴线和大阴量。

7.1.3　紧口型喇叭口

当股价经过长期的下跌，布林线上轨与下轨就会出现逐渐向中轨靠拢，也就是上轨与下轨之间的距离会越来越小，股价在低位出现反复的小幅震荡，形成了一种布林线波带逐渐收窄的形态，同时布林线的上轨出现了向下运行，下轨却开始缓慢上升，形成了一个类似向上收口的布林线形态。由于这种形态像是一个方向向左的倒立的小喇叭的特殊形态，所以从左向右看，这种喇叭口形态就形成了一个紧口型喇叭口。紧口型喇叭口的出现，意味着行情出现了缓慢的回升，所以是中长线选股时的一种选股形态，也是短线选股时一种捕捉暴涨股的选股形态。

1. 形态要点

（1）紧口型喇叭口出现前，往往为弱势状态，或股价经过了大幅下跌，或是处于一种弱势震荡的行情。如图 7-3 建科院（300675），在 A 区域形成紧口型喇叭口之前，股价表现为持续弱势下跌和弱势震荡的弱势整理状态，这时就要时刻留意是否出现紧口型喇叭口了。

（2）紧口型喇叭口形成期间，布林线波带处于较窄的状态，形成时上轨会出现向下的紧缩，下轨也出现快速向上运行，也就是上轨与下轨会同时向内紧缩，形成一个明显的波带较窄状态下的再次向内紧缩。如图 7-3 中 A 区域出现了波带在较窄状态下的上轨快速向下、上轨快速向上的紧缩，波带明显收缩到了一个较窄状态，所以可确认为紧口型喇叭口。

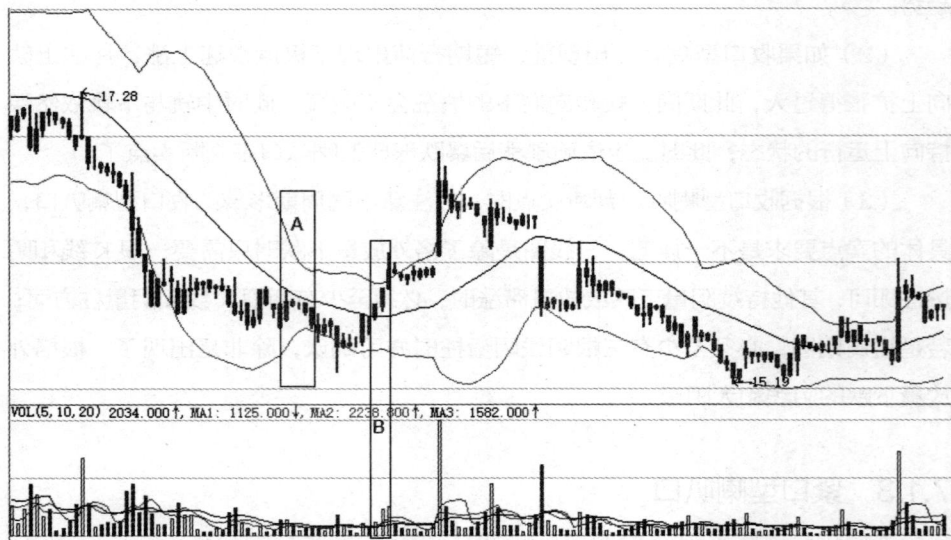

图 7-3　建科院 -60 分钟图

（3）紧口型喇叭口在短线操盘中，并非一种买入形态，而是短线选股时的一种形态，只有其后形成开口型喇叭口或是向上开口，符合买点要求后，才能构成买点。如图 7-3，一旦在 A 区域确认了紧口型喇叭口的形态后，即应将其放入自选股，只有其后 B 区域形成了翻山越岭并符合量价买点时，方可买入，否则就应持续观察。

2. 注意事项

（1）紧口型喇叭口出现前，必须之前处于较长时间的弱势运行时，才能成为中长线选股的依据。但判断中长线买点时，应确保在紧口型喇叭口期间，波带形成了明显的三轨持续向上运行，方可买入，否则应谨防股价短期的震荡走强。

（2）判断紧口型喇叭口时，主要是从布林线波带的宽度，由宽变得越窄，则证明这种股价的快速止跌越可靠。

（3）短线选股时，紧口型喇叭口是一种优先的备选股形态，但买入时一定要根据布林线短线的买入形态和买点要求来判断。

7.2 喇叭口实战

7.2.1 暴涨时的喇叭口

暴涨时的喇叭口就是开口型喇叭口，但在捕捉股价短线暴涨时，对开口型喇叭口的具体形态有着更为严格的要求，因为只有确保开口型喇叭口短期形态的强势，以及买点形成时的强势，才能确认其后股价的短期持续走强。

1. 暴涨时的喇叭口具体要求

（1）当股价短期出现快速上涨时，所形成的开口型喇叭口的上轨向上与下轨向下角度通常会很大，中轨往往呈略向上运行的状态。如图 7-4 江苏雷利（300660），在 A 区域形成开口型喇叭口期间，上轨向上与下轨向下的角度保持在 70° 左右，向外扩张的角度较大，中轨呈略向上运行的状态，所以可以确认为短期出现快速上涨时的开口型喇叭口。

（2）当股价短期出现快速上涨形成开口型喇叭口时，股价往往会带量形成向上突破上轨，或接连快速突破中轨与上轨的翻山越岭买入形态。如图 7-4 在 A 区域，当形成开口较大的开口型喇叭口时，K 线长阳线格外放量向上直接突破了中轨与上轨，形成翻山越岭买入形态，所以可以确认为短期暴涨时的开口型喇叭口。

（3）形成开口型喇叭口时，如果股价出现了快速上涨，判断买点时，往往会形成格外放量上涨或持续放量上涨的量价形态，才能证明股价的强势。如图 7-4 中的 A 区域，布林线形成了开口型喇叭口期间，量价表现为明显的长阳线长阳量柱的格外放涨上涨的买点，买点的强势特征十分明显，应及时买入股票。

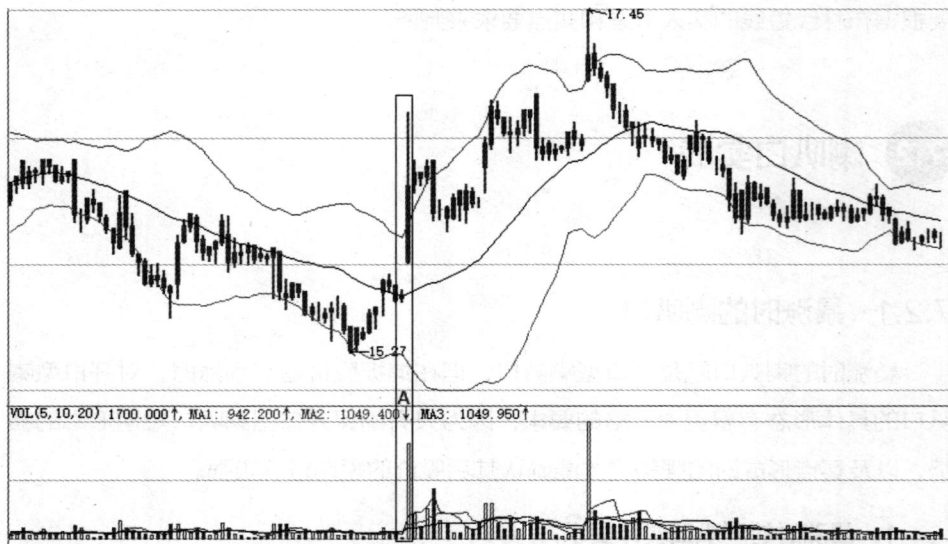

图 7-4　江苏雷利 −30 分钟图

2. 注意事项

（1）暴涨时的喇叭口出现时，往往开口型喇叭口形成时，股价会带量向上突破至少中轨，若是股价之前一直在中轨上方运行，喇叭口形成时股价会向上突破上轨，则证明这种开口型喇叭口处于明显的最强状态。

（2）如果开口型喇叭口形成时，上轨向上与下轨向下的喇叭口向外扩张的角度并不大，量价也表现为温和放量上涨时，往往意味着股价短期的涨势并不十分明显，但如果此期间的布林线波带呈明显震荡上行的状态时，往往是中长期股价加速走强的表现，无论短期还是长期操作，只要符合买点要求，即可放心买入，安全系数更高。

（3）如果是布林线波带在极窄状态长期震荡后形成的开口型喇叭口，往往形成强势的开口型喇叭口后，股价短期的涨幅会更为理想和可观。

7.2.2　暴跌时的喇叭口

暴跌时的喇叭口就是收口型喇叭口，往往在一轮短期暴涨后形成收口型喇叭口。在很多时候，如果等到收口型喇叭口明显形成时，股价已跌了很多，所以在操作股价暴跌时的收口型喇叭口时，要学会如何选择卖点。

1. 暴跌时的喇叭口具体要求

（1）当股价出现快速下跌时，此时如果收口型喇叭口尚未形成，往往表现为上轨处于平行或上行状态，向下的收口并未形成，中轨依然保持着向上运行的状态，下轨出现了快速向上运行。如图 7-5 中孚信息（300659），在上涨过程中进入 A 区域时，波带在极度向外扩张的情况下，上轨依然上行，但上行趋势明显在末端时渐缓，下轨出现加速上行，中轨依然保持着上行状态，说明收口型喇叭口即将形成，这时就要引起注意了。

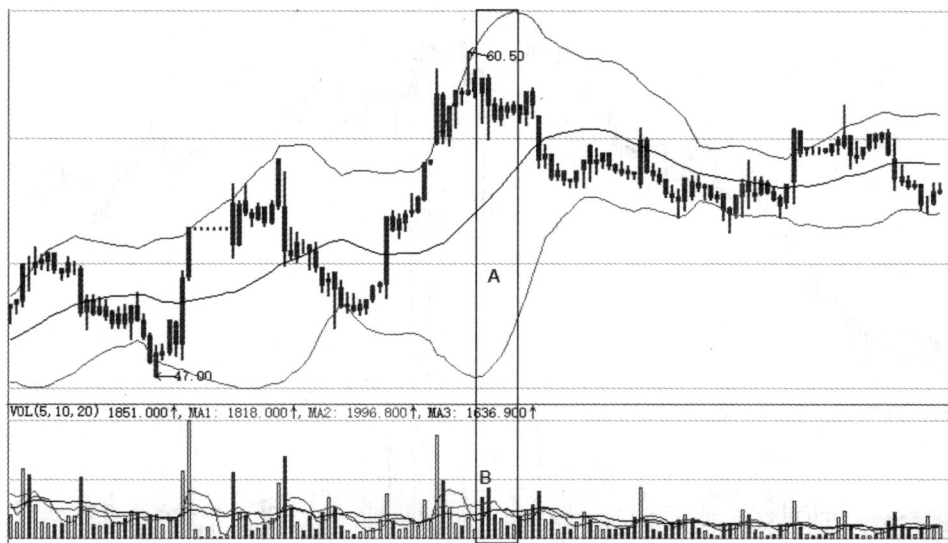

图 7-5　中孚信息 -30 分钟图

（2）当股价出现快速下跌时，如果此时收口型喇叭口尚未形成，往往整个布林线波带的宽度依然处于较宽的状态。如图 7-5 在 A 区域，布林线尚未形成收口型喇叭口时，波带依然处于较宽状态的持续上行，此时要格外关注量价的表现。

（3）当收口型喇叭口尚未形成时，若是股价出现了快速下跌，判断卖点时通常有两种情况：第一种是股价跌破上轨后格外放量或持续阴量跌向中轨，此时只要确认 K 线为中阴线上的阴线或上影线极长、实体较短的阴线放量下跌，即形成了卖点，可卖出股票；第二种是股价跌向中轨阴量不明显时，持续阴量很快跌破中轨，或是阴量格外放大跌向中轨，若跌破中轨后依然处于下跌状态时，即为卖点。如图 7-5 中 A 区域，收口型喇叭口尚未形成期间，出现了持续阴线下跌，B 区域的阴量柱持续放量的阴线跌向中轨，形成了第一种股价暴跌前的卖点，应果断卖出股票。图 7-6 博士眼镜（300622），在上涨趋势中，C 区域形成上轨平行、下轨加速上行的不明显收口型喇叭口时，股价在高位震荡中，A 区域出现了一根上影线较长的阴线，跌破中轨时，B 区域表现为一根明显变长的阴量柱，为格外放量跌破中轨的第二种情况，所以 C 区域后的 D 区域，股价持续阴量格外放大跌破中轨时，即为暴跌前的卖点。

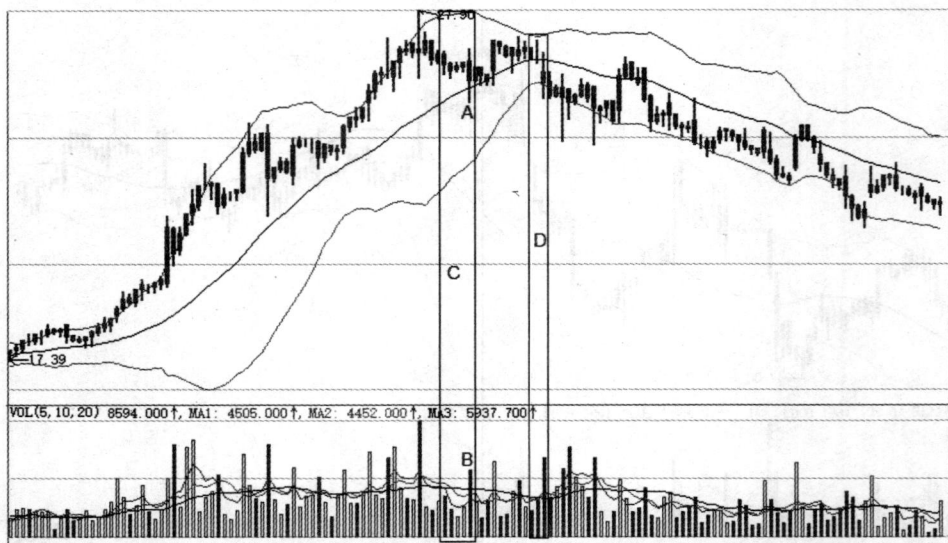

图 7-6　博士眼镜 -60 分钟图

2. 注意事项

（1）如果是在布林线常态下，股价出现了暴跌，往往会形成收口型喇叭口，当符合放量下跌、持续阴量下跌两种量价卖点中的任意一种时，即可确认为股价暴跌时的卖点。

（2）如果股价暴跌时的布林线收口型喇叭形态尚未形成时，喇叭口的上轨通常处于平行状态，或上行状态，中轨与下轨依然呈向上运行，这时就要结合股价在布林线三轨的位置和具体的量价卖点形态来判断卖出股票的时机了。

（3）当股价短期出现暴跌时，若收口型喇叭口不明显，一旦股价在格外阴量放大的情况下向中轨跌去，形成了放量下跌时，即为卖点；如果股价跌向中轨时的阴量放大不明显，在其后股价持续阴量跌破中轨后，依然表现为放量下跌，即可确认为卖点。

7.2.3　跌势将尽的喇叭口

跌势将尽的喇叭口就是紧口型喇叭口，在判断股价是否表现为跌势将尽时，必须之前有着明显的下跌走势，且股价下跌的幅度在不断收窄，也就是形成了紧口型喇叭口。所以，在判断股价的跌势是否到了末端将结束时，同样有着具体的要求。

1. 跌势将尽的喇叭口具体要求

（1）如果股价跌势将尽，紧口型喇叭口出现前，必须确保股价较长时间处于持续弱势的状态。如图 7-7 光库科技（300620），A 区域出现紧口型喇叭口前，经过了 B 段走势的长期持续大幅下跌和弱势震荡，期间 K 线较多，说明时间较长，这时就要注意是否出现紧口型喇叭口了。

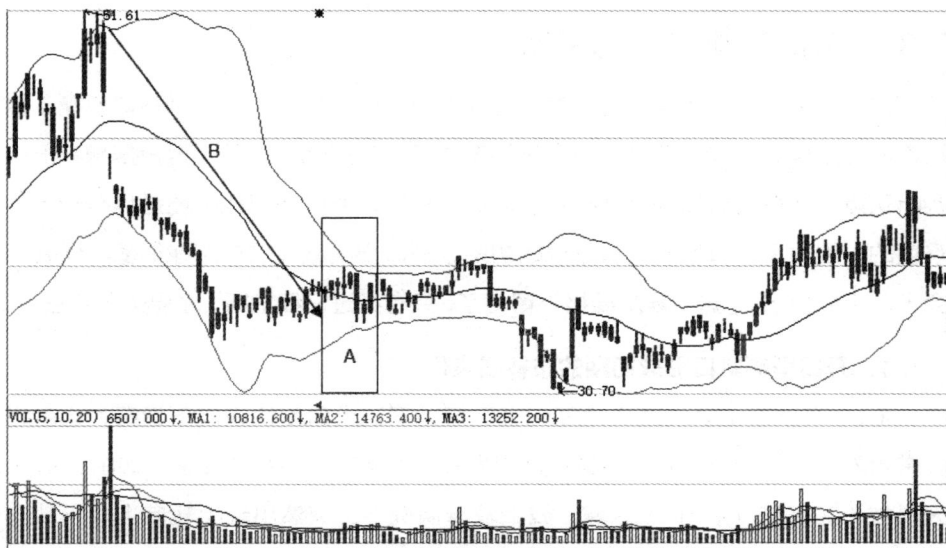

图 7-7　光库科技 - 日线图

（2）股价跌势将尽的紧口型喇叭口形成时，必须符合紧口型喇叭口的要求：一是波带处于较窄状态；二是上轨向下、下轨向上的紧缩明显。如图 7-7 的 A 区域，波带变得较窄，上轨向下、下轨向上的紧缩程度明显，所以可以确认为紧口型喇叭口，应将其放入自选股留待继续观察。

2. 注意事项

（1）当股价即将结束跌势时，收口型喇叭口形成时的波带宽度较窄，则往往意味着其后股价启动上涨的时间越短。

（2）只有长期弱势震荡中出现的紧口型喇叭口，才是股价突然启动前的最后一跌。

（3）紧口型喇叭口形成后并不代表股价已经跌无可跌，所以紧口型喇叭口只是选股时的一种形态，是股价即将结束下跌时的征兆，短线买入股票时必须符合布林线买入形态及买点要求，方可买入。

7.3 判断买点的三个条件

7.3.1 开口型喇叭口形成初期

在根据喇叭口判断买点前，首先必须形成开口型喇叭口，所以开口型喇叭口初期形态是判断买点的前提。当布林线形成了开口型喇叭口后，再根据喇叭形态判断买点，往往是选择开口型喇叭口形成的初期，所以在实战中还是具有一定的难度的。因为在开口型喇叭口形成的初期，开口型喇叭口的形态在很多时候并不会十分明显，所以，这时候就要格外留意了，只有经过仔细判断，才能买在启涨点。

1. 开口型喇叭口形成初期的布林线表现

（1）布林线上轨快速大角度向上运行，下轨大角度快速向下运行，也就是波带向外张开的情况越明显，越能证明为开口型喇叭口的初期形态。如图 7-8 欣天科技（300615），在 A 区域，波带较窄情况下，突然出现上轨向上与下轨向下时的角度达到了 45° 左右的大角度向外扩张，形成了开口型喇叭口的初期形态，这时就可以继续观察中轨的具体表现了。

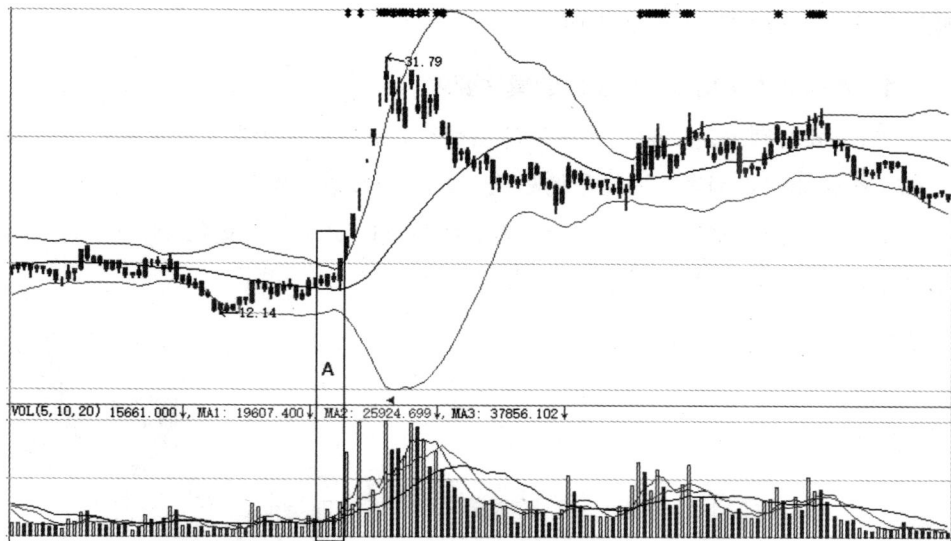

图 7-8　欣天科技－日线图

　　（2）布林线中轨通常呈平行略向上运行，或是小幅向上运行。中轨向上运行越明显，喇叭口初期形态越明显。如图 7-8 中 A 区域，中轨此时呈平行略向上运行的状态，所以可以确认为开口型喇叭口形成初期的形态。这时，就要观察买点形成时的量价表现了。

2. 注意事项

　　（1）判断开口型喇叭口形成初期形态时，首先要从上轨向上、下轨向下的形态来判断上轨与下轨向外扩张的情况，这种向外扩张的角度越大，形态越明显。

　　（2）判断开口型喇叭口形成初期形态时，还要观察中轨的方向，因为中轨方向的细微变化往往决定着形成的是向上开口的喇叭口，还是向下开口的喇叭口。因此，只有中轨平行中略向上或明显向上的喇叭口，才是向上开口的喇叭口。

7.3.2　股价向上突破布林线上轨

　　股价向上突破布林线上轨，是开口型喇叭口形成初期形态时最为强势的一种形态。但是这种股价快速向上突破布林线上轨，同样有着具体的要求，因为涉及买点是否成立，所以必须明白这些具体要求，才能在股价上涨初期形成的开口型喇叭口初期，准确捕捉到买股时机。

1. 股价向上突破布林线上轨的具体要求

（1）股价向上，是指 K 线在开口型喇叭口形成初期出现了向上突破布林线上轨，K 线此时必须表现为红色的阳线。如图 7-9 富瀚微（300613），在 A 区域和 B 区域，同时形成了中轨向上的开口型喇叭口期间，K 线持续上行中向上突破了上轨，这时就要观察 K 线是否有效突破上轨了。

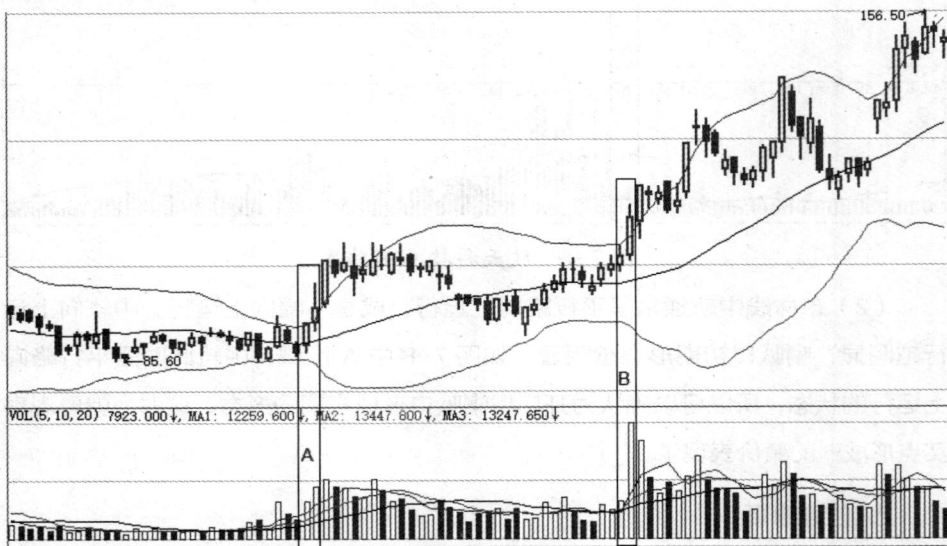

图 7-9　富瀚微 - 日线图

（2）股价向上突破布林线上轨时，通常布林线上轨必须穿过阳线实体，方为有效突破上轨，阳线的上影线不可过长。如图 7-9 中的 A 区域和 B 区域，K 线在向上突破上轨时的阳线实体，被布林线中轨从中穿过，可确认为股价有效突破了上轨，这时就要观察成交量方面的表现了。

2. 注意事项

（1）股价向上突破布林线上轨是最为强势的一种开口型喇叭口形成初期的形态，此时往往表现为阳线上穿布林线中轨，阳线上影线较短，实体在中轨之上，因为如果上影线较长，往往意味着冲高回落的情况较为严重，会影响股价其后持续上涨的强度。

（2）如果在开口型喇叭口初期形成买点时，股价未有效向上突破上轨，只是位于上轨下方的上轨附近，只要中轨的方向是向上运行的，同样能够证明短期的强势，可确认为买点。

（3）如果股价在形成开口型喇叭口初期，股价未突破布林线上轨，只是阳线向上突破了中轨，最好再等等，若阳量放大不明显，应在其后突破中轨后持续向上接近上轨时，再确认为买点。

7.3.3　股价突破上轨时量价齐升

股价突破上轨时量价齐升，是根据开口型喇叭口判断股票买点的一个重要特征或条件，也是布林线买入形态形成后，通过量价来确认股价是否强势的重要依据。因为只有得到了买入量能的支持，其后股价才会短线表现为强势，而股价突破上轨时的量价齐升，正是这种买点强势的体现。

1.　股价突破上轨时量价齐升的具体要求

当布林线形成开口型喇叭口时，股价突破上轨时量价齐升的主要表现有三种情况：格外放量上涨、温和放量上涨、持续放量上涨。

（1）格外放量上涨的量价齐升，是指股价突破上轨时，阳量柱呈明显较之前的量柱长很多的情况，这种量价齐升为最强势的一种。如图 7-10 拓斯达（300607），在 A 区域，形成了中轨向上的开口型喇叭口，阳线在有效突破上轨的时候，成交量表现为阳量柱格外变长，说明形成了明显的放量上涨的齐升状态。所以符合最强势的买点要求，应优先买入这类股票。

（2）温和放量上涨的量价齐升，是指股价突破上轨时，阳量柱呈后一根小幅高于前一根的状态，为量价齐升中较为温和的一般强势特征。如图 7-11 思特奇（300608），在 A 区域，当布林线形成了开口型喇叭口，阳线有效突破上轨时，成交量表现为两根阳量柱相差不大的后一根略长于前一根的温和放量，为温和放量上涨的量价齐升。与之前的量柱比较，这两根阳量柱明显放量，所以同样可以确认为强势状态的买点，也应果断买入股票。

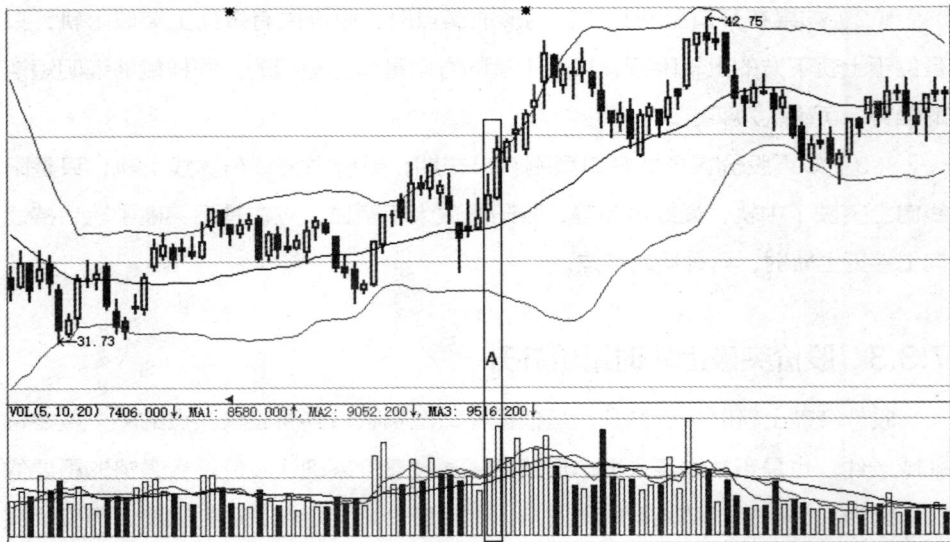

图 7-10　拓斯达－日线图

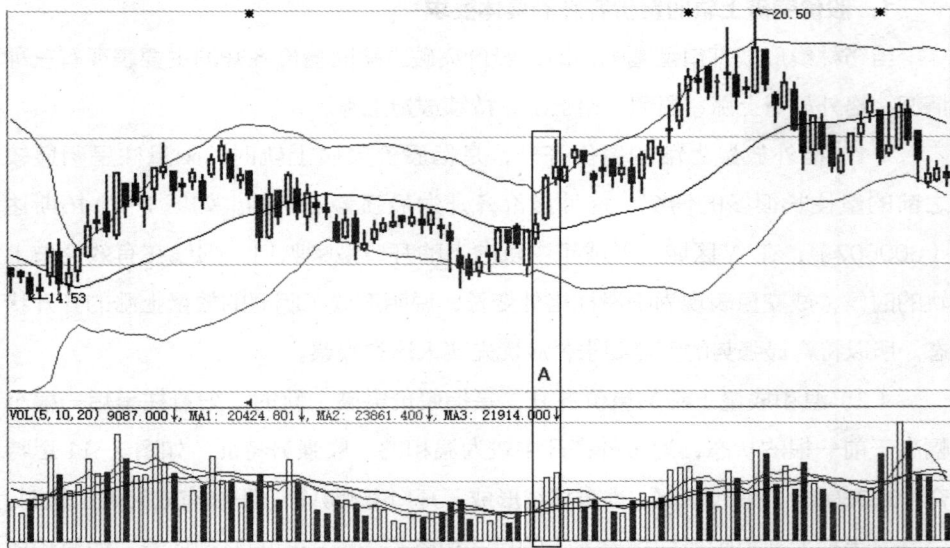

图 7-11　思特奇－日线图

（3）持续放量上涨的量价齐升，是指股价突破上轨时，阳量柱中虽然后一根短于前一根阳量，但依然保持着前一根阳量柱的放量状态，就是要高于之前的量柱水平，这是仅次于格外放量上涨的一种情况。如图 7-12 兆易创新（603986），在 A 区域，布林线形成了开口型喇叭口时，股价向上有效突破上轨期间，B 区域的阳量柱变长后略短于前一根，但当前的量能水平明显高于之前，为持续放量上涨的量价齐升，可以确认为强势状态的买点，应果断买入这只股票。

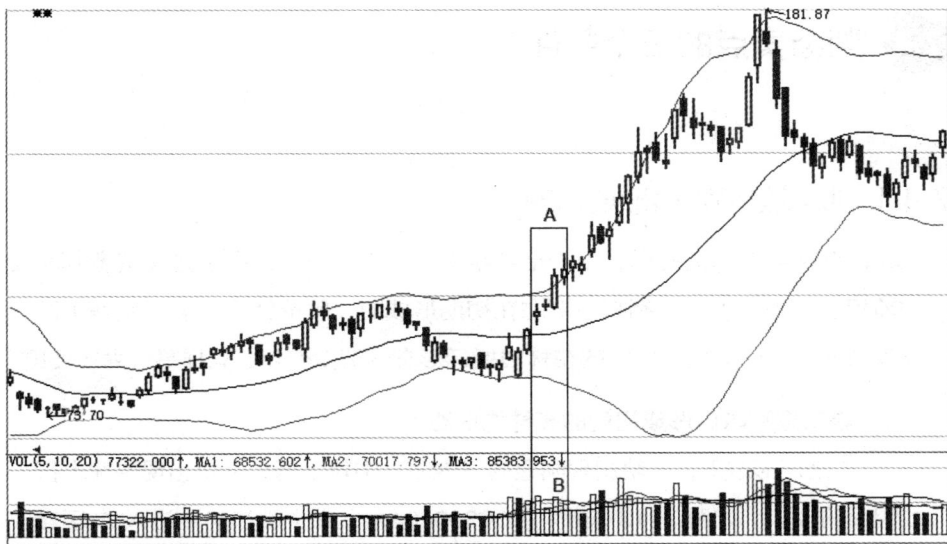

图 7-12　兆易创新－日线图

2. 注意事项

（1）当布林线形成开口型喇叭口时，股价突破上轨出现量价齐升后，一定要根据具体的量价齐升形态来判断买点的强弱，如格外放量上涨、温和放量上涨、持续放量上涨三种形态中的任意一种，但一定要优先选择其中最强势的格外放量上涨来买股。

（2）在格外放量上涨、温和放量上涨、持续放量上涨三种形态中，格外放量上涨是最强势的一种量价齐升形态，但此时切忌阳量不可过大，否则就应持续观察，只有其后形成了持续放量上涨，方可买入，否则一根阳量过大很容易引发后市股价的回落。

（3）在温和放量上涨的量价齐升形态中，一定要注意，这种温和放量上涨中的量能水平必须要小幅高于之前的量能水平，不能与之前的量柱在同等水平，否则无法实现弱势转强时的以量破价。因此，如果温和放量上涨中的量能不明显，可继续观察后再决定是否形成了买点。

7.4.1　收口型喇叭口形成初期

　　收口型喇叭口形成初期，由于是判断卖点的卖出形态，所以是投资者判断卖点的前提。而由于收口型喇叭口形态在初期形成时，股价经常出现了快速下跌，所以收口型喇叭口形成初期时的布林线指标形态的细微变化，同样是极为重要的。

　　1. 收口型喇叭口形成初期的布林线形态

　　（1）常规形态下，上轨出现明显向下内缩，中轨上行，下轨出现快速上行，形成明显的收口。如图 7-13 长川科技（300604），在上涨趋势中进入 A 区域，出现了明显的上轨向下内缩，中轨上行，下轨快速上行，形成了明显的收口，为常规形态下的收口型喇叭口初期，应根据 A 区域持续阴量下跌的卖点要求，及时卖出股票。

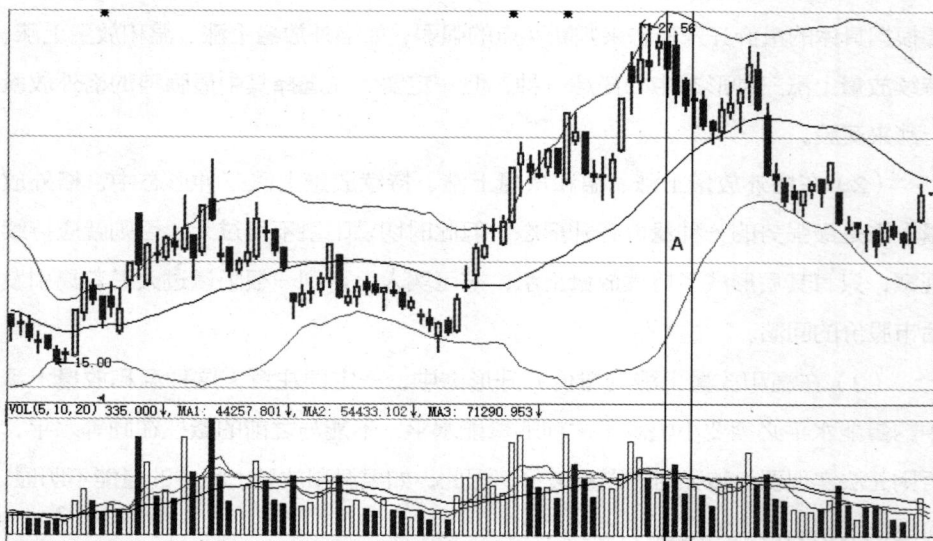

图 7-13　长川科技 - 日线图

（2）暴涨后暴跌时收口型喇叭口初期形态往往并不明显，上轨呈平行或坡度渐缓的上行状态，只是下轨出现了加速向上的向内紧缩。图7-14移为通信（300590），在上涨中的A区域，布林线上轨依然呈坡度渐缓的上行状态，下轨出现了加速向上的向内紧缩，所以为股价暴涨后即将暴跌时的不明显的收口型喇叭口形态，应根据A区域和B区域中阴量格外放大并持续阴量下跌的卖点要求，及时卖出股票。

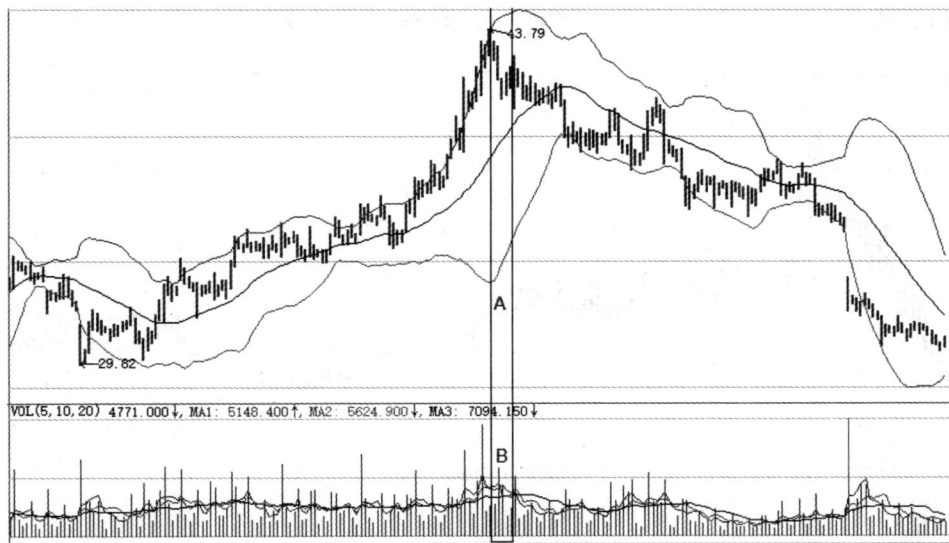

图 7-14　移为通信 -60 分钟图

2. 注意事项

（1）收口型喇叭口形成初期，如果上轨快速下行、下轨快速向上的波带收口形态明显，按照量价卖点要求操作即可。

（2）如果收口型喇叭口形成初期不明显，最明显的就是上轨出现平行或缓慢上行，这时就要根据当时的量价卖出形态来判断卖点了，如放量下跌、持续阴量下跌、放量滞涨，只要形成其中一种量价形态，即会形成卖点。

7.4.2　股价跌破布林线上轨

股价跌破布林线上轨，是收口型喇叭口形成初期判断卖点的一个重要依据，尤其是当收口型喇叭口不明显时，这种股价跌破布林线上轨的行为就显得更为重要了。因此，必须明白股价跌破布林线上轨的具体形态，从而更为全面地了解股价是否出现了暴跌。

1. 股价跌破布林线上轨的具体形态

（1）代表股价的 K 线跌破布林线上轨时，表现为一根较长的阴线，或是上影线较长的阴线。如图 7-15 深冷股份（300540），在持续上涨的 A 区域，股价跌破布林线上轨时为一根实体并不短、上影线极长的阴线，这时就要继续分析这根 K 线的具体情况，来判断是否即将形成股价暴跌时的收口型喇叭口的征兆了。

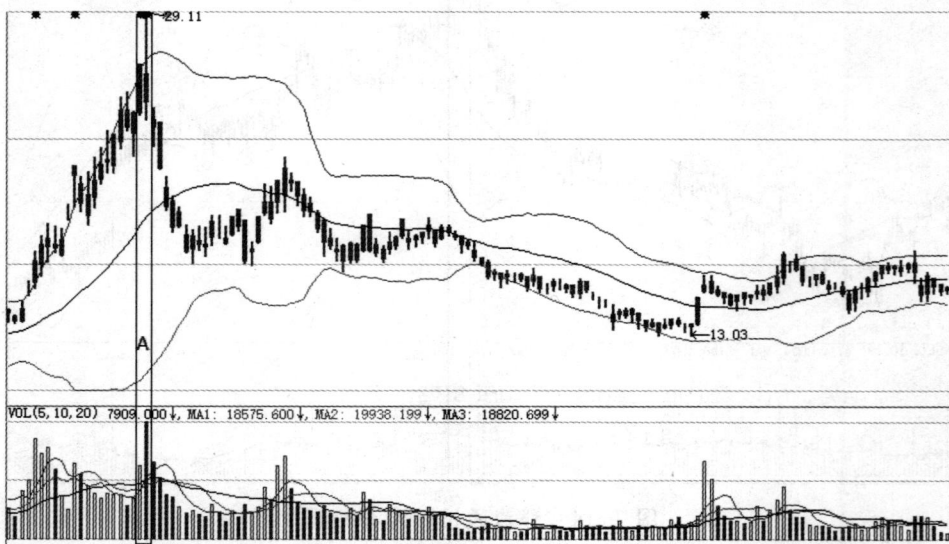

图 7-15　深冷股份 - 日线图

（2）阴线必须有效跌破布林线上轨，也就是阴线实体或呈现直接在上轨下开盘和收盘，或是上轨从阴线实体中间穿过，方为有效跌破。如图 7-15 中的 A 区域，从这根阴线的实体观察，上轨明显从中穿过，且实体下沿在上轨下方，说明这根阴线为低开后快速冲高又快速回落，低收跌破上轨的阴线。

（3）股价跌破布林线上轨时，布林线或形成了明显的收口型喇叭口初期，或是收口型喇叭口形态上轨不明显的形态。如图 7-15 中，观察布林线情况，发现上轨与中轨持续上行，下轨出现了加速上行的向内收缩，显然为下跌快速向内收缩的不明显的收口型喇叭口形态，这时就要观察量价是否形成明显的卖点了。

2. 注意事项

（1）当股价跌破布林线上轨时，大多数布林线形态会形成标准的收口型喇叭口初期形态。若是收口型喇叭口不明显时，表现为上轨呈平行或小幅上涨状态，只有下轨出现了加速向上的波带向内收缩，股价跌破了上轨，方为不明显的收口型喇叭口初期形态。

（2）股价跌破布林线上轨时，必须是有效突破，才有可能形成卖点，并且 K 线实体表现为被上轨从中穿过，才为有效跌破。另一种判断有效跌破的方法，就是通过阴线的实体下沿必须在上轨之下。

（3）如果股价跌破布林线上轨，K 线表现为阳线，往往阳线实体会在上轨的下方，此时多数时候只是上涨趋势中的震荡调整结束，只要其后股价能够重新在上轨附近持续上涨，即可安心持股，无须卖出股票。

7.4.3 股价跌破上轨时量价齐跌

股价跌破上轨时量价齐跌，是指在收口型喇叭口初期形成后，不管这种收口型喇叭口是否明显，表现为强烈的量价齐跌形态，往往就说明股价已形成了快速下跌的走势，所以是判断卖点的一个重要依据。

1. 股价跌破上轨时量价齐跌的强烈形态

（1）格外放量下跌。在收口型喇叭口形成初期，如果形成了卖点，成交阴量往往会表现为一根极长的阴量柱，股价呈下跌状态，这种形态是股价快速转跌的最强烈征兆。如图 7-16 博思软件（300525），在上涨中的 A 区域，布林线形成了上轨下行、中轨向上、下轨加速上行的收口型喇叭口，股价也出现阴线跌破上轨后的持续阴线下跌，成交量表现为阴量出现后的明显阴量柱极长的格外放量下跌，所以属于最强势的股价跌破上轨暴跌的征兆，应果断卖出股票。

（2）持续阴量下跌。当收口型喇叭口形成初期，如果形成了卖点，成交量会保持当前较高量能的持续阴量柱，股价下跌。如图 7-17 爱司凯（300521），在布林线上轨上行中，股价阴线和不明显放大的阴量跌破上轨后，进入 A 区域，出现了上轨由上行转为平行、下轨快速上行向内收缩的不明显收口型喇叭口时，K 线表现为持续阴线下跌，成交量为阴量持续较大状态，形成了持续阴量下跌的三根阴线与阴量柱的短周期图卖点，应及时卖出股票。

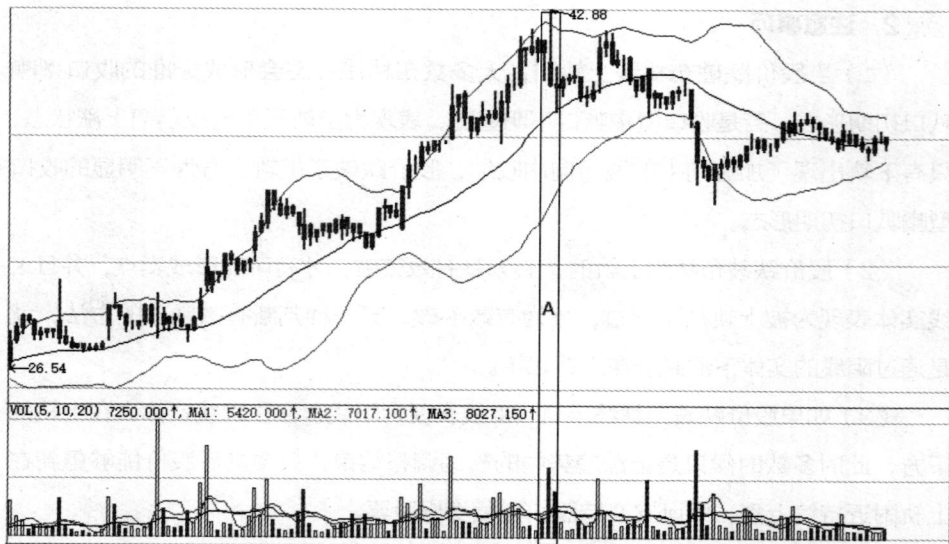

图 7-16　博思软件 -30 分钟图

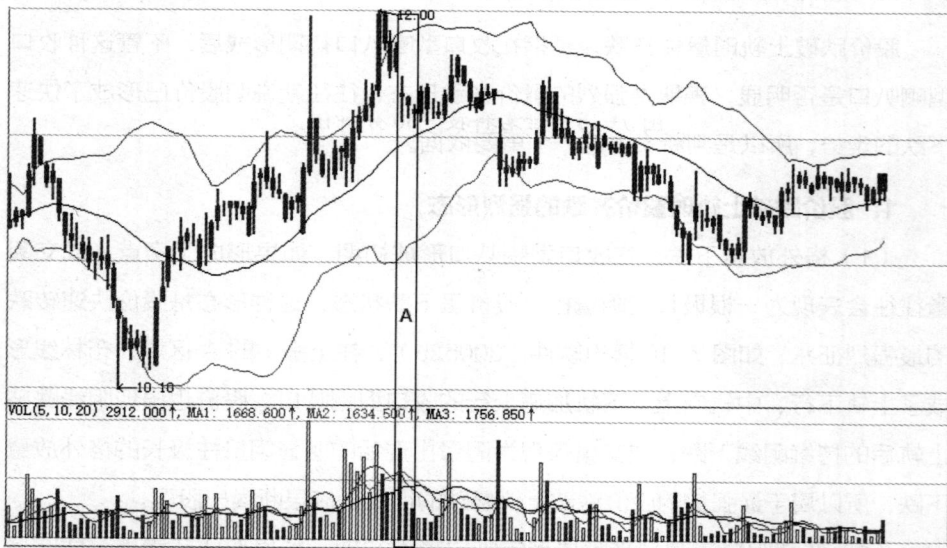

图 7-17　爱司凯 -30 分钟图

（3）放量滞涨。当收口型喇叭口形成初期，成交量或阴或阳地保持在一个较高水平，股价却表现为盘中的小幅震荡，期间往往 K 线实体较长或是具有较长的影线，但始终保持在同一水平。如图 7-18 世名科技（300522），股价在上行过程中，A 区域出现波带持续向外扩张的阴线阴量不明显的跌破上轨后，进入 B

区域初期，虽然上轨只是表现出了由上行转为平行略向下，收口型喇叭口尚不明显，但股价表现为高位震荡、成交量明显为放量状态，所以形成了收口型喇叭口初期的放量滞涨卖点，趋势即将转跌，应及时卖出股票。

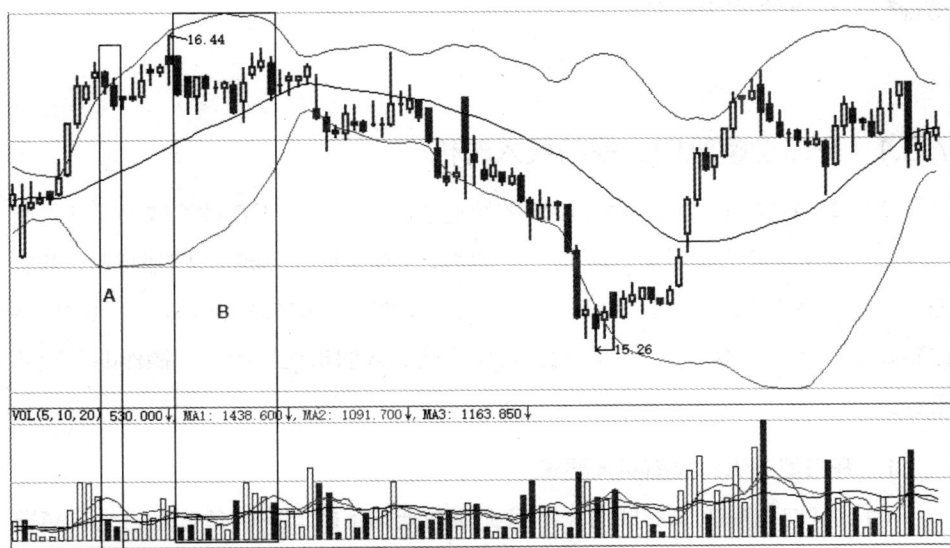

图 7-18　世名科技 -30 分钟图

2. 注意事项

（1）当收口型喇叭口形成初期，如果形成了格外放量下跌的量价齐跌时，阴量柱必须要明显高于之前的量柱。若是形成了一根向上到达成交量显示区域上方的天量阴量时，更能表明短期暴跌的强烈。

（2）当收口型喇叭口形成初期，形成了持续阴量下跌的量价齐跌时，往往越是保持大量状态的阴量，则越能表明股价短期转跌的趋势，但阴量柱放大不明显时，至少要有两根以上的阴线阴量柱，方可确认为卖点，短周期图上则至少要有三根以上，方可确认为卖点。

（3）当收口型喇叭口形成初期，形成了放量滞涨时，往往只是股价在高位区主力维持股价高位卖出的时机，股价趋势尚未转跌，但其后往往会形成向下开口或向下收口，所以是股价暴跌前一种提前卖出股票的量价形态。

7.5 把握买卖时机

7.5.1 开口型喇叭口的提前买入时机

开口型喇叭口形成时，由于股价的快速涨跌往往会先于布林线做出反应，所以存在一种提前买入的时机。因此，一旦发现布林线指标形成了开口型喇叭口时，无论开口型喇叭口形成时上轨向上和下轨向下的快速向外扩张是否明显，只要达到要求，就可以提前买入。因此，判断提前买入时机尤为重要，操作时一定要留意。

1. 开口型喇叭口提前买入要求

（1）开口型喇叭口形成时，不管上轨向上与下轨向下的角度是否大，只要中轨形成了明显的向上运行，即可根据股价与上轨的状态和量价买点的强势状态提前买入。如图 7-19 海波重科（300517），在 A 区域，上轨出现缓慢上行，下轨缓慢向下，中轨向上，也就是上轨向与下轨向下的角度并不大，虽然形成了波带略向外张开的开口型喇叭口，但形态并不明显，这时候就要观察股价与上轨的状态和量价买点的强势状态来判断是否可提前买入了。

（2）开口型喇叭口形成期间，如果提前买入，股价必须形成了持续上涨中向上突破上轨的情况。如图 7-19 中 A 区域，当开口型喇叭口形成不太明显时，股价却出现了持续沿上轨附近上行中的突然向上突破上轨。这时，就要观察成交量的情况了。

（3）开口型喇叭口形成期间，如果股价突破上轨，量价形成了明显的格外放量上涨、持续放量上涨或是量能水平高于前期弱势时的温和放量上涨，即可提前买入。如图 7-19 中的 A 区域，在开口型喇叭口形态不太明显时，股价出现了持续沿上轨附近上行中的突然向上突破上轨，表明股价是持续上涨状态。成交量表现为持续小幅放大的阳量柱，中间出现一根小阴量柱，其后又出现了一根格外放大的阳量柱，形成了格外放量股价向上突破上轨的最强势开口型喇叭口的买点，所以可以提前买入股票。

图 7-19 海波重科 -60 分钟图

2. 注意事项

（1）开口型喇叭口的提前买入时机，主要是根据中轨明显向上、股价持续上行中突破上轨、股价突破上轨时量价齐升这三个形态来判断，但必须同时满足这三条件，方可提前买入。

（2）如果开口型喇叭口出现时，三个提前买入要求中，其他两个都满足，只是股价未突破上轨，但只要确保此时股价是处于中轨上接近上轨的位置，并一直保持着放量上涨，同样可以提前买入。

（3）开口型喇叭口的提前买入，主要是针对开口型喇叭口形成初期，上轨向上与下轨向下的扩张程度不够强烈或明显时，借助中轨的强势和股价与上轨的位置和距离，提前判断出股价的强势特征，尤其是在涨停板制度下，可以在股价封板前提前买入短线超级强势股。

7.5.2 紧口型喇叭口的延后买入时机

紧口型喇叭口形成时，往往是股价跌势即将结束的征兆，所以一旦在弱势中形成了明显的紧口型喇叭口，就要引起注意了，应时刻观察是否形成了布林线买入形态和买点，一旦形成，即可买入股票了。因为紧口型喇叭口不是买入股票的布林线喇叭口形态，所以按照紧口型喇叭口操作时，买入时机都是在紧口型喇叭口形成后，所以自然是一种延后买入操作了。

1. 紧口型喇叭口的延后买入时机判断

（1）向上开口的买入时机。紧口型喇叭口形成后，一旦布林线出现上轨、中轨、下轨向上扩张的向上开口时，股价只要保持在中轨之上持续上行，呈现量价齐升，即可确认为买入时机。如图 7-20 苏奥传感（300507），在弱势中 A 区域形成了一个明显的紧口型喇叭口，其后波带收窄后至 B 区域时，布林线出现了上轨缓慢上行、中轨缓慢上行、下轨缓慢下行转略上行的向上开口，成交量为小阳量居多的情况，但股价明显已经向上运行到了上轨附近，呈持续上涨的状态，说明股价出现了缓慢回升，可中长线波段买入股票。

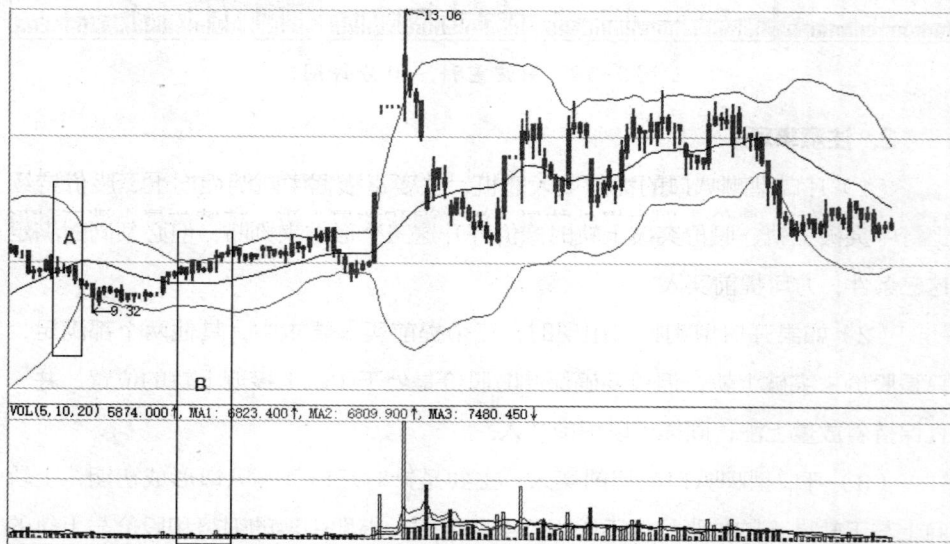

图 7-20 苏奥传感 -60 分钟图

（2）开口型喇叭口的买入时机。紧口型喇叭口形成后，一旦出现上轨快速向上、下轨快速向下、中轨平行略向上或向上的形态，量价呈现出量价齐升时，即可确认为买入时机。如 7-21 恒实科技（300513），在弱势中 A 区域形成了一个明显的紧口型喇叭口，其后波带收窄后的水平小幅震荡中，至 B 区域时，形成了一个开口型喇叭口，量价在温和放量中出现格外放量上涨的量价齐升，且突破了上轨，应及时买入股票。

图 7-21　恒实科技 -60 分钟图

（3）股价强势特征的买入时机。股价强势特征，就是翻山越岭、鱼跃龙门、小鸭凫水、小鸭潜行、猛虎扑食、三轨向上六种布林线买入形态，只要形成其中任意一种形态，量价表现为格外放量上涨、温和放量上涨、持续放量上涨三种形态中的任意一种时，即可确认为买入时机。如图 7-22 三德股份（300515），在弱势中 A 区域形成了一个明显的紧口型喇叭口，其后又出现了一个向下开口的弱势震荡，至 B 区域时，形成了波带较窄状态的三轨向上运行，股价表现为在布林线上轨附近持续上行，成交量为小阳量居多中突然明显放量状态，可中长波段买入股票。

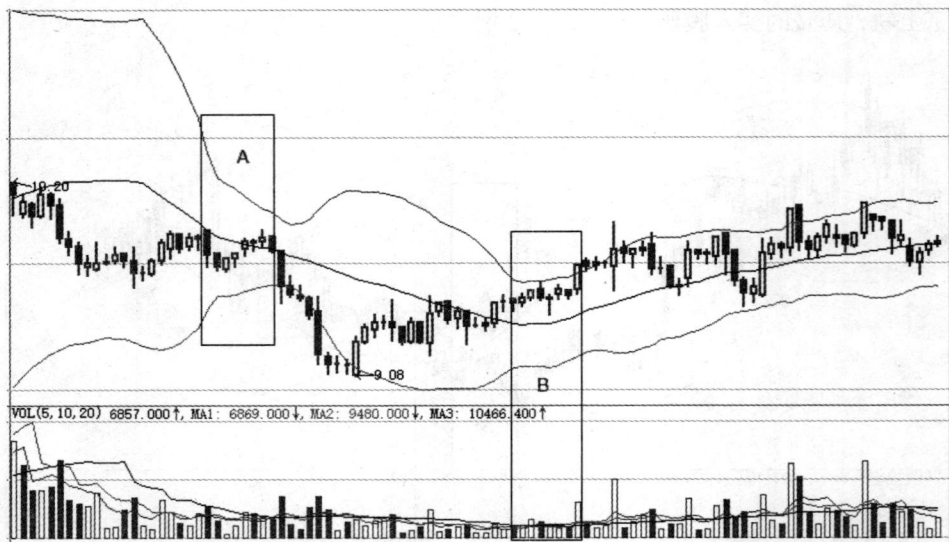

图 7-22　三德股份 -60 分钟图

2. 注意事项

（1）紧口型喇叭口出现后，操作都是延后的，但必须形成了布林线买入形态，并符合买点要求时，方可买入。所以，这种延后买入时机的判断，事实上就是布林线各种短期强势特征的形态和量价强势形态。

（2）紧口型喇叭口形成后，不能只根据股价的短期趋势来判断买点，因为如果没有形成布林线买入形态，往往无法确保股价已快速转强，单纯的 K 线趋势只能说明股价暂时是较强的，即中止下跌后出现了回升，其后极有可能恢复弱势震荡，贸然买入后风险较高。

7.5.3　收口型喇叭口的提前卖出时机

收口型喇叭口的提前卖出时机，就是收口型喇叭口形成最初，形态不够明显时，这种情况往往出现在强烈的短期快速上涨末端，是布林线上轨延后的一种反映。因为股价在短线持续强势中，一旦快速转弱，上轨往往会表现得较为迟钝，所以必须借助量价的反应，以及布林线指标的细微变化来判断暴跌行情的到来，提早卖出股票。

1. 收口型喇叭口的三种提前卖出形态

（1）布林线上轨没有出现快速向下的向内紧缩，只是下轨出现了加速上行向内紧缩，股价出现格外放量跌破上轨，即可提前卖出股票。如图 7-23 名家汇（300506），在上涨中，布林线波带出现了极度扩张后，进入 A 区域，上轨并未转向，只在末端时出现平行，下轨出现加速上行向内紧缩，股价却出现了阴线直接在上轨下方开盘，并且两根阴线较大状态阴量柱持续放量下跌，随后虽然量能有明显缩减，但依然保持着阴线下跌，所以可以在收口型喇叭口形成初期，提前卖出股票。

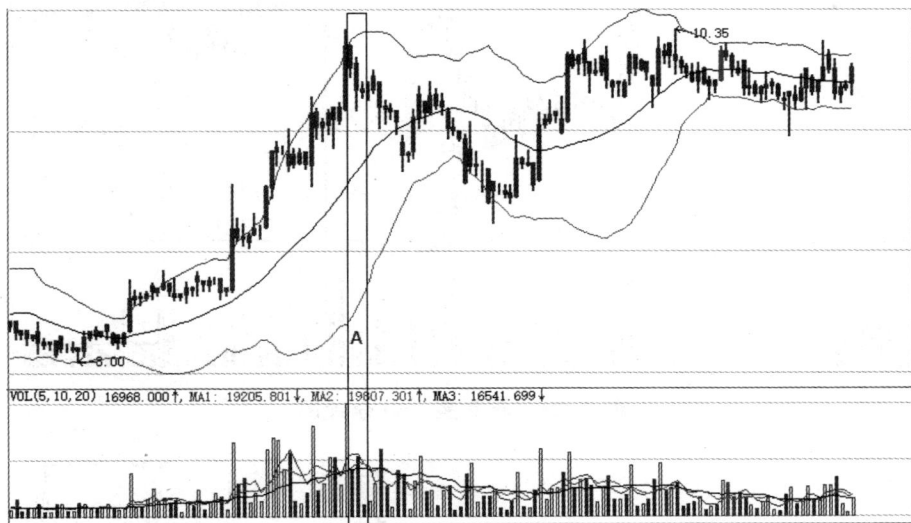

图 7-23　名家汇 -60 分钟图

（2）布林线上轨依然保持着上行，只是上行的角度和速度出现了渐缓，即上轨向上的坡度变小，股价表现为在中轨与上轨间的放量滞涨，或是带量快速跌向中轨甚至跌破中轨，即可提前卖出股票。如图 7-24 新易盛（300502），在 A 区域，布林线在向外极度扩张中，上轨并未转下行，只是上行的角度明显出现了坡度渐缓，下轨加速上行，但股价却出现了持续阴线跌向中轨，量能表现为格外放大的阴量，并持续大量，所以应提前卖出股票。

（3）日线图加分时图操作中，日线图形成了不明显的收口型喇叭口，股价下跌过程中，分时图开盘即形成了持续放量或区间放量的快速下跌的弱势，即可提前卖出股票。如图 7-25 高澜股份（300499），在 A 区域布林线极度向外扩张中，出现了下轨加速上行、上轨上行坡度渐缓的收口型喇叭口不明显的初期形态时，先是出现了较高阴量较长上影线的 K 线跌破了上轨，其后又出现阴量低开下跌时，就应观察分时图走势了，即图 7-26 高澜股份 2019 年 8 月 23 日分时图，在 A 区域的区间放量中，股价线持续震荡下跌，低于开盘价与昨日收盘线，呈明显的最弱状态，这时就应及时卖出股票了。

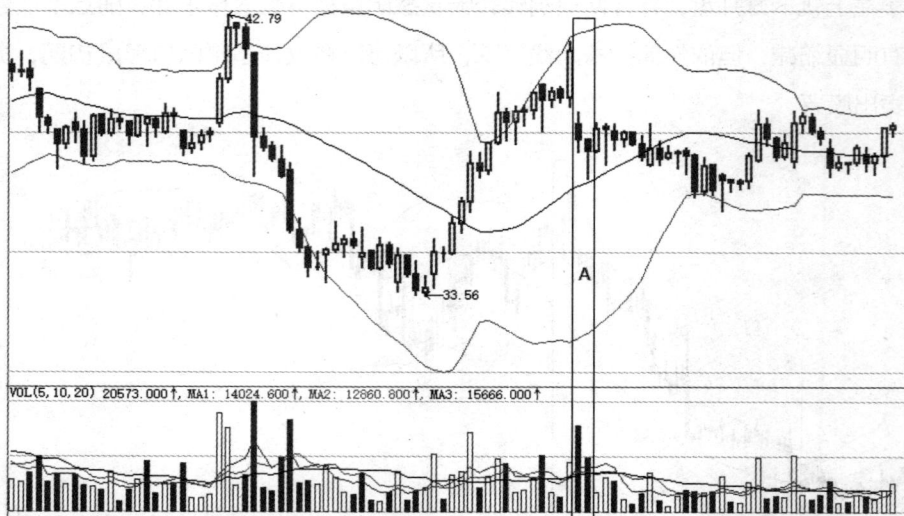

图 7-24　新易盛 -60 分钟图

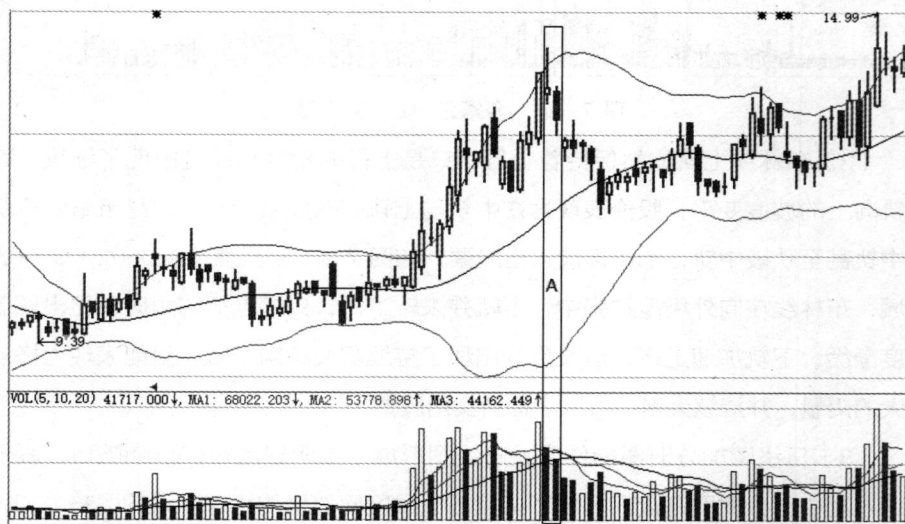

图 7-25　高澜股份 - 日线图

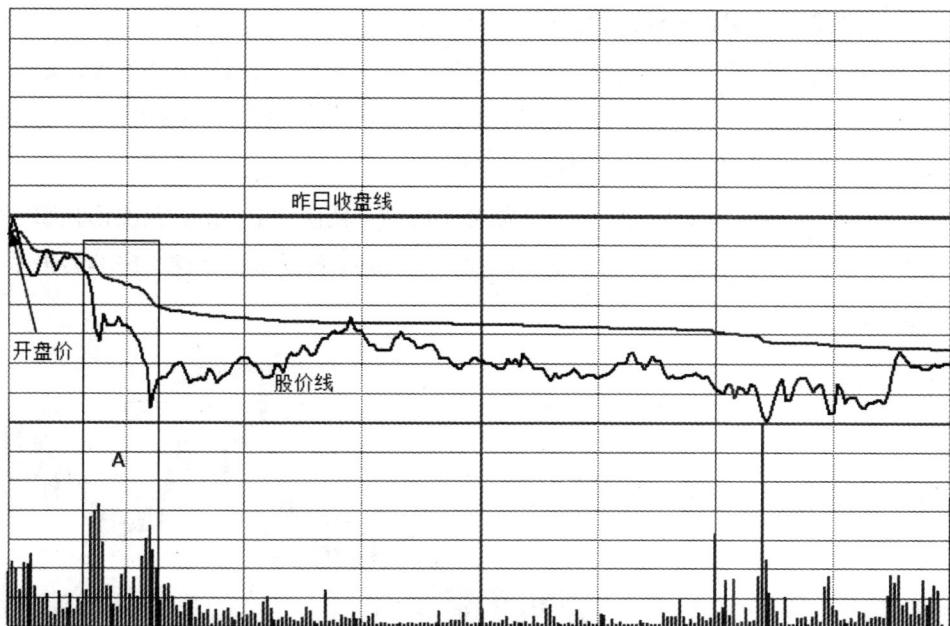

图 7-26 高澜股份 -2019 年 8 月 23 日分时图

2. 注意事项

（1）收口型喇叭口形成初期，提前卖出股票时，只有两种形态不明显的情况：下轨加速向内收缩、上轨平行的形态；和下轨加速紧缩、上轨放缓上行的形态。

（2）在日线图加分时图操作中，如果提前卖出股票，布林线波带出现极度扩张后的收口型喇叭口不明显时，分时图上股价线与成交量呈现出明显的极弱趋势。

（3）如果是其他周期图上出现收口型喇叭口形成初期不明显的股价下跌时，往往是股价阴线阴量跌破上轨时的强势量价齐跌状态。

7.5.4 收口型喇叭口的延后卖出时机

收口型喇叭口的延后卖出时机，就是在收口型喇叭口形成初期，布林线上轨与下轨形成了明显的收口后，波带呈现出水平小幅震荡的形态。但这种情况出现后，布林线指标及股价会表现出某些细微的变化，及时捕捉这些信号，即可延长卖出时机，使收益扩大。

1. 收口型喇叭口的延后卖出要求

（1）收口型喇叭口形成前，布林线波带往往向外扩张的程度并不大。如图7-27 中科创达（300496），在 A 区域形成上轨平行转下行、下轨加速上行的收口型喇叭口时，波带向外扩张的程度并不大。

（2）收口型喇叭口形成后，在上轨略下行时下轨快速上行的波带变得较窄。如图 7-27 中 A 区域形成收口型喇叭口时，上轨略下行时下轨快速上行的波带变得较窄。

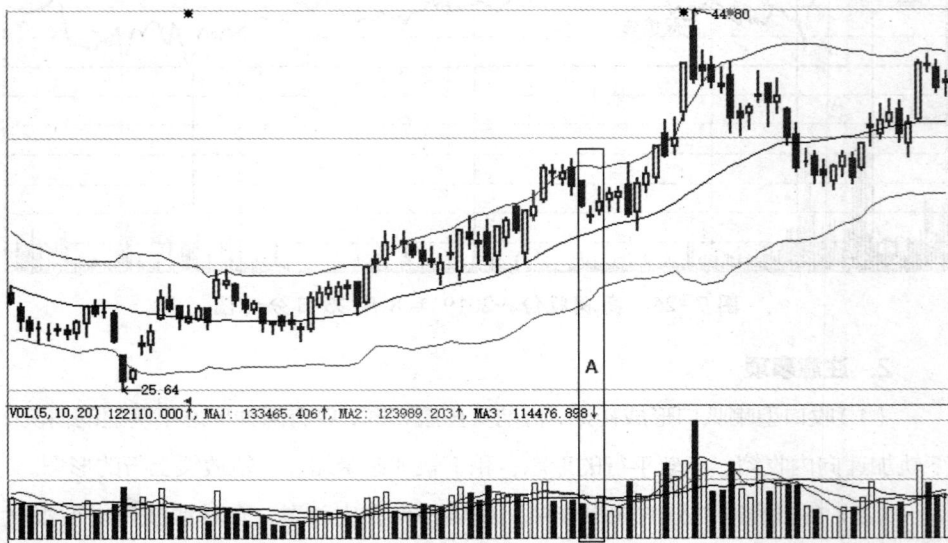

图 7-27　中科创达 - 日线图

（3）布林线波带在收口型喇叭口形成后，最好能呈现向上倾斜的状态，或是在波带水平震荡期间，迅速形成了向上的逐渐开口或三轨上行，且未形成卖点的量价。如图 7-27 中 A 区域末端可明显看到，三轨呈现出均向上的倾斜，且未形成卖点时的量价形态，因此应延后卖出股票。

2. 注意事项

（1）在根据收口型喇叭口判断是否卖出时，关键在于此期间的波带向外扩张得不够大，也就是收口时的波带宽度并不十分宽，这时基本可以确定为只是盘中的震荡，应延后卖出。

（2）如果收口型喇叭口形成初期的末端出现了三轨向上或向上开口的迹

象，也能证明只是上涨走势中的震荡，通常这时候卖点的三种量价形态会不明显，也就是没有形成卖点。即使形成卖点，量价形态也较为勉强，这时就要延后卖出了。

第 8 章

实战：布林线实战的
攻防策略与技巧

在根据布林线实战操作前，一定要明白布林线
实战的攻防策略和技巧，包括交易策略与原则、六
大短线操盘纪律和仓位管理的方法与技巧，因为不
明白这些内容的操盘，无异于摸着石头过河，是难
以获得持续收益的。

8.1 交易策略与原则

8.1.1 先选股后交易策略

在股票投资时，一定要坚持先选股后交易的策略，因为如果只是发现买入形态后形成买点时即进行交易，很容易忽略其他因素，所以选股是交易前一个单独的环节，不容忽视。

1. 选股的重要性

（1）选股的目的是其后的判断买入形态和买点，然后进行买入操作，所以这一环节是不可免掉的。如图 8-1 特尔佳（002213），在 A 区域出现了一个紧口型喇叭口，而后的 B 区域布林线呈波带较窄状态的长期水平小幅震荡，这时将其放入自选股，是为了其后 C 区域形成格外放量的开口型喇叭口的买入，所以选股这一环节是不能省掉的。

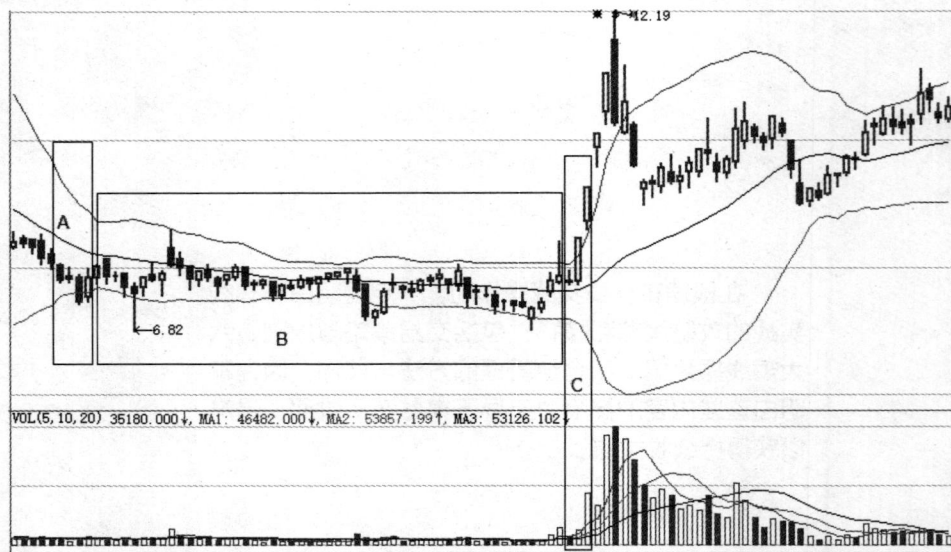

图 8-1　特尔佳－日线图

（2）选股的过程，事实上就是通过技术手段不同程度地规避掉许多风险因素。因为股票都是在充分的整理后才会出现启动上涨，整理不充分，买入就是盲目的，风险性自然高。如图 8-1 在大幅下跌中形成了紧口型喇叭口，就意味着跌势的渐缓，B 区域出现波带水平状态的小幅震荡，就说明股价进行着长期的震荡整理，这种下跌后的充分整理，就是股价上涨前的特征，所以选股就是在规避股价继续下跌的风险。

2．先选股后交易的好处

（1）先选股后交易的策略，能够让自己判断买入形态和买点时更为冷静，因为选股和交易分开后期间会出现间隔，就能够让自己更为冷静和客观地观察行情和走势，避免直接交易时的冲动情绪。

（2）选股和交易的分开，能够清楚地明白股价上涨前的走势和规律，时间一长，就能够积累一定的经验，有利于其后的短线操盘。

（3）先选股后交易的策略，能够养成良好的操作习惯，就会克服掉盲目操作的习惯。当每一次股票投资都是在按照正确的步骤进行，投资就会变得有条不紊，无形中就会提升操作的成功率。

8.1.2　强中强选股原则

强中强选股原则，就是在买入股票时，如果发现在自选股中有多个符合买入形态和买点要求的股票，应当遵循选择其中买入形态和买点最强的那只股票来操作，因为越是强势特征明显的股票，其后股价短期的涨幅越可观，买入后的成功率也更高。

1．强中强选股操作的具体要求

（1）买入形态最强。在所有的布林线买入形态中，最强的形态为开口型喇叭口、翻山越岭、鱼跃龙门，当向外扩张角度极大的开口型喇叭口形成，同时也符合翻山越岭或鱼跃龙门时，为最强的布林线买入形态。如图 8-2 九鼎新材（002201），在 A 区域，布林线波带在极窄状态下，突然形成了一个明显的波带向外扩张的开口型喇叭口，同时形成了翻山越岭的要求，表明买入形态十分强，这时就要分析买点的强弱了。

（2）买点最强。就是买入形态形成时，股价放量上涨向上突破了布林线上轨。如图8-2中A区域形成开口型喇叭口时，股价是直接以两个一字涨停板持续站到了上轨上，向上运行，属于强势特征，缩量也是因一字板造成的，可忽略量能，且第三根K线出现高开高走，阳量柱出现格外放大，并持续放量上涨，表明上涨的强势，应在两个一字板上涨后高开高走时果断买入。

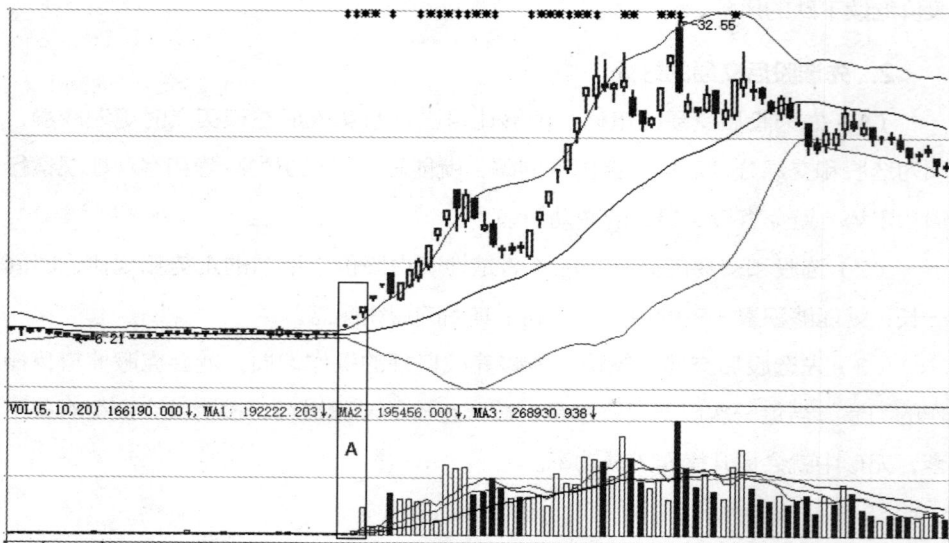

图8-2　九鼎新材－日线图

2. 注意事项

（1）向外扩张角度极大的开口型喇叭口形成时，如果同时也符合了翻山越岭，也就是扩张角度极大的开口型喇叭口形成，股价带量强势突破了布林线上轨，为最强势的买入形态和买点。

（2）最弱势的情况，就是布林线买入形态不明显时，买点的量价呈现不明显的温和放量。一旦遇到这种情况，应尽量回避，因买点不明晰，就无法证明其后的短线强势，操作的成功率就会降低，所以此时应持续观察股价，当放量上涨时，再买入。

（3）如果在实战中发现布林线买入形态形成，只是买点不够强时，不妨再等等，观察一下，待放量上涨明显时，再操作也不迟，因为炒股的目的是为了赚钱，如何更安全地投资获利，才是最终的目的。

8.1.3 重选股交易策略

重选股的交易策略，就是投资者在操盘过程中，应当主要以选股为主，因为在所有操盘的环节中，选股是所有交易的基础。这就像是我们盖一座楼，如果地基打不好、打不牢，即使楼盖起来了，盖得再好，也很容易出现问题的。

1. 重选股交易策略的具体要求

（1）选股时一定要以五种布林线选股形态标准进行选择，也就是波带长期较窄状态的股票、波带短期大幅收缩的股票、波带较窄状态小幅向上运行的股票、股价位于中轨与上轨之间小幅震荡的股票、股价长期在中轨与上轨之间运行的股票五种形态，只要符合其中任意一个要求，即应放入自选股。如图 8-3 三全食品（002216），在 A 区域，布林线波带处于较窄状态的小幅向上运行，符合"波带较窄状态小幅向上运行的股票"选股要求，应将其放入自选股。

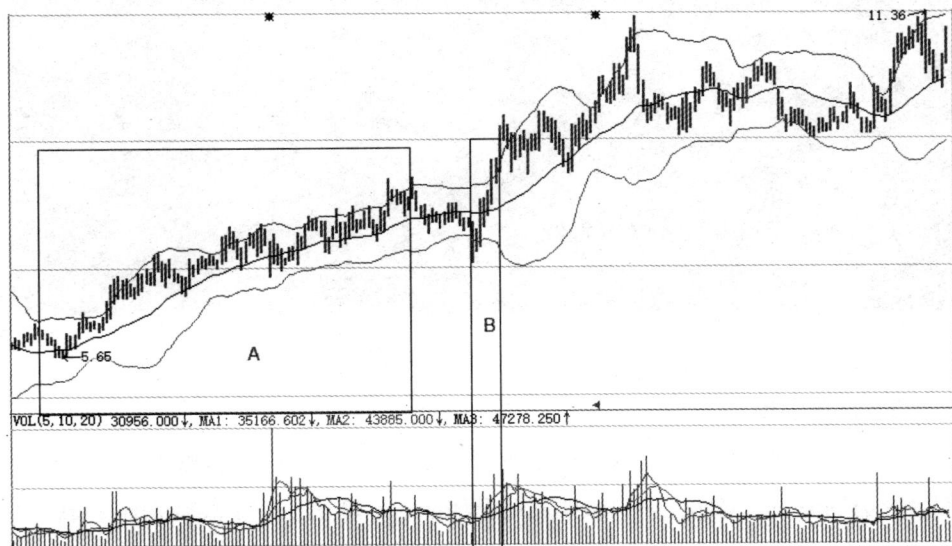

图 8-3 三全食品－日线图

（2）除了布林线形态选股要求，还要注意所选股票自身的三个要求：小盘股、股性活跃、题材概念多，越是同时符合这三个特征的股票，一旦符合五种布林线形态中的任意一种形态要求时，即应优先选择。如图 8-4 中对三全食品的基本资料中股本分红的查看，这只股票仅有 56488.71 万股的流通 A 股，流通盘小，操盘必读中拥有无人零售、农副食品、新零售三个题材概念，且在 A 区域量能放大、

K 线均较长，说明近期股性活跃，因此这只股票在图 8-3 中 A 区域形成波带较窄状态小幅向上运行的选股要求时，符合三个选股要求，且 B 区域后形成量价齐升的翻山越岭和开口型喇叭口的买点要求，说明启动了快速上涨，应及时买入了。这就是重选股策略下的强中强交易。

三全食品	操盘必读new	财务透视new	主营构成	行业新闻	大事提醒	八面来风	公司概况	管理层区
002216	最新季报	股东研究new	股本分红	资本运作	关联个股	公司公告	事件提醒	盈利预测
			解禁流通	—	股本结构	股本变动	分红扩股	
2	庞贵忠					15.75	161.91	0.03%
3	张宁鹤					14.63	150.40	0.03%
4	许江营					13.51	138.88	0.02%
5	朱文丽					4.51	46.36	0.01%
6	李娜					4.51	46.36	0.01%
7	王凯旭					4.51	46.36	0.01%

◆股本结构◆

指标/日期	2019-06-30	2018-12-31	2018-06-30	2017-12-31	2
总股本(万股)	80181.56	80966.47	81242.69	81265.21	
-流通股份合计(万股)	56488.71	57216.24	57216.24	57072.86	
流通A股	56488.71	57216.24	57216.24	57072.86	
流通B股	-	-	-	-	
流通H股	-	-	-	-	
其他流通股	-	-	-	-	
-限售流通股合计(万股)	23692.85	23750.23	24026.45	24192.35	

图 8-4　三全食品－基本资料

2. 注意事项

（1）在选股过程中，应注重五种布林线形态，因这五种形态是股价启动前都会经历的情况。当然，一只股票启动上涨前，不可能五种形态都经历，所以只要符合其中任意一种要求，就表明这只股票具备了其后发动上涨的可能，所以应放入自选股。

（2）选股时的三个选股要求，是上市公司自身所具有的特征，不是说一只股票必须同时符合这三个特征，未来才具有启动上涨的机会，而是相对于其他类股票而言，具有这三个特征越多的股票，未来发动快速上涨或涨幅较大的概率会远远大于其他类股票。

（3）在操盘过程中，选股所占据投资者的时间是最多的，花费的精力也是最大的。而在选股时，投资者最好是在收盘后选择，这样能够避免受到行情的干扰，从而做出匆忙的交易选择。

8.1.4　以规避风险为主交易策略

以规避风险为主的交易策略，就是投资者在操盘过程中，在交易股票时，无论是买入还是卖出，都要时刻以规避风险为主。因为根据布林线操作时，大多时候是一种短线操作，而短线操作的风险是极高的，所以必须时刻以规避风险为主去交易。

1. 以规避风险为主交易策略的具体要求

（1）买入股票时，尽量选择那些买入形态和买点明显的股票，因为布林线买入形态越明显，证明股价在其后的短线趋势越强。所以不仅要尽量选择买入形态明显强势的股票，还要在选择买点时，选择最强势的量价卖点要求后，再买入。如图 8-5 拓日新能（002218），在波带较窄状态下，A 区域形成了股价持续明显放量向上突破中轨与上轨的翻山越岭，同时又形成了三轨向上、波带向外扩张的向上开口，买入形态和买点明显，这时的买入，持股风险就极小。

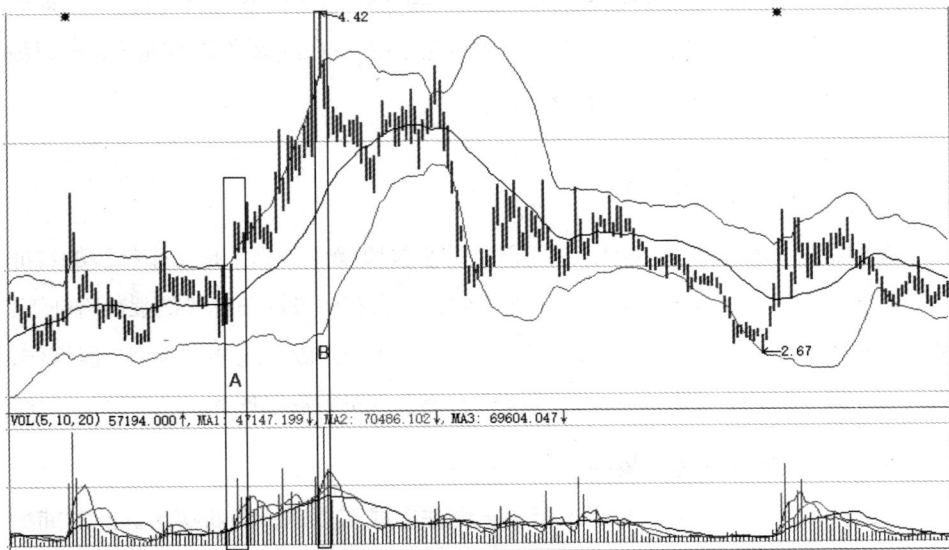

图 8-5　拓日新能－日线图

（2）卖出股票，与买入股票的情形刚好相反，哪怕是布林线卖出形态不明显，只要量价卖点形成了明显的趋势转弱迹象，也就是弱势特征越强烈，越要及时卖出。如图 8-5 中的 B 区域，当布林线下轨出现了加速上行的内缩，上轨仅仅出现了上行渐缓的平行之初，卖出形态尚不明显，但出现了股价大阴线带量跌破上轨，其后又出现大阴量，股价未收在上轨之上，说明短期趋势已快速转弱，应提早卖出股票。这种卖出就是规避风险的提前卖出策略下的操作。

2. 注意事项

（1）投资者在交易中，风险是时刻存在的，最为突出的就是在买入操作时，只要发现股价的布林线买入形态或是买点有一点勉强，就是不太符合要求时，就要坚决再观望一下，宁可错过也不买错。

（2）投资者在卖出股票时，同样要时刻提防风险，哪怕是布林线卖出形态不明显，但只要量价卖点形成时较强烈，就要及时卖出。哪怕是卖出后发现卖早了，也不应后悔。因为此时已实现了盈利目的，不过是因经验不足，导致少收益了，只要在日后的操作中强化学习，积累经验，熟练操作，收益自然会慢慢提高。

（3）在以规避风险为主的交易策略下，一旦卖出了股票，哪怕是卖早了，也不要后悔，只要这只股票不是又经过一定调整发动了再次上涨，符合布林线买入形态和买点要求，就坚持千万不能短期再买回来。因这只股票已经历了前期的短期大幅上涨，此时的买入风险是要远高于收益的，在绝大多数情况下，一只股票是不可能持续两波快速上涨走势的。

8.1.5　小波段操作策略

在根据布林线操作过程中，之所以坚持小波段操作策略，是由布林线的特征所决定的，因为在所有的布林线买入形态中，只有在中长期布林线的强势特征下，才适合较长波段的操作。所以，如果不是中长线操作者，就一定要坚持小波段操作，因为几乎所有的布林线买卖形态和买卖点，都是基于短线操作的。

1. 小波段操作的具体策略

（1）布林线短线强势的买入形态出现并形成买点时，果断买入。此时捕捉的往往是股价加速上涨初期的情况，所以买入时一定要坚决。如图 8-6 东华能源

（002221），在 A 区域，形成了波带较窄状态下的开口型喇叭口，并形成了翻山越岭的股价持续突破中轨与上轨的强势，格外放量上涨中保持了持续大量上涨的强势买点，说明股价快速转强，应果断小波段买入。

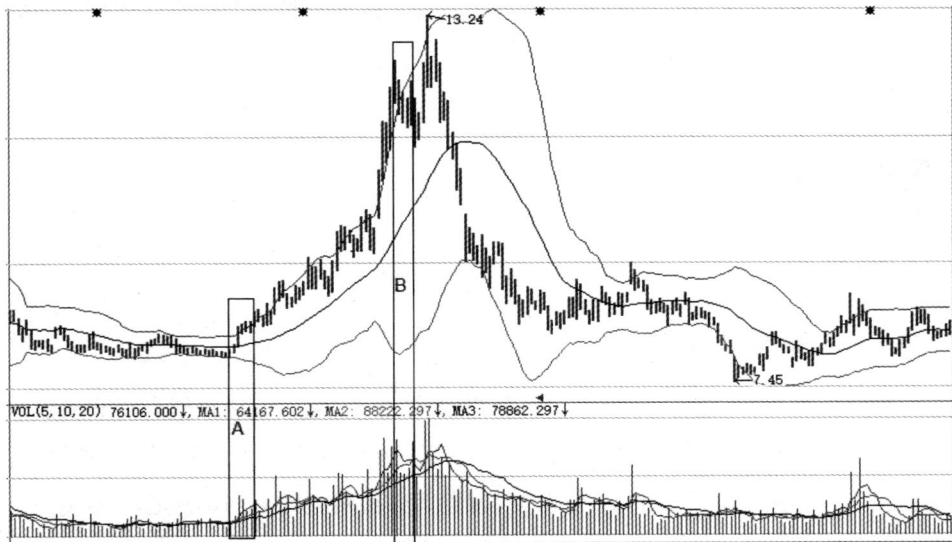

图 8-6 东华能源－日线图

（2）一旦强烈的量价卖点出现，即使是尚未形成布林线卖出形态，或是卖出形态不明显，也要及时落袋为安，因为短线股价的强势已出现了快速变弱，再持股的亏损概率会远远大于收益。如图 8-6 股价在 A 区域后的持续沿上轨附近上涨中进入 B 区域，尽管此时尚未形成明显的收口型喇叭口的卖出形态，但大阴线带量出现后，股价持续在上轨下运行，后保持了持续大阴量的震荡，为放涨滞涨卖点，这时就应小波段卖出股票了。A 区域的买入与 B 区域的卖出，就是布林线小波段操作。由于是日线操作，加上股价走势强劲，所以这一小波段持续时间较长，从 2019 年 2 月中旬一直到了 4 月初，但仍然属于布林线小波段操作，因捕捉的就是这只股票加速上涨到涨势中止的一个小波段行情。

2. 注意事项

（1）小波段操作策略的关键就是布林线买入形态提示股价快速上涨的买点时买入，量价提示卖点时果断卖出，持股的时间往往不长，尤其是在以短周期图为主的操作中，甚至只持股仅仅一个交易日，或三五个交易日。

（2）在小波段操作策略中，持股的时间长短不是主要的，关键是买入股票后判断布林线卖出形态及量价卖点要求，只要出现，就要卖出。

（3）在小波段操作策略中，如果是以 5 分钟图来操作的话，应尽量不要选择早盘即形成买入形态与买点要求的股票操作，因为这种情况极有可能在午后即形成了卖出形态及卖点，是无法卖出的。

8.2 交易原则

8.2.1 不要频繁交易

频繁交易是造成投资者赔钱的最重要原因之一，因为造成频繁交易的最根本原因就是投资者较冲动，只要看到一只股票呈现出快速上涨，尤其是即将涨停时，就会忍不住买入，而冲动的买入行为很容易导致投资失败。当再次看到短线强势股时，又会割肉卖出亏损股，再次买入短线强势股，这样一来二往，就造成了频繁交易。所以投资者在操盘过程中，一定要克服频繁交易。

1. 频繁交易的危害

（1）持续亏损。由于频繁交易者都是因看到盘中短线快速上涨的股票而产生的冲动行为，所以对这只股票的形态分析得不够全面，忽略了其中的风险因素，造成交易的草率，无法确认股价的短期强势，造成屡战屡赔。如图 8-7 鱼跃医疗（002223），在整个 A 区域，如果投资者只看到了右侧的 B 区域出现大阴线的放量上涨，就买入了股票，就是一种冲动的操盘，很容易由此养成追涨杀跌的恶习，因没有进行技术分析，最终会导致持续亏损。

（2）忽视技术分析，养成交易随意的不良操盘习惯。因为频繁交易中观察股票不够细致，只是看到了股价的快速上涨，久而久之就会忽视技术分析，交易只凭感觉。如图 8-7 中 A 区域，此期间布林线只是刚刚形成了一个收口，是选股标准，而非买入形态，所以 B 区域的买入就是一种忽略技术分析的错误买入。

（3）滋生赌博心理。因为频繁交易，经常亏损，或是偶尔几次赚了钱，就容易加大资金量全仓操作。抱着赌博心理操作，因赌博的结果往往是十赌九输，就会造成亏损的持续加大，甚至频繁转入新资金，造成巨亏。

图 8-7　鱼跃医疗 – 日线图

2. 克服频繁交易的方法

（1）投资者要想克服频繁交易，首先就要改掉总盯盘的习惯，因为总盯盘，就难以忍住不去操作，所以选股时应尽量选择在停止交易的时间进行，因此时即使看到了快速上涨的股票也无法交易，会让你静下心来，仔细分析这只股票的真正强弱走势。

（2）多学习，严格按照布林线短线操盘的步骤去执行。一个人只有掌握的操盘技术越全面，对股价运行规律的认识才会更深刻，这样就不会随性去交易，而是会严格按照选股、判断买卖形态和买卖点强弱的要求去执行交易，自然就不会频繁交易了。

（3）克服贪婪的欲望。贪婪是人的本性，所以要做到这一点是最不容易的，只有通过不断学习炒股知识，对股价运行规律充分认识后才会明白，炒股不是投机，也绝不是一件容易的事，只有全面掌握了短线操盘技术后，才能获得收益，而不可能轻轻松松就做到次次投资成功。因为无论做什么，都是难以快速成功的，只有脚踏实地才是成功的必经之路。

8.2.2　交易要短平快

交易要短平快，不仅是布林线操盘时应当遵守的一条纪律，也是所有短线操盘中必须遵守的一条纪律。因为短线操盘，目的就是寻找股价快速上涨后的一个小波段，所以无论买入还是卖出股票，一定要动作迅速，否则最佳时机一旦错过，就会无形中增大持股的风险，甚至是原本获利的操作，一旦慢了，就有可能由获利变为亏损。同时还要放平心态，这样才能看清趋势，所以交易时一定要遵守短平快的纪律。

1.　短平快的具体要求

（1）短，是指布林线短线的买入或卖出形态，以及对应的买卖点出现时，短期内一定要及时把握住这一时机。如图 8-8 奥维通信（002231），在 A 区域形成了持续放量上涨的股价在上轨上向上运行中，上轨与下轨出现向外小幅扩张的开口型喇叭口买入形态和买点，应及时买入。到了 B 区域，虽然下轨只是出现了加速上行的内缩，上轨上行出现了渐缓，未形成收口型喇叭口，但阴线跌破上轨后，出现持续大阴线大阴量跌向中轨，符合提前卖出要求，应果断卖出，这就是短线操盘中的短线买入与卖出时机。

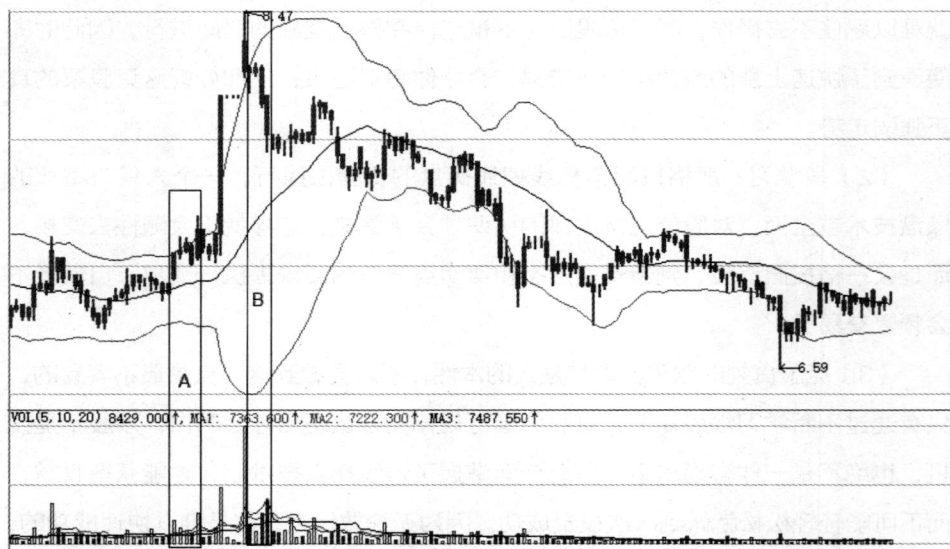

图 8-8　奥维通信 -60 分钟图

（2）平，是指投资者在交易时心态一定要保持平静，因为只有心态平静了，才不会冲动交易，才能够更好地按照交易要求去执行操作行为。如图 8-8 中 A 区域的买入与 B 区域的卖出，如果心态不平静的话，很难在 B 区域判断出提前卖出的时机。

（3）快，是指在交易时，只要符合了买卖形态和买卖点的要求，在委托下单时一定要操作及时，否则行情可能就会出现快速变化。因为涨跌停板交易制度之下，一旦手慢了，超强特征的股票就有可能出现快速涨停，无法实现买入，再买入时的成本就高了，甚至是错过买入机会；若是卖出时手慢了，则有可能股价出现了快速跌停，难以实现卖出了，再卖出收益就变少了，甚至是原本获利的造成了亏损。如 8-8 中 A 区域的买入与 B 区域的卖出，买入时为 2019 年 9 月 5 日，卖出时为 9 月 11 日，中间看似相隔了 6 个日，事实上去掉周六与周日，前后仅仅 4 个交易日，时间极短，所以买入与卖出必须快，一迟疑就容易错过最佳时机。

2. 做到短平快交易的方法

（1）平时一定要认真学习布林线短线炒股技术，并边学习边轻仓实践，这样既能熟练掌握技术，还能锻炼自己操作股票时的反应，当真正常规实战时，手自然会做到快而准确。

（2）不断在实战中反思自己的操作行为，发现哪个环节出现问题，就要及时纠正，久而久之，就能不断完善自己正确的操盘方式和行为，再交易时自然就越发熟练和快了。

（3）反复学习并在实践中不断提高自己的操盘技术，因为只有买卖股票的依据越牢固才会在交易中做到成竹在胸，放平心态。同时在日常生活中，也要不断有意识地养成遇事不慌的习惯，这样在交易时才能始终保持心态的平和。

8.2.3　不要总盯盘

不要总盯盘，就是不要养成只要是在交易日内的交易时间，就喜欢打开电脑或手机中的炒股软件，去看看行情，因为炒股的人，一看到某只股票出现了短期的快速上涨，都容易产生冲动，从而打乱自己的操盘步骤，冲动买入。因此，一定要在炒股时遵守不要总盯盘的纪律。

1. 总盯盘的危害

（1）总是喜欢盯盘的人，就难免会受到某只股票快速上涨的诱惑，从而打乱自己正常的操盘步骤，久而久之，就会身不由己地不再按照操盘步骤去操作，交易变得十分随意，令之前掌握的布林线操盘技术荒废，随意去交易。

（2）总是喜欢盯盘的人，情绪就会无形中变得很容易冲动，操盘与做事容易产生急躁，而人一急，自然无法再客观地分析行情和走势，进而会影响到生活中做事的浮躁、不踏实、没有耐心。这样的性格，无论是做事还是炒股，都是难以成功的。

（3）总是喜欢盯盘的人，在毛躁、冲动的情绪下，股票交易是容易失败的，持续时间越久，这种毛躁、冲动的情绪就会被持续扩大，造成股票交易的经常失误或失败，从而造成持续大幅亏损。如图 8-9 奥特迅（002227），如果是总盯盘的人，在毛躁、冲动的情绪下，见到了 A 区域股价出现快速上涨时，在即将封涨停前，看到放量上涨时，必然会买入，而次日股价却出现小幅高开后持续快速回落，必须会造成亏损，一旦再看到其他强势股时，必然会割肉卖出，再追高买入，就会造成持续亏损。这就是总盯盘造成的不按照技术分析、只冲动买入后的持续亏损情况。

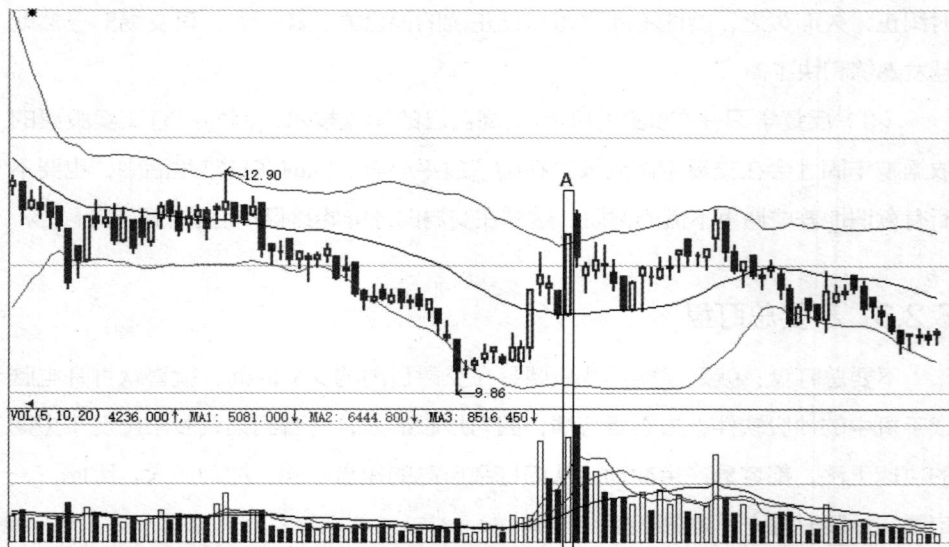

图 8-9　奥特迅 - 日线图

2. 克服总盯盘的方法

（1）如果时间宽松，也不要有事没事就打开电脑或手机去看炒股软件中的行情。意志力弱的人，甚至可以卸载手机中的炒股软件，没事时去做做其他有意义的事情，比如与朋友喝喝茶、聊聊天等。这样不仅可以让自己放松心情，还有利于身心健康。

（2）养成交易时间外选股的习惯。这样就能够克服总盯盘所产生的一些不良习性，因为你如果是在交易时间内看盘，就难以克制自己不去看涨幅榜，就容易因股价的快速上涨产生心理影响，从而放弃选股，而去总盯盘。

（3）养成每日看盘最多到上午 11 点的习惯。因为一只股票的走势，基本上到了上午 10 点时，全天的强弱走势就会平稳下来，该涨的会涨，该跌的依然会跌，股价的强弱不会由于你的盯盘而改变。

8.2.4 学会忍耐

忍耐，是短线操盘过程中需要花大力气去严格遵守的一条纪律，因为不懂得忍耐，就无法在最佳的时机买入一只股票，出现买早了或买晚了的情况，影响到收益；或是在不该进入的时机买进了，造成最终的亏损。所以在短线操盘时，一定要严格遵守忍耐的纪律。

1. 忍耐的具体内容

（1）忍耐股价或大盘的短期涨跌波动。

（2）忍耐持股中牛股的持续快速上涨。

（3）忍耐全仓操作的诱惑和空仓时的寂寞。

（4）忍耐交易冲动，坚持到上午 10 点后再交易。

（5）忍耐股价在中轨下运行的弱势形态。

（6）忍耐追涨杀跌的冲动。

如图 8-10 濮耐股份（002225），如果在 A 区域波带较窄状态的水平小幅震荡中，无法忍耐住股价持续在中轨下震荡并短期突破中轨后跌破中轨的弱势运行，则可能追高买入后出现杀跌的行为，就很难在 B 区域持股两个交易日，至少损失 10% 的快速获利。

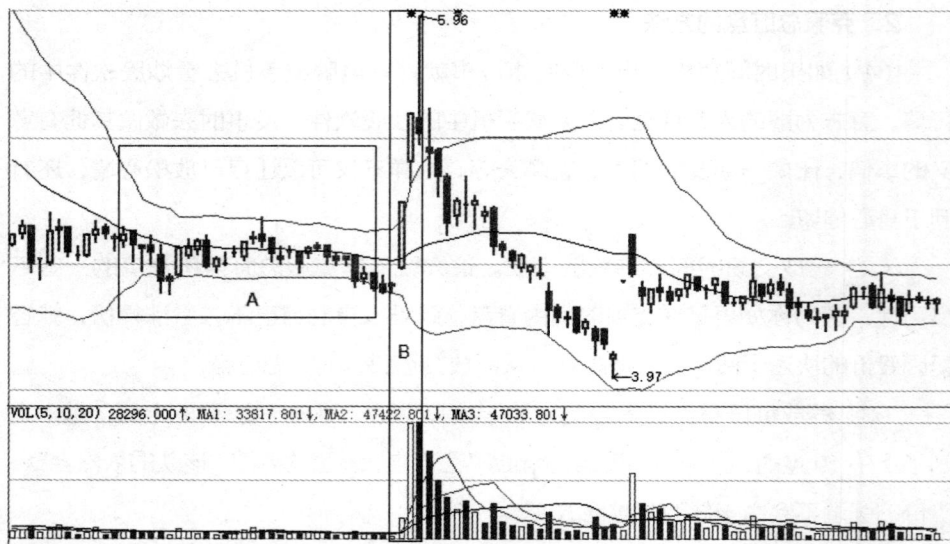

图 8-10　濮耐股份－日线图

2. 做好忍的方法

（1）不要总盯盘，因为在市场上，每天都会有快速上涨的股票出现，总是喜欢盯盘的人，其实就是让自己经常处于一个大的诱惑场，在股价快速上涨的过程中，就是你在时刻挑战自己内心的坚定，一不小心就容易受到市场的诱惑，忍不住杀进去。

（2）严格按照布林线操作步骤去操作，比如选股时尽量选择在交易时间外，比如买股前一定要确保买入形态的成立，买卖点一定要符合量价要求等，只要按照要求去执行了，就能够做好忍耐。

（3）不要总是看分时图上股价的大幅涨跌变化，或是红盘与绿盘的转换，因为分时图上再大的涨跌幅，或是大盘与个股的红绿转换，都只是一个交易日的波动，这种短时波动是不会影响到布林线短线操作的，因为买入股票时，不达到强势要求是不会交易的，所以要理性对待股价短期的涨跌，这样才能做好忍耐。

8.2.5　克服贪婪

贪婪是每一位投资者都存在的一个问题，因为它是人性中的一种天生的惰性。但是，少数人克服了种种贪婪之心，最后获得了投资的成功；而多数人未能克服心中的贪婪，所以多数人炒股中出现了亏损。因此，在短线操盘中，一定要遵守克服贪婪的纪律。

1. 贪婪的具体表现及危害

（1）贪婪主要表现在看到股价快速上涨时，一旦心生贪念，就容易出现追涨杀跌的操作，所以投资者应同时遵守不要总盯盘的纪律。

（2）买入股票时的贪婪，容易出现在股价创新低后的不断回升过程中，尚未形成布林线买入形态及买点时，这时的贪婪主要体现在低位买入其后获利丰厚上，所以我们在操作中要求不要抄底。图8-11合力泰（002217），如果是心存贪婪，则很容易在C区域股价探底回升时抄底买入，却不知道，在C区域尚未形成布林线买入形态，还处于三轨下行的弱势，则D区域的再次走低时，就难免不会杀跌卖出。

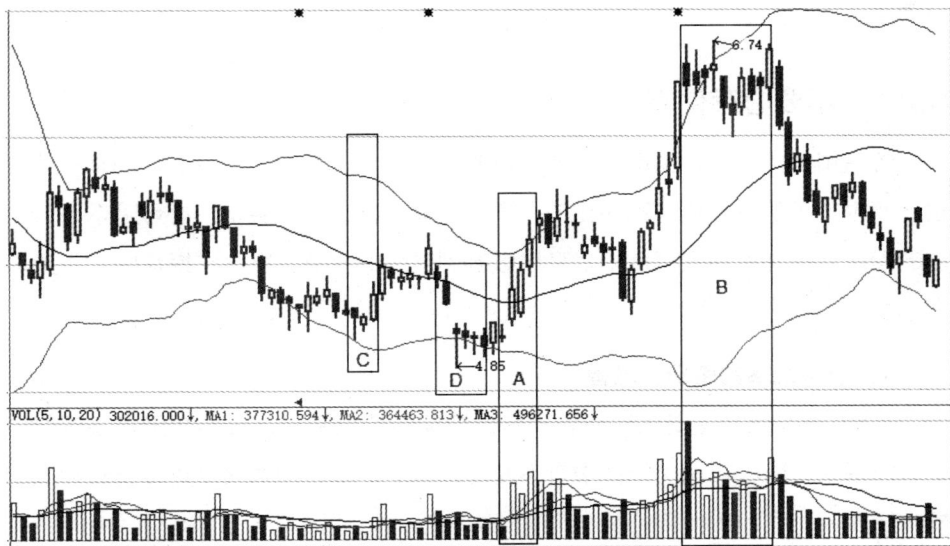

图8-11　合力泰－日线图

（3）卖出股票时的贪婪，主要容易出现在布林线卖出形态不明显的高位震荡行情时，这时容易产生侥幸的贪婪之心，观望等待。一旦心存了这种股价再涨涨就卖的贪婪，很容易导致其后快速下跌时的收益降低甚至是亏损。如图8-11中在A区域买入了股票，到B区域虽然布林线收口型喇叭口的卖出形态并不明显，但却出现高位放量滞涨的提前卖出形态，如果贪婪，一观望，其后股价快速下跌中，则极有可能造成将原本赚到手的利润又吐了回去的后果。

（4）卖出后股价震荡走高时也容易产生贪婪，然而多数时候，这种贪婪一点小利的行为，会让你忍不住再买回来，极容易高位被套。

2. 克服贪婪的方法

（1）不要总盯盘。总盯盘就会发现快速上涨的股票，在诱惑之下难免心生贪婪，去盲目地追涨杀跌。

（2）买入股票时，买入形态的量价买点不强时不买，卖出形态不明显但量价卖点明晰时坚决卖出，这两条是克服交易中贪婪的有效方法。

（3）坚决遵守卖出股票后短期不买回的原则，要控制好贪婪之心，因为在这种操作中，只要是卖出这只股票了，就会自动将其从自选股中删掉，短期不再看它的走势，就根本不会再关心它是否再震荡走高了，也就不会再去贪那点尾巴行情了。

8.2.6　不要心存侥幸

侥幸和贪婪一样，也是人性中存在的一个本性，操盘中一旦心存侥幸，就容易让原本几乎是机械化与程序化的操作有所动摇，在这种侥幸的心理暗示下，正常的操作方法必然会大打折扣，直接影响到最终的收益，所以在操盘中一定要遵守不要心存侥幸的纪律。

1. 心存侥幸的表现及危害

（1）心存侥幸主要表现在看到股价短期快速上涨时，容易在侥幸心理作用下追涨杀跌，所以在操盘纪律中有不要总盯盘的规定，因为它是直接导致亏损的根本原因。

（2）心存侥幸还体现在买卖形态或买卖点不明显时，因为心存侥幸，所以会对不明显的买入形态和买点要求放松，买入股票，很容易操作失败；卖出股票时也是一样，当量价卖出形态强烈，而布林线卖出形态不明显时，依然容易产生侥幸心理，坐、等、看的行为，同样容易引发收益降低甚至是亏损的结果。如图8-12 恒邦股份（002237），如果在 A 区域形成持续明显放量中股价突破上轨的开口型喇叭口时买入了股票，在持续上涨中进入 A 区域，布林线形成了上轨加速内缩的不明显的收口型喇叭口初期时，股价在高位区形成了明显的放量滞涨，且大阴量有两根量柱，符合提前卖出要求。如果是心存侥幸再观望一下，却不想想，短短时间内，收益已达到了至少 80%，则其后必然会使收益大幅减少。

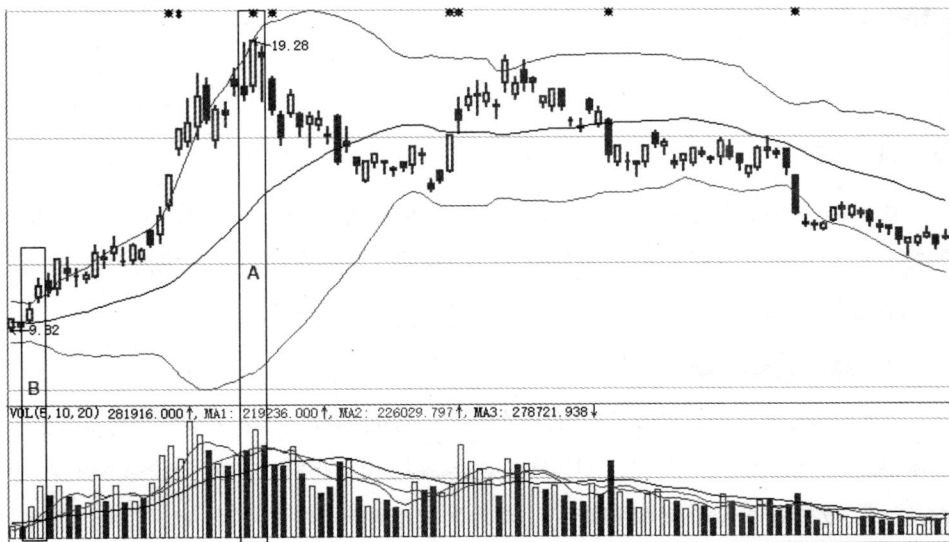

图 8-12　恒邦股份－日线图

2. 克服侥幸心理的方法

（1）严格按照布林线操盘规定执行，也就是选股时按照选股要求选择，从所选股票中寻找那些形成了布林线买入形态的股票，在形成了量价买点后再进行买入操作。只要严格按照选股、买入形态和买点每一个环节的要求来操作，就能够有效避免侥幸心理。

（2）卖出股票时也是一样，尤其是在布林线卖出形态不明显时，尊重量价卖点的提前卖出原则。只要严格按照每一个环节的要求来进行卖出操作，就不会心生侥幸。

（3）交易时不要只看股价震荡中的涨跌幅度表现，应多从操盘技术角度去分析，这样就不会因股价的短时震荡，导致侥幸心理出现。

（4）养成良好的操盘习惯，并按照要求去执行，比如不追涨杀跌、不总是盯盘、不频繁交易、学会忍耐等，因为这些不良习惯最容易让人产生心存侥幸的心理。

8.3 仓位管理

8.3.1 重仓

重仓，就是仓位在半仓以上的情况。在根据布林线短线操盘中，只要技术熟练，对于那些符合强势买入形态和买点的股票，通常都应以重仓的方式来参与。因为仓位过低是很难获得收益的。

1. 重仓的具体要求

（1）熟练布林线短线操盘中的各个环节，包括选股、判断买卖形态和买卖点、提前或延后操作的各种情况，同时还要熟练掌握利用布林线判断股价强弱的各种方法，以及分时图股价强弱的情况，因为如果不熟悉这些炒股技术，重仓操作很容易出现失误。如图 8-13 天威视讯（002238），如果按照 A 区域的布林线买入形态和买点要求买入了这只股票，在其后 B 区域形成了收口型喇叭口后符合卖点要求时卖出了股票，期间是会形成小幅亏损的。因为我们只看到了买卖形态和买卖点，却忽略了选股要求这一步骤，在 A 区域之前，根本没有符合选股五个标准中的任意一个。所以在技术掌握不全面和操作不熟练时，必须通过轻仓实战来熟练技术，不可上来就重仓实战。

（2）在熟练布林线各种操盘技术的前提下，还要经过反复的实战，这样才能做到真正熟练应用各项技术，包括一些突发情况的应对，这时方可真正去进行重仓操作。

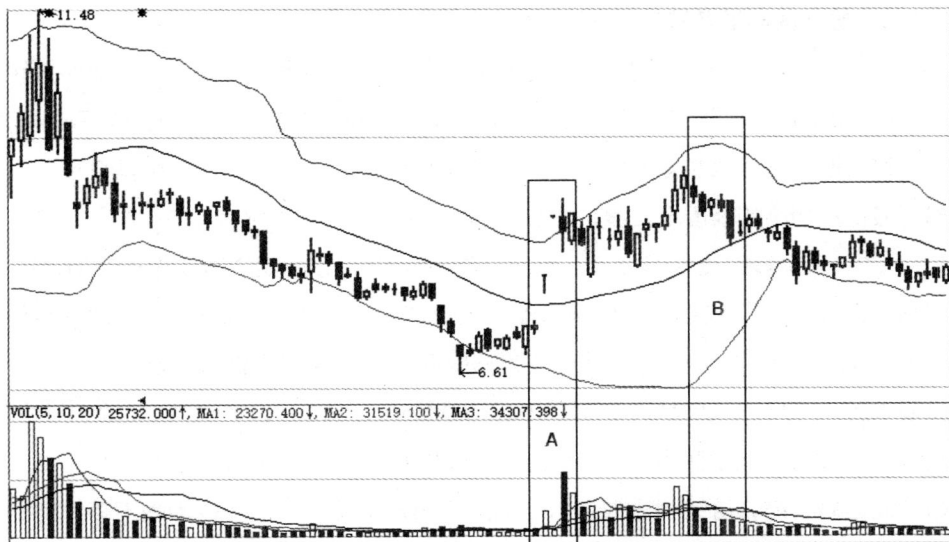

图 8-13 天威视讯 - 日线图

2. 注意事项

（1）重仓操作时，如果某个操作环节或相关内容掌握得不够熟练，应即刻停止重仓，直到熟练后方可恢复重仓操作。

（2）在重仓操作中，越是买入形态明显、买点强势特征明显的股票，越是要重仓买入，而不要犹豫不决。

（3）如果在重仓操作中出现买入形态失败，也就是其后股价出现了震荡，这时应及时斩仓出局，而不要心存侥幸。所以在操作时一定要做到果决，不拖泥带水。因为任何技术都存在一定的失败率，并不能确保每次操作都是成功的，完全按照操作规定来操盘，只是增强操作的成功概率。

（3）重仓并不等于全仓，所以重仓操作时应拒绝全仓，因为全仓操作的风险很大，全部资金的投入，就让自己失去了一个回旋的余地，是短线操盘的大忌。

8.3.2 轻仓

轻仓，就是买入的资金量保持在全部资金 1/3 或是以下的数量。轻仓在操盘中会经常使用，但并不是所有的操作都必须轻仓操作，所以一定要明白轻仓的概念，和什么情况下去轻仓，这样才能合理、科学地管理好自己的仓位。

1. 轻仓的时期及具体要求

（1）对于处于学习期间的投资者，在边学习边实战的过程中，应当保持轻仓操作，可适当放低轻仓时的资金比例，因为此期间实战的目的是巩固学习成果，及通过实践来熟练各种炒股技术，所以仓位应保持轻仓中的轻仓，或是直接以交易的最低量稍高的仓位来实践，如 200 股、300 股。

（2）只有炒股技术相对了解多时，操作熟练后，方可适当提升轻仓的比例，但仓位比重仍然不能过大，最高不能超过总资金量的 1/3。如图 8-14 歌尔股份（002241），在 A 区域出现紧口型喇叭口后波带收缩到了极窄状态时，符合选股要求放入了自选股，其后 B 区域形成持续放量上涨的开口型喇叭口，如果此时投资者已较为熟练布林线技术，仍应以 1/3 的轻仓买入。因为一旦到了 B 区域，布林通道略收缩，持续明显放量状态的股价小幅下跌时，很多技术尚不够熟练的投资者，很容易立即卖出股票，却不知道，此时整个布林通道一直是趋势向上运行的，C 区域只是盘中小幅震荡调整的结果，股价并未跌破中轨，待 D 区域出现三轨向上运行的股价持续放量上涨向上远离中轨时，技术尚未完全熟练者参与时同样应保持 1/3 的轻仓买入。

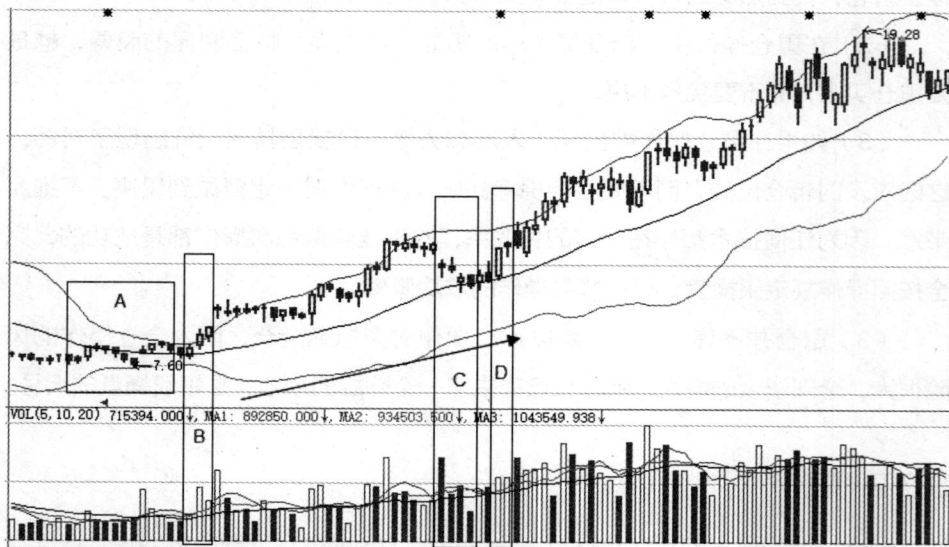

图 8-14　歌尔股份－日线图

2．注意事项

（1）轻仓的比例，通常为总资金的 1/3 以下的数量，但最低不能少于 100 股，也就是 1 手，因股票交易中规定，交易时的最低量为 1 手（100 股），低于这一数量是无法成交的。

（2）轻仓的资金比例，是投资者根据自身对布林线操盘技术的不断成熟和熟练程度而不断加大的，因为越是熟练成功率也会越高，自然可以逐渐加大投资比例了。

（3）在轻仓操作中，如果买入形态或买点不够明晰，是不能轻仓操作的，因为轻仓操作与重仓操作的买入原则是一致的，并不是轻仓操作便可以马虎行事，或是对买入形态或买点不坚决时轻仓而为，因为这样的轻仓，只能让你不断滋生侥幸心理。

8.3.3　空仓

空仓，就是不买入任何股票。在实际操盘中，很难有投资者做到空仓，因为股票投资者都存在一个误区：认为只有手中拥有股票，未来才存在盈利的可能。殊不知，这种常年不空仓的行为，其实是对投资的不负责任的行为。所以一定要明白空仓的真正含义，并学会空仓。

1．空仓的实战意义

（1）空仓的目的是当发现选好的股票中出现了买入形态，并形成了买点后，能够在第一时间买入股票。如果你持有某只半死不活的股票，就会分心，无法专注于选股和买入后的观察，很容易出现操作失误的亏损。如图 8-15 滨江集团（002244），在 A 区域形成了紧口型喇叭口后的波带大幅收缩的小幅水平震荡期间，应保持空仓状态，因这只股票形成了选股要求。如果不空仓，就难以在 B 区域形成买入形态和买点时买入股票。

（2）当没有寻找到好的买入形态时，一定要空仓，把所有的精力都集中投入到选股工作和寻找自选股中符合选股要求的股票身上，去寻找那些形成买入形态的股票。如图 8-15 中 C 区域形成了向下开口，D 区域又形成了震荡。此期间依然要保持空仓，可以保持对这只股票的持续观察，同时也要持续观察自选股中其他符合选股要求的股票。

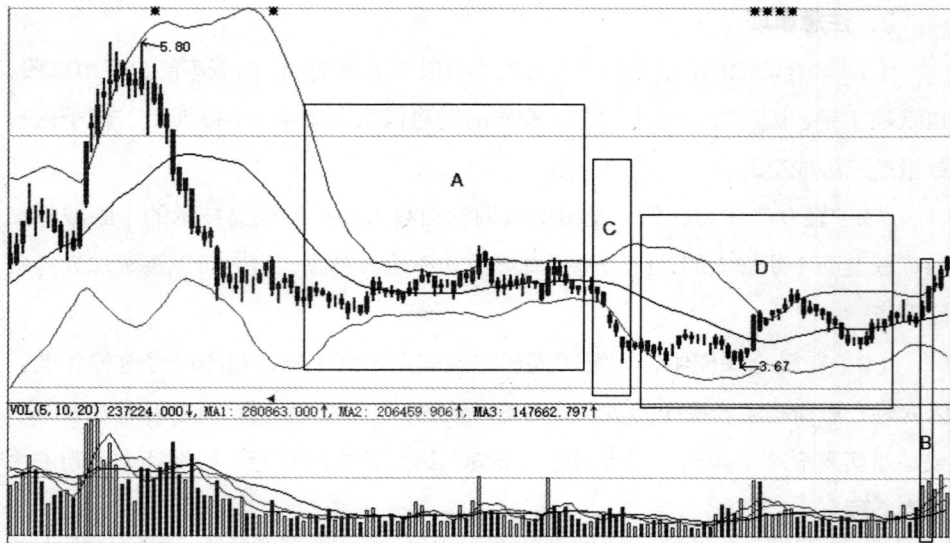

图 8-15　滨江集团 - 日线图

2. 注意事项

（1）投资者在实战中，只要没有选好股票，并发现形成了布林线买入形态和买点时，就必须做到空仓以待。

（2）如果大盘处于熊市阶段，即使是发现某只股票出现了逆势上涨的布林线形态，也尽量不要参与，保持空仓，因大盘弱势状态下，个股的强势是很难保持短线持续的，一旦大盘转好，逆势强势股往往会出现反向的回调。

（3）如果投资者刚刚完成了一轮获利操作，应稍稍空仓几日，一来休息和调节一下，二来可以利用这一时机去认真选股，而不要马上就再次投入战斗。因为只要你肯下功夫选股，好形态的股票几乎是天天存在的，所以不可过于贪婪，要让自己始终保持着充沛的精力，全身心地投入每一轮操作，所以此时的空仓，是为蓄力。

8.3.4　加仓与减仓

减仓，就是在持股过程中，适当地卖出一定数量的股票，减少持股数量。加仓，就是在持有一只股票的情况下，再买入一定数量的股票，加重持股数量。加仓与减仓的操作，在实战中是有着严格的规定的，所以一定要明白什么时候要加仓，什么时候要减仓，这样才能让收益最大化。

1．加仓与减仓的具体要求

（1）减仓时机。在布林线操盘中，减仓的操作通常出现在持有的是一只长牛股，一旦形成了阶段性的并不明显的卖出形态及卖点时，就应适当卖出部分股票，实现减仓，一旦趋势彻底转弱，再清仓；若是再次转强，可加仓恢复之前的仓位。如图 8-16 联化科技（002250），如果在 A 区域以温和放量的开口型喇叭口买入了这只股票，经过其后的上涨，至 B 区域形成了上轨向下收缩的不明显收口型喇叭口格外放量下跌卖点时，虽然这是一只长牛股，但同样应减仓操作。

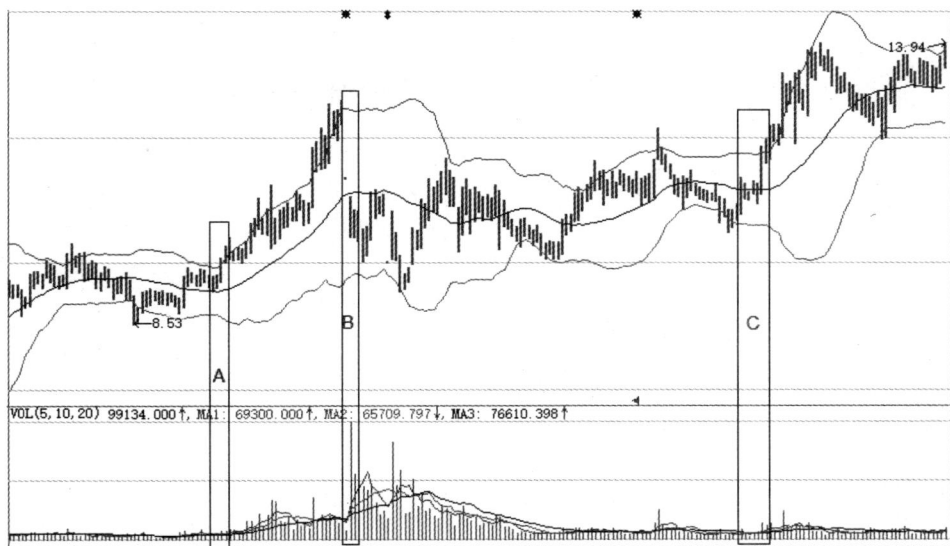

图 8-16　联化科技 - 日线图

（2）加仓时机。在布林线操盘中，加仓的情况往往是由股票自身所决定的，就是在根据买入形态和买点要求买入了一只股票后，一旦持股中出现波带收窄后的小幅震荡，若是未形成明显的转弱卖出时机，其后又出现了再次启动上涨的强势买入形态和买点时，方可加仓操作。如图 8-16，在经历了 B 区域波带较窄状态的小幅震荡后，进入 C 区域，再次形成了温和放量上涨的开口型喇叭口，同时形成了翻山越岭的买入形态，应及时加仓买入。

2. 注意事项

（1）加仓操作，目的是扩大收益，只有出现趋势再次转强的布林线买入形态和买点时，方可加仓。

（2）减仓的目的，是规避股价短期调整的风险，将大部分股票的成本和利润锁定，也是为了防止趋势再次转弱时造成的亏损。

（3）加仓与减仓的操作，大多时候适用于那些中长期牛股在以中长线操作为本的短线波段操作过程中，这种操作的前提是，所操作的股票必须处于中长期的上涨趋势。